·家庭成长中的心理动力和疏导指引·

相旭东 / 著

图书在版编目(CIP)数据

爱的七项修炼：家庭成长中的心理动力和疏导指引 / 相旭东著. — 上海：上海社会科学院出版社，2017
ISBN 978-7-5520-2045-8

Ⅰ.①爱… Ⅱ.①相… Ⅲ.①家庭教育 Ⅳ.①G78

中国版本图书馆 CIP 数据核字(2017)第 166043 号

### 爱的七项修炼：家庭成长中的心理动力和疏导指引

著　　者：相旭东
责任编辑：杜颖颖
封面设计：黄婧昉
出版发行：上海社会科学院出版社
　　　　　上海顺昌路622号　邮编200025
　　　　　电话总机 021-63315947　销售热线 021-53063735
　　　　　http://www.sassp.cn　E-mail：sassp@sassp.cn
排　　版：南京展望文化发展有限公司
印　　刷：上海颛辉印刷厂有限公司
开　　本：710毫米×1010毫米　1/16
印　　张：17.25
字　　数：272千
版　　次：2017年8月第1版　2021年11月第3次印刷

ISBN 978-7-5520-2045-8/G·682　　　　　　　定价：60.00元

版权所有　　翻印必究

# 序

很高兴给旭东的这本书写序言,这是他的第三本著作。

旭东是中国心理咨询师队伍中最优秀的人才之一。我跟他交往很多年了,他一直给我勤奋而安定的感觉。在当今普遍比较浮躁的环境里,他能够潜心探索心理学的实践运用,厚积而薄发。他擅于学习并敢于实践,我戏称他是中国心理学界的李云龙——真正从第一线实践中成长起来的专家。最近几年,他的实践和研究成果不断呈现。

2013年旭东出版《落地的感觉:家庭成长心理咨询手记》个人著作,《落地的感觉》选取了家庭成长中不同年龄段的咨询个案,这些个案都用了谈话的方式进行咨询。我当时就留意到他的方法有独特性,那是一种整合与变化,一定是融合了他自己想法的;旭东自己说正在形成一种比较稳定的谈话咨询工作方法。两年以后旭东把这种方法定义为"心理疏导五步七要领工作法",提出了区别于经典心理咨询的狭义心理疏导概念和实务理论,2016年编著出版了《心理疏导技术和运用》(上海社会科学院出版社,2016年8月)。他创造了一种比较适合社区心理实践的工作方法。在上海市心理学会2016年学术年会上,他的社区心理实践专场论坛既有人气又接地气,很有底气。

就谈话咨询的技术来说,心理疏导"五步手法"的技术并不复杂,"七个要领"具有一定的挑战性,看待"来访者"是一个"心理问题"还是一个"系统中的人"是关键。心理疏导相当重视把人放在其自身的心理环境中观察,对系统动力中的个体施加影响,改善他们的运行轨迹。不改变个体所在系统的运行而改变个体行为的概率几乎不存在,个体的改变肯定源于和带来其所在系统的改变。这个系统通常就是个体社会应激的源头,那些出现行为问题的个体,都存在一个与之响应的系统,找到改变他们运行轨迹的杠杆点,可以撬动变化的发生。

《爱的七项修炼》描述了发生在家庭成长中的动力关系,描述了符合心理科学的正确的爱的方式,描述了个体成长不同时期和家庭成长代际之间差异所对应的基本心理原则,这些心理原则经常被个体自己和家庭其他成员违反,由此产生个体和家庭的成长阻滞。理解和运用这些蕴含在生活中的基本原则,有助于心理疏导工作者帮助别人,当然也有助于人们遵从乃至驾驭发生在自己家庭成长中的爱的动力,提升创造幸福的能力。

如果说"心理疏导技术"是武器系统,那么"爱的七项修炼"就是情报系统,用它来了解清楚敌情,武器系统才可以派上用场,敌情了解得越清楚,越能够以最小的动作实现最大的效果。就像庖丁解牛,庖丁不仅需要一把趁手的解牛刀,更需要对牛的结构有非常准确的了解。"爱的七项修炼"有助于人们了解自己身处其中的由"爱"编织而成的"家庭成长"心理结构,如此,人们不仅可以提高自我修为,还可以更好帮助别人。

《爱的七项修炼》把心理学和中国传统文化相融合,可以说是心理疏导技术在家庭成长领域实践运用的指引;既适合专业工作者参考,也适合公众阅读学习。得天独厚者,当替天行道;世界需要勤奋学习、踏实工作的人。祝贺旭东出版新著,相信我们还会不断收到旭东的好消息,还会看到更多中国心理学李云龙出现。

孙时进
博士生导师
复旦大学心理系主任
复旦心理研究中心主任
上海市心理学会副会长
上海市心理学会心理咨询和心理治疗委员会主任
上海市心理服务行业协会学术委员会副主任

# 自 序

我们经常被不属于自己的东西推来撞去,但是我们看不见属于自己的东西在哪里。所以要靠钟情于类似观看一场球赛这样的刺激来体验自己,或者总巴不得这个世界发生什么重要的变故。我觉得这可能是一种成长上限。这种个人的成长上限,不仅影响我们自己,还会影响到我们的身边人,主要是我们的家人。

家庭是一个结构,这个结构中的每一个个体受结构的影响,同时也影响着结构。这种关系就像细胞,每一个细胞都有细胞膜保持其形态的完整和独立,同时它们的边界是具有通透性的,可以与外部进行物质交换。这个世界就是一个薄膜里的世界,我们在边界关系中发展成长,家庭也在其成员的边界关系中成长。

家庭是在成长的吗?很多人可能从来没有想到这个问题,乍一听还很意外。仔细想想,你会感觉到家庭也是在成长的。例如:当第一代人逐渐步入老年,正在应对死亡临近的危险;第二代人则在与"适应退休"和"空巢危机"努力周旋;第三代人正值青年,面临的任务是确立自己的职业生涯,与同龄人建立亲密关系,生儿育女;同时,这个系统也在迎接它的第四代的到来。这是一根时间的连线,连接着不同代际之间的影响,从古至今这种影响客观存在,而且对家庭中个人的发展以及家庭自身的发展起着很深刻的影响。不同的家庭应对这些问题的方式和能力差异很大,家庭在包容其成员完成这些不同阶段人生使命的过程中得以成长。尽管当今社会的家庭形态变得多样,家庭成长方式变得更加复杂,但是我们还是可以从心理学角度,去理解和把握家庭成长中的一些关键要素。

在家庭成长过程中,家庭成员不同的生命时期都要面临不一样的挑战。如果个体不能很好度过每一个关键转型期,家庭结构就会出现扭曲变形,家

庭成员就会出现很多痛苦体验。我们现在常见的家庭矛盾大多来源于此。在这个系统中，经常遇到的转型困难是：

  家庭养育所遭遇的来自社区环境和家庭内部的挑战。

  青春期孩子的心理扩张导致的家庭边际冲突问题。

  年轻人面对的独立和依赖的矛盾冲突。

  中年后期的父母重整家庭功能，对成年儿女独立和真正成长的支持。

  家庭成员缺失所带来的家庭系统重整危机。

  家庭核心功能的转移和功能瓦解的风险。

  老年人被边缘化和家庭养老面临的挑战。

  静下心来推敲一下这些转型问题，你会发现基本上都是家庭成员间相处的关系问题。如何更好把握生命旅程中不同时期的家庭关系，提高爱的能力，这是一种修炼。尤其是在当今中国社会"压力锅"式的环境中，如何让家庭的成长更健康、更和谐，让家庭更幸福，是每个家庭成员的责任和期望所在。本书从个人心理和人际互动角度，对家庭不同时期的核心任务进行了诠释，给家庭成员以相互支持的启发。

  对于心理疏导工作者来说，绝大部分来访者的诉求在于"家庭教育""婚姻关系""代际关系""个人瓶颈""老年孤独"等诸如此类的问题。我称之为家庭成长中的问题，它们通常都是"结构性的问题"，是家庭中那一股看不见的结构性应力关系推动着当事人的心理发展。心理疏导重视这种来自家庭关系中的动力，可以帮助很多人重新回到自己人生航船的舵手位置，开启下一段旅程。本书对家庭成长心理疏导实践应用有一定的指引作用。

相旭东<br>2017 年春

# 目　录

序 ………………………………………………………………… 1
自序 ……………………………………………………………… 1
前　言　爱的七项修炼 ………………………………………… 1
　　　从个人心理和人际互动角度，对家庭不同时期的核心任务进行诠释，给家庭成员以相互支持的启发。

第一章　爱的暖流 ……………………………………………… 1
　　第一项修炼：学会发现
　　爱并不一定是暖流，我们本身是爱的产物却丢失了爱的能力，我们被各种似是而非的爱纠缠扭曲着。带着成年人的诚恳和智慧，重新回家，找寻我们自己的心灵路径，发现我们的爱的样子，我们可以发现自己，并完善自己，由此我们可以提高爱的能力。
　　一、爱的样子 …………………………………………… 2
　　二、爱的能量 …………………………………………… 26

第二章　爱的共舞 ……………………………………………… 41
　　第二项修炼：学会融合
　　爱情这个词语可能是个舶来品，在中国传统文化语言符号里，应该叫做情爱，指两情相悦而产生的爱。两情相悦的情是指儿女之情；由两情相悦而产生的爱，看来比爱情的爱要大一些。
　　中国式的婚姻，是需要成功的家庭联姻的，有助于男女双方融合进对方的家庭，获得家庭归属感。这种融合的成功完成，有助于婚姻中的男女更好应对生活中出现的各种社会应激。所以，婚姻是一次成功的家庭整合；没有实现家庭整合的婚姻，是不完全的婚姻，因而也是不成功的婚姻。

一、两情相悦 ································································ 41
　　二、婚姻融合 ································································ 52
　　三、家庭联姻 ································································ 63

## 第三章　爱的种子 ································································ 71

　　第三项修炼：学会养育

　　每个孩子的禀赋和家庭成长环境不同，父母都希望自己的孩子更聪明一些，其实整个人类都希望我们的后代更聪明一些。除了遗传因素，后天养育有没有可能让孩子更聪明一些呢？

　　坚定地推动他们放弃过去的快乐，去发现一个又一个他们的年龄允许得到的新的快乐，这样做将使孩子把快乐和成长结合起来，使其对快乐的追求不再服务于一种贫瘠且制造贫瘠的停滞，而是服务于其生命，使孩子能够把对快乐的追求变为自己成长的动力之一。

　　一、0—3岁孩子的早期养育 ················································ 72
　　二、3—6岁孩子的家庭教育 ················································ 81
　　三、0—6岁孩子的快乐阶梯 ··············································· 109

## 第四章　爱的魔镜 ································································ 113

　　第四项修炼：学会陪伴

　　从小学到初中，孩子们由儿童发展到了青春期。这是一个充满不确定性的人生阶段，对父母亲来说，也是一个具有挑战性的时期。很多人寻遍良方，却没有发现良方就在自己身上封存着，从来没有离开。

　　一、爱是一种陪伴 ······························································ 117
　　二、成长陷阱 ··································································· 142

## 第五章　爱的协奏 ································································ 151

　　第五项修炼：学会并行

　　貌似最具活力的青年人深受自我独立和家庭依赖的矛盾冲突，尤其在家庭关系的转型上，也存在发展困扰，给家庭成长带来了挑战。

　　与父母并行中的孩子，才不需要向父母证明什么，因为父母已经看见了他们。与父母并行中的孩子，才可以获得清晰、坦然、安定，才有可能不耗费他们的心力来与父母周旋，才有可能将更多的心理能量用在他们的智慧、勇气和谋略上，他们就有发展得更好的机会。父母，就是孩子的土壤，这不是口号，而是现实。

一、家有高中生 …………………………………………………… 152
二、迎接新成年人 ………………………………………………… 162

## 第六章　爱的炼炉 ……………………………………………… 181

第六项修炼：学会和谐

尽管在工作谋生上，男女并没有区别；但对于男性来说，家庭被认为能够为他们的工作表现提供支持和帮助，而女性工作则被认为是对家庭的一种剥夺和放弃。有些人认为，家庭是女性的避风港，实际上这对男性来说可能更合适，对女性来说，家庭很可能更是一种压力和负担；她们被称为贤内助，实际上她们要面对家庭生活和工作场合两方面的压力，尤其在这个父权经济社会世界中，她们几乎不能逃脱被双重束缚的局面。尽管社会主流的信念一直认为女性应该属于家庭，她们应该对家庭生活负有责任。但是，是否参与工作已经被证明是决定女性心理健康水平的最重要的变量。

一、传统心理学对中年人的研究和中国的情形 ……………… 182
二、家庭成长的中流砥柱及其个人障碍 ……………………… 198

## 第七章　爱的归属 ……………………………………………… 212

第七项修炼：学会欣赏

佛门常讲："破迷开悟，离苦得乐。"为达成此目的，佛教教学的方针是"破除迷信，启发真正智慧"，让我们有能力在现实环境里辨明真妄邪正是非，乃至于善恶利害。然后再帮助一切众生建立理智、大觉、奋发、进取、乐观、向上的慈悲济世的宇宙人生观。老年人经历了人生大半的历程，确实应当回顾反省，以更深的人生智慧来理解自己和这个世界，觉悟了，人生变得灿烂起来；觉悟了，面容变得慈祥起来；觉悟了，态度变得欣赏起来。这样的老人可以成就他人，可以称为登临人生峰顶的家庭成长高级顾问和导师，这就是佛。

一、老年人的家庭和社会环境 ………………………………… 213
二、老年期的转型和挑战 ……………………………………… 216
三、成功地老化 ………………………………………………… 224

## 第八章　爱的智慧 ……………………………………………… 233

第八项修炼：贯穿一生的修为

中国传统文化的学习和传播主阵地在家庭，同时也给家庭成长注入了更多正能量。我们从儒家"五伦"和"弟子规"可以看出,中国哲学不对结构中的个体进行分析研究,中国哲学研究的是结构中的相互关系。它给纷繁复杂的结构关系进行了符合天理的归纳梳理,形成一般规律,照此规律办事,堪称无忧。

中国哲学指引个体如何找到自己的使命感、目的和意义。在中国,传统文化理应成为家庭成长的精神护佑。

一、儒家"五伦"与家庭成长 ………………………………… 233

二、《弟子规》与家庭教育 …………………………………… 238

三、积极心理学与中国哲学 …………………………………… 251

四、与传统文化融合的家庭成长 ……………………………… 257

**参考书目** …………………………………………………………… 261

 前 言

# 爱的七项修炼

我们先要对"爱的七项修炼"有个总体的认识。它是应对家庭成长周期中几个主要挑战的心理策略,下面这幅图显示了它们的关系:

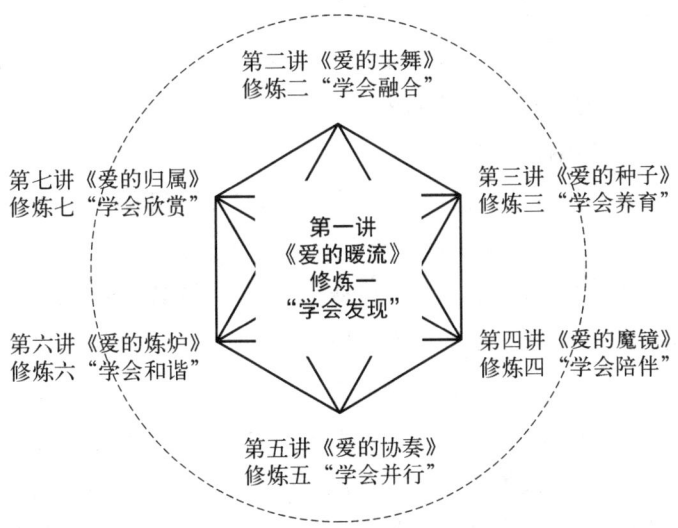

图中从六边形的顶上那一角开始,按顺时针方向,依次显示了家庭成长周期及其基本挑战。

首先是爱的共舞——尽管婚姻的样态丰富,我们还是以最具经典型和代表性的异性男女青年的婚姻结合为探讨的重点和标杆。两个年轻人由不相识到相识、到恋爱、到步入婚姻和发展他们的婚姻生活,他们的互动方式会发生有趣的变化。这些变化与婚姻中的融合高度相关。婚姻融合的成功与否,对于一个家庭来说相当重要。婚姻关系是家庭人际关系的核心。年轻的夫妇需要学会在生活中融合,在融合中生活。

不用太久,绝大部分年轻的夫妇会有孩子诞生。孩子自然成了这一个

时期乃至此后一长段时期家庭的关注焦点。现代心理学对人格和智力的研究发现，它们都与遗传有关系，又都与后天成长环境有密切关系。后天养育和成长环境（主要是家庭环境）在很大程度上影响着人格塑造乃至智力发展，对于这一点学术界基本达成共识。对一个家庭新生命的早期养育方式，就像是埋下了一颗未来发展的种子。要想让这颗种子更加优良，一些符合科学养育的基本原则是一定要把握好的。人们需要学会科学养育，这完全可以成为家庭生育准备的重要内容。

在家庭中完成了最初的社会化，孩子们从童年步入少年时代。每个家庭都希望自己的孩子是一个成功的中小学生，很多家庭为此努力着，也因此焦虑着。学会陪伴是父母亲或其他家庭照料者需要面对的现实问题。

当青春期如期而至，少年长成青年；很多家长还没来得及反应过来，孩子已经跑在了父母亲未必清楚的前面。好多父母亲恐惧于孩子前面那个不知名的方向，一心想把孩子拉回来。父母能不能与孩子并行呢？这是一个值得思考的问题和探索的方向。

并不太长的青春期，没有给父母亲留下太多学习和探索的时间；转眼家庭关系已经变成不是家长跟孩子的亲子关系，而是父母与子女的代际关系；家里已经多了一名新的成年人。已经踏入中年的父母与他们成年早期的青年子女，都面临着人生重要的转型发展。被形容为夹层中人生的中年人，是否还有二次起飞的可能，还是停滞了成长？实现家庭成员的和谐、理想与现实的和谐、过去与未来的和谐——中年人必须面对人生重要挑战。

中年人应该对这句古代圣贤的话深有感触——修身齐家治国平天下——芸芸众生，有机会平天下的是人之翘楚，由时代选出；能够参与治国的，也是少数；但每个普通人都有机会齐家。齐家也需要修身，中年人若能找到回家的感觉，也应该是二次起飞的开始。

那么老年人呢？

虽然回顾一生，每一个阶段都很重要；但是一个没有停滞的中年是成功老化的良好基础。随着生理机能的衰退，步入老年的人们不再像以前那样需要亲自披挂上阵；但是他们依然可以做最成功的顾问和参谋乃至后勤部长。后代晚辈们在他们的欣赏下创造着令人喜悦的人生成就。这是幸福。

在这样一个家庭生命周期中，我们的爱可能在发挥着巨大的正能量，同时纠葛的爱、自我防卫的爱、脱离真实的爱，也可能起到了负向的作用。我们习惯于怎样爱别人、习惯于别人怎样爱我，都可能决定了家庭中的代际关系、亲子关系和其他人生重要关系。所以，发现自己爱的样子，是学习和成长的基础。

如果学习仅停留在知道，那是不够的；做到，意味着我们还需要向内学习，来探究是什么让我们知道而做不到。学习七项爱的修炼，可以让我们看到人生不同时期发生在家庭中的爱的动力，爱的七项修炼是一种生活实践，需要在实践中运用和提升。我们需要创造一种更符合这些心理学基本原则的生活方式，这是第八项修炼"贯穿一生的修为"。这是一种人生智慧，这种智慧与中国哲学高度一致，我们可以怀着感恩的心情把老祖宗的智慧运用到现代生活，乃至心理学的实践当中，这也是一种幸福。

# 第一章

# 爱 的 暖 流

> 第一项修炼：学会发现
>
> 爱并不一定是暖流，我们本身是爱的产物却丢失了爱的能力，我们被各种似是而非的爱纠缠扭曲着。带着成年人的诚恳和智慧，重新回家，找寻我们自己的心灵路径，发现我们的爱的样子，我们可以发现自己，并完善自己，由此我们可以提高爱的能力。

我很早就关注爱这个话题。观察和思考爱的动力，则源于2004年底上海龙华寺与复旦大学联合举办的一场迎元旦慈善音乐会。照诚法师在音乐会上朗诵了一首诗，叫《让爱变成暖流》，内容已经记不得，它的意思就在这个标题上。

让爱变成暖流，难道爱不是暖流吗？难道爱还有寒流吗？在这之前，我没有想过爱可能还是一种寒流，哪里需要让爱变成暖流的，爱本身就是温暖嘛！到今天，越来越多的观察、咨询、案例和学习，让我看到爱真的并不都是暖流，虽然不能说寒流，但是爱的真相确实与痛苦相伴。让爱变成暖流，是一种需要修炼的人生境界。

自然之道让水往低处流，滴落的水滴会被吸入尘土；爱的能量流动，受人类天性的召唤，它属于自然之道的一部分。道法自然，自然是事物原本的样子。我们无法与自然之道抗衡，但我们可以学会与之和睦相处，按照爱的原本样貌去爱。这种爱首先体现在家庭，而且源于家庭。当一个新生命诞生到我们的家庭，父母爱孩子，悉心照料孩子，原本是天经地义的一件事情，这在心理学上叫做"无条件积极关注"。可是，父母亲们很快增加了很多新的要求和想法——他们试图让自己的孩子变得最强大（当然这也是人类天性的一部分)。父母们开始有意识地训练孩子,无条件积极关注变成有条件的关注。

我们以爱作为筹码,帮助孩子变成我们所期望的样子,我们拥有不一样的爱的样子,我们用不一样的爱的样子在爱我们的孩子,爱变得复杂和纠葛起来。爱也不再一定是暖流,它可能是一股说不清的浑浊水流,迎面扑向我们的孩子、家人和我们自己。而我们必须与爱相伴。

我们如何在爱的洪流中学会陪伴将在后面的章节中一一展开。这里,我们先要明白发生在我们自己身上的爱。

## 一、爱的样子

在我的心理疏导实践中,经常会有一些很实用的语言小技巧。有时候我会问当事人:你喜欢别人怎样爱你?或者我会告诉某个孩子:你妈妈喜欢这样子爱你,你以前喜欢妈妈这样爱你,现在可能不喜欢了;是哪些因素让你变得不喜欢了呢?

不知你是否可以现在就静下心来体会一下你自己——我喜欢别人怎样爱我,我又是怎样爱别人的呢?你可能找不到答案。但是,别人(特别是那个被你爱的人)大概知道你喜欢怎样爱别人。这简直难以置信——我们不清楚自己喜欢怎样爱别人,我们一直被自己不清楚的东西左右着;也就是说,我们很可能爱得稀里糊涂。心理疏导理论认为,爱是可以被自己观察和认知的。如果我们能够比较明白自己爱的样子,我们的日子会过得舒坦很多,我们爱的能力和能量都会增加很多。这里说的能量,是指正能量;爱并非都产生正能量,很多时候爱的纠葛会产生巨大负能量。

你习惯了的爱的样子,就是你习惯了的自己的一部分,用比较术语化的表述——那是自我的组成部分。大家都通俗地说这就是自己的性格特征。所以,了解自己爱的样子,就要从了解我们自己的性格特征入手。

心理学对人格的研究有很多,一部《人格心理学》大学本科生可能要学一个学期。心理疏导技术截取了人格心理学关于自我的那些比较具有实践使用性的部分;心理疏导技术还比较注重对"九型人格"的学习应用——来自古代苏菲教的九型人格心灵分析工具,对于我们理解自己爱的样子,确实要比传统的经典人格心理学理论更有实践指导意义。不论我们是否意识到或者是否愿意承认,在家庭关系中,我们基本上是以身不由己的方式在习惯性地与家庭成员互动,而这些互动的基本模式来自我们的个性特质,来自我们心灵深处的某种诉求。在心理疏导理论中,我把这种诉求归纳为"安全感"的需要。而九型人格理论也支持性格特征实际上来自我们被不断强化的安全感策略。借助九型人格理论,我们可以发现我们自己的爱的样子。

### (一) 九型人格释义

九型人格来自公元 9 世纪中亚和波斯地区兴起的神秘信仰——苏菲教,这种教义描述了人类所具有的九种性格,解释了不同性格间的相互关系。这九种性格类型分别是:

1 号——完美主义者(完美型)

对自己和他人都有极高的要求。相信总有一种正确的方法。有一种天生的优越感,认为自己比他人强。因为害怕犯错而犹豫不决,拖延行动。经常使用的词是"应该"和"必须"。

2 号——给予者(助人型)

要求获得他人的好感和认同。希望成为他人不可缺少的一部分,从中获得被爱和被欣赏的感觉。愿意满足他人的需要。具有很强的控制能力和多样的自我(能够在不同的朋友面前展示不同的自我)。具有很强的吸引力,引人注目。

3 号——实干者(成就型)

希望通过自己的行动和成就来获得他人的爱。乐于接受竞争,追求成就感。总是把自己想象成胜利者并拥有相当的社会地位。注重外表形象,精于打扮。把真正的自我与工作角色混为一谈。看上去往往比实际上更出色。

4 号——悲情浪漫者(自我型)

被不切实际的幻想所吸引;理想状态永远不是此时此地。性格内向、忧伤、敏感,具有艺术气质。会因为失去一个朋友而伤心不已,也会痴心于一个不存在的恋人。

5 号——观察者(思考型)

总是在情感上与他人保持一定的距离。注重对自己隐私的保护,不愿被牵扯到别人的生活中。宁愿脱离,也不愿参与。对自己的义务和他人的需要感到疲惫。喜欢把责任和义务分清楚,不愿意接触其他人和事,也不愿去体验感情。

6号——怀疑论者(忠诚型)

用怀疑的目光看待一切,因为怀疑而害怕和疲惫。用思考代替行动,在采取行动的时候犹豫不决,害怕受到攻击。他们对失败的原因非常敏感。反对独裁。愿意自我牺牲,而且非常忠诚。怀疑的态度会产生两种极端:恐惧症型的6号性格者会非常犹豫不决,觉得自己受到了迫害,并急于屈服以保护自己;反恐惧症型的6号性格者虽然也一直处于顾虑之中,但是他们能够站出来面对恐怖,以积极主动的方式化解疑惑。

7号——享乐主义者(欢乐型)

他们是童话中的小飞侠(Peter Pan),那个像孩子一样天真的成年人;他们是恋青春狂,渴望永远年轻。他们对任何事都是一知半解,更换恋人,感情肤浅,爱好冒险,喜欢美食与美酒。他们从来不愿意做出承诺,总是希望拥有多种选择,总是希望处在情绪的高潮中。他们是乐天派,喜欢前呼后拥的感觉,做事常常半途而废。

8号——保护者(领袖型)

具有很强的保护能力。愿意保护自己和朋友;积极好斗、主动负责、喜欢挑战。无法控制自己,公开地发泄怒火,展示自己的力量;对于愿意站出来接受自己挑战的对手充满敬意。与别人的接触方式是通过正面交锋,容易陷入过度的生活方式:熬夜、暴饮暴食、大声喧哗。

9号——调停者(和平型)

自身充满矛盾;考虑各方观点。愿意放弃自己的观点,接受他人的想法;放弃真正的目的,去做一些没必要的琐事。极易沉迷于食品、电视和酒精。对于他人的需求十分敏感,往往比他人自己更了解;对于自己却不确定,不知道自己是否应该出现在某个地方或某个团队中。为人亲切,不会直接发脾气。

**【你可能是哪种型号的性格特征】**

通常情况下,人们听说了这样一种性格特征的分类,就会想知道自己是哪一种。以下是一个九型人格的简易测试,它能帮助你在很短的时间内初步判断你属于九型人格中的哪一种类型。下面有 108 个陈述,在你认为符合你的陈述前面做个记号,注意遮住每个陈述前面的数字,然后把同一数字后面的记号统计相加,比如数字"1"后面有 3 个记号,数字"2"后面有 8 个记号,数字"3"后面有 1 个记号,数字"4"后面有 5 个记号等。拥有最多记号的数字很有可能就是你的类型号。需要说明的是,这个结果只是一个供参考的结论,更精确的判断还需要深入学习和揣摩比较后获得。

9 □ 1 我很容易迷惑。
1 □ 2 我不想成为一个喜欢批评的人,但很难做到。
5 □ 3 我喜欢研究宇宙的道理、哲理。
7 □ 4 我很注意自己是否年轻,因为那是找乐子的本钱。
8 □ 5 我喜欢独立自主,一切都靠自己。
2 □ 6 当我有困难时,我会试着不让人知道。
4 □ 7 被人误解对我而言是一件十分痛苦的事。
2 □ 8 施比受会给我更大的满足感。
6 □ 9 我常常设想最糟的结果而使自己陷入苦恼中。
6 □ 10 我常常试探或考验朋友、伴侣的忠诚。
8 □ 11 我看不起那些不像我一样坚强的人,有时我会用种种方式羞辱他们。
9 □ 12 身体上的舒适对我非常重要。
4 □ 13 我能触碰生活中的悲伤和不幸。
1 □ 14 别人不能完成他的分内事,会令我失望和愤怒。
9 □ 15 我时常拖延问题,不去解决。
7 □ 16 我喜欢戏剧性、多姿多彩的生活。
4 □ 17 我认为自己非常不完善。
7 □ 18 我对感官的需求特别强烈,喜欢美食、服装、身体的触觉刺激,并纵情享乐。
5 □ 19 当别人请教我一些问题,我会巨细无遗地分析得很清楚。
3 □ 20 我习惯推销自己,从不觉得难为情。
7 □ 21 有时我会放纵和做出僭越的事。
2 □ 22 帮助不到别人会让我觉得痛苦。
5 □ 23 我不喜欢人家问我广泛、笼统的问题。

| | | | |
|---|---|---|---|
| 8 | ☐ | 24 | 在某方面我有放纵的倾向（例如食物、药物等）。 |
| 9 | ☐ | 25 | 我宁愿适应别人，包括我的伴侣，而不会反抗他们。 |
| 6 | ☐ | 26 | 我最不喜欢的一件事就是虚伪。 |
| 8 | ☐ | 27 | 我知错能改，但由于执着好强，周围的人还是感觉到压力。 |
| 7 | ☐ | 28 | 我常觉得很多事情都很好玩，很有趣，人生真是快乐。 |
| 6 | ☐ | 29 | 我有时很欣赏自己充满权威，有时却又优柔寡断，依赖别人。 |
| 2 | ☐ | 30 | 我习惯付出多于接受。 |
| 6 | ☐ | 31 | 面对威胁时，我一是变得焦虑，一是对抗迎面而来的危险。 |
| 5 | ☐ | 32 | 我通常是等别人来接近我，而不是我去接近他们。 |
| 3 | ☐ | 33 | 我喜欢当主角，希望得到大家的注意。 |
| 9 | ☐ | 34 | 别人批评我，我也不会回应和辩解，因为我不想发生任何争执与冲突。 |
| 6 | ☐ | 35 | 我有时期待别人的指导，有时却忽略别人的忠告径直去做我想做的事。 |
| 9 | ☐ | 36 | 我经常忘记自己的需要。 |
| 6 | ☐ | 37 | 在重大危机中，我通常能克服我对自己的质疑和内心的焦虑。 |
| 3 | ☐ | 38 | 我是一个天生的推销员，说服别人对我来说是一件轻易的事。 |
| 9 | ☐ | 39 | 我不相信一个我一直都无法了解的人。 |
| 8 | ☐ | 40 | 我爱依惯例行事，不大喜欢改变。 |
| 9 | ☐ | 41 | 我很在乎家人，在家中表现得忠诚和包容。 |
| 5 | ☐ | 42 | 我被动而优柔寡断。 |
| 5 | ☐ | 43 | 我很有包容力，彬彬有礼，但跟人的感情互动不深。 |
| 8 | ☐ | 44 | 我沉默寡言，好像不会关心别人似的。 |
| 6 | ☐ | 45 | 当沉浸在工作或我擅长的领域时，别人会觉得我冷酷无情。 |
| 6 | ☐ | 46 | 我常常保持警觉。 |
| 5 | ☐ | 47 | 我不喜欢要对人尽义务的感觉。 |
| 5 | ☐ | 48 | 如果不能完美地表态，我宁愿不说。 |

| | | | |
|---|---|---|---|
| 7 | ☐ | 49 | 我的计划比我实际完成的还要多。 |
| 8 | ☐ | 50 | 我野心勃勃，喜欢挑战和登上高峰的经验。 |
| 5 | ☐ | 51 | 我倾向于独断专行并自己解决问题。 |
| 4 | ☐ | 52 | 我很多时候感到被遗弃。 |
| 4 | ☐ | 53 | 我常常表现得十分忧郁的样子，充满痛苦而且内向。 |
| 4 | ☐ | 54 | 初见陌生人时，我会表现得很冷漠、高傲。 |
| 1 | ☐ | 55 | 我的面部表情严肃而生硬。 |
| 4 | ☐ | 56 | 我很飘忽，常常不知自己下一刻想要什么。 |
| 1 | ☐ | 57 | 我常对自己挑剔，期望不断改善自己的缺点，以成为一个完美的人。 |
| 4 | ☐ | 58 | 我感受特别深刻，并怀疑那些总是很快乐的人。 |
| 3 | ☐ | 59 | 我做事有效率，也会找捷径，模仿力特强。 |
| 1 | ☐ | 60 | 我讲理、重实用。 |
| 4 | ☐ | 61 | 我有很强的创造天分和想象力，喜欢将事情重新整合。 |
| 9 | ☐ | 62 | 我不要求得到很多的注意力。 |
| 1 | ☐ | 63 | 我喜欢每件事都井然有序，但别人会认为我过分执着。 |
| 4 | ☐ | 64 | 我渴望拥有完美的心灵伴侣。 |
| 3 | ☐ | 65 | 我常夸耀自己，对自己的能力十分有信心。 |
| 8 | ☐ | 66 | 如果周遭的人行为太过分时，我准会让他难堪。 |
| 3 | ☐ | 67 | 我外向、精力充沛，喜欢不断追求成就，这使我的自我感觉十分良好。 |
| 6 | ☐ | 68 | 我是一位忠实的朋友和伙伴。 |
| 2 | ☐ | 69 | 我知道如何让别人喜欢我。 |
| 3 | ☐ | 70 | 我很少看到别人的功劳和好处。 |
| 2 | ☐ | 71 | 我很容易知道别人的功劳和好处。 |
| 3 | ☐ | 72 | 我嫉妒心强，喜欢跟别人比较。 |
| 1 | ☐ | 73 | 我对别人做的事总是不放心，批评一番后，自己会动手再做。 |
| 3 | ☐ | 74 | 别人会说我常戴着面具做人。 |
| 6 | ☐ | 75 | 有时我会激怒对方，引来莫名其妙的吵架，其实我是想试探对方爱不爱我。 |

| | | | |
|---|---|---|---|
| 8 | ☐ | 76 | 我会极力保护我所爱的人。 |
| 3 | ☐ | 77 | 我常常刻意保持兴奋的情绪。 |
| 7 | ☐ | 78 | 我只喜欢与有趣的人为友，对一些沉闷的人却懒得交往，即使他们看来很有深度。 |
| 2 | ☐ | 79 | 我常往外跑，四处帮助别人。 |
| 3 | ☐ | 80 | 有时我会讲求效率而牺牲完美和原则。 |
| 1 | ☐ | 81 | 我似乎不太懂得幽默，没有弹性。 |
| 2 | ☐ | 82 | 我待人热情而有耐性。 |
| 5 | ☐ | 83 | 在人群中我时常感到害羞和不安。 |
| 8 | ☐ | 84 | 我喜欢效率，讨厌拖泥带水。 |
| 2 | ☐ | 85 | 帮助别人达致快乐和成功是我重要的成就。 |
| 2 | ☐ | 86 | 付出时，别人若不欣然接纳，我便会有挫折感。 |
| 1 | ☐ | 87 | 我的肢体硬邦邦的，不习惯别人热情的付出。 |
| 5 | ☐ | 88 | 我对大部分的社交集会不太有兴趣，除非那是我熟识的和喜爱的人。 |
| 2 | ☐ | 89 | 很多时候我会有强烈的寂寞感。 |
| 2 | ☐ | 90 | 人们很乐意向我表白他们所遭遇的问题。 |
| 1 | ☐ | 91 | 我不但不会说甜言蜜语，而且别人会觉得我唠叨不停。 |
| 7 | ☐ | 92 | 我常担心自由被剥夺，因此不爱做承诺。 |
| 3 | ☐ | 93 | 我喜欢告诉别人我所做的事和所知的一切。 |
| 9 | ☐ | 94 | 我很容易认同别人为我所做的事和所知的一切。 |
| 8 | ☐ | 95 | 我要求光明正大，为此不惜与人发生冲突。 |
| 8 | ☐ | 96 | 我很有正义感，有时会支持不利的一方。 |
| 1 | ☐ | 97 | 我注重小节而效率不高。 |
| 9 | ☐ | 98 | 我容易感到沮丧和麻木更多于愤怒。 |
| 5 | ☐ | 99 | 我不喜欢那些侵略性或过度情绪化的人。 |
| 4 | ☐ | 100 | 我非常情绪化，一天的喜怒哀乐多变。 |
| 5 | ☐ | 101 | 我不想别人知道我的感受与想法，除非我告诉他们。 |
| 1 | ☐ | 102 | 我喜欢刺激和紧张的关系，而不是稳定和依赖的关系。 |
| 7 | ☐ | 103 | 我很少用心去听别人的心情，只喜欢说说俏皮话和笑话。 |
| 1 | ☐ | 104 | 我是循规蹈矩的人，秩序对我十分有意义。 |

| 4 | □ | 105 我很难找到一种我真正感到被爱的关系。 |
| 1 | □ | 106 假如我想要结束一段关系,我不是直接告诉对方就是以激怒他来让他离开我。 |
| 9 | □ | 107 我温和平静,不自夸,不爱与人竞争。 |
| 9 | □ | 108 我有时善良可爱,有时又粗野暴躁,很难捉摸。 |

数一数你的选择,看看你符合哪几个型号,不同的型号你各做了几个记号;那个记号最多的可能就是你的型号,第二、第三名也值得推敲一下,因为那可能也是对的。总之,相差不远了。

1号　共计(　　)个记号　　完美主义者
2号　共计(　　)个记号　　给予者
3号　共计(　　)个记号　　实干者
4号　共计(　　)个记号　　悲情浪漫者
5号　共计(　　)个记号　　观察者
6号　共计(　　)个记号　　怀疑论者
7号　共计(　　)个记号　　享乐主义者
8号　共计(　　)个记号　　保护者
9号　共计(　　)个记号　　调停者

测验结果出来了,还是不知道自己到底是哪一种,对吧？这很正常,你还需要经过一长段时间的自我探索,你才可能真正明白自己到底是谁。学习九型人格,不要只对"我是哪一种型号"感兴趣——这也难怪,人们普遍想知道自己——而要对自己"怎么会发展成这个类型的""有哪些日常生活中的习性""我自己的行为特征对自己产生了哪些影响"诸如此类的问题感兴趣,这个叫做成为内心的观察者。

如果你搜索互联网,可以看到很多内容基本一致的关于九型人格的描述,也有很多九芒星图,我们就选择一张比较清晰的作为参考:

在这一张图片中,可以看到不同型号之间有一根带箭头的连线,这根连线代表了一种关系:预示着每一种性格特征的应激变化。

之前描述的每一种性格特征,是指这种性格特征的人在常态下的行为表现。但是,人们经常处于"非常态"下,有时候处于一个压力状态,这一段日子你的行为表现会与以往不同;有时候处于轻松满意状态,这一段日子你

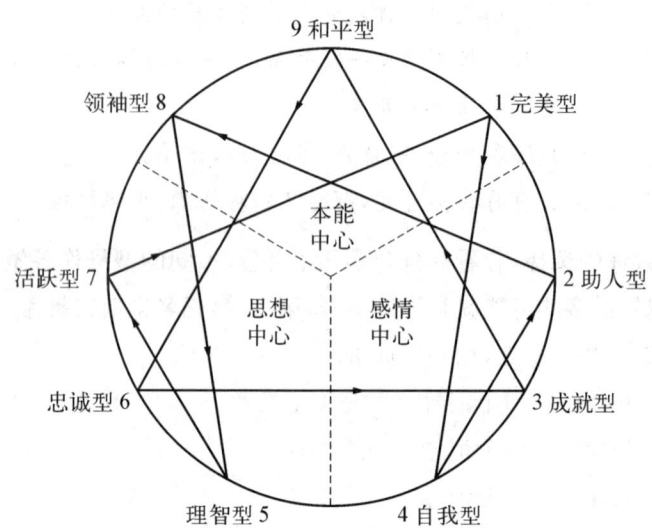

的行为表现又是另一番样子。因此,作参考测试题,还要考虑到自己目前是处于哪一种生活状态,我们可以称之为心境。

中国文字的表达性可能是地球人语言中最强大的了,心境两个汉字,足以让你明白,就是指"心理环境"或者说"心情环境"——"情理"这两个字关系密切,情绪总与事理不可分割,人们身处怎样的事理中,就有相对应的情绪;明白事理方可调节情绪——所以,修身养性需要格物致知。这就是中国哲学的精微之处。倘若你能够用中国哲学来观察和学习九型人格,你会得益更多。

当1号完美主义者处于压力状态时,他们会表现出如同4号那样的情绪纠葛,被自己的愤懑情绪控制,因为错得太多了,简直到了覆水难收的地步;或者他们因为担心可能的错误而拖延着不行动。当他们处于轻松满意的状态时,一向紧张的1号也会像7号那样享乐,他们能感觉到自己的愉悦,会在一个跟自己关系不密切的环境(比如旅游)里嗨一把。

2号给予者处于压力状态时,会表现出与8号一样的愤怒和操控,他们与8号的愤怒区别在于没有8号那种压迫感。当他们处于安定满意状态时,他们能够像4号那样关注到自己的感觉,感觉到自己在感觉着别人的感觉,他们处于难得的清醒状态,他们可能会尝到自主的魅力。

对于3号来讲,他们不大容易感觉到自己的压力状态,但是他们的行为会表现出因为害怕失败而变得拖延——那是9号的一种习惯,但是9号拖延是为了维护和平,是让先而不是害怕失败。一个处于安定满足状态的3号,会像6号那样忠心耿耿,他们乐意带领团队前进,并且机智敏捷;对于3号来讲,那种有一个队伍,并走在队伍前面的感觉是很好的。

一般的人无法理解一个4号性格者处于压力状态时候会怎样,他们可能觉得自己被这个世界辜负了或者自己的感觉被谁偷走了,他们用各种被莫名感情控制了的招数,来与别人"近身肉搏"或"远程狙击",比如:歇斯底里的哭闹、与您单独烛光晚餐、来一场不期而遇的惊艳、一封深深体验情感的长信等。你可能难以确认他们到底要怎样——那就对了,因为他们确实自己也不清楚到底要怎样,反正就这样呗。难道这不是生活吗?当4号处于安定满意状态时,他们会找到1号性格者那样的清晰和精细,他们的敏锐可以发挥得恰到好处。你可以想象每一样精细中都透着悠悠的故事和感觉,那是多美的日子。这就是4号。

对5号性格者来说,感受到压力是一件很容易的事情;只要对方跟他们距离太近了,他们就产生了压力感;或者是他们自己感觉靠近对方太近了,两人关系可能发生进一步深化,意味着他们自己将丢失安全感。连接意味着被控制,他们需要不被侵犯。感受到压力的5号可能像7号那样变得跟大家一样开心,享受这一刻的快乐或者在山水游玩中忘却了连接。我高兴着你们的高兴、嗨着你们的嗨了,所以你们就不知道我自己的城堡里有啥了,对吗?可爱的5号就是这样主动地选择了被动着。当他们处于安定状态时,他们会表现出跟8号一样的规划和谋略,他们开始行使战略家的职责,这个时候,他们的智慧将放出耀眼的光彩。

6号忠诚者们的忠诚源于他们的害怕,他们害怕独自面对自己的人生,如果一个人要对自己的人生负责,那么我要怎么走才是正确和安全的呢?这实在是一场可怕的挑战。他们需要正确,但他们又担心那个正确里包含不确定因素,或者它随时可能发生变化。世界真的不安定。6号性格者处于压力状态时,他们会像3号那样执着,执着于行动,用行动来获取信息,在行动中他们暂时忘却想象,暂时看不见危险的可能——他们只是忙于打老虎,至于老虎是否可怕已经来不及顾上了,这是反恐惧型的6号。另一种恐惧型的6号处于压力状态时,会选择忙于团队事务——我们忙于种菜摘果子呢,我知道老虎在那里的,那我们除了团结在一起,还能怎样呢?如果你爱上了一个6号,请你记得不要给你的爱人压力,因为他们应对压力的时候,实在太辛苦太可怜了,不是吗?你要让你的6号爱人安全满意,当6号安全满意的时候,他们会像9号那样随和好说话,又开心,乐意为他人着想。那是6好人生中最美好的时光——老虎终于不在了,世界一片和煦的阳光,是该好好享受一番慵懒下午茶的。

我们把7号叫享乐主义者,其实他们自己并不享乐,他们其实经常兴奋地忙碌着,他们把这个说成是快乐。7号对于那些陷在痛苦和烦恼中拔不出来的人没有办法,他们会恼怒于快乐原则的失灵;他们的愤怒方式是如同1号那样的生气,一下子爆发出他们的愤怒,指责别人。当然,如果他们发现自己的快乐引导术起了作用,他们会很高兴。看起来很满意,实际上这正好符合了他们自我麻醉的需求。当7号处于安定平静的状态时,他们会触及自己的聪明,他们的思维和创意将得以发扬。可惜这样的时光并不长久,他们还是很容易掉入习以为常的快乐选择中,除非他们真正感觉到了人生的安定。

压力中的8号将变得更加具有攻击性,而且可能是鱼死网破的阵地战,他们以顽固的姿态进入决斗程序。他们宁愿把一车西瓜送给他们认可的"我的人",也不愿意把一粒芝麻拱手让给企图侵犯他们的"敌人"——拿去喂狗,它还知道朝我摇尾巴了,干什么要向狗东西让步——这是他们的名言。压力下的8号不仅仅这样愤怒,他们还像5号那样极力搜索和收集证据,他们每一根神经指向可控制或不可控制的因素。当他们处于安定舒适的状态时,又像2号性格者那样乐善好施,给人以温和,别人能感觉到被他们保护和照顾的暖意。这就是8号,仿佛集魔鬼与天使于一身的人。

大部分人印象中的9号是温和的好脾气,通常也不清楚他们压力状态时会怎样。因为9号原本就习惯于压抑自己,仿佛一直存在压力状态。9号并不觉得压抑自己的愤怒是一种压力,相反叫他们发泄愤怒,来一场咆哮或者攻击别人,他们倒是觉得那是一种压力了。把他们置身于冲突的情境,并且要选出立场以维护一方并压制另一方,这确实是一种压力。处于压力状态的9号,要么是洪水决堤似的爆发他们的怒火,要么是无动于衷地躲得更深、退得更远,他们可能会义无反顾地站在原地不动。这两种情景可以很好地用在他们身上——愤怒的大象和大象屁股推不动。

每一种性格特征,都存在着正常状态、压力状态和舒适状态三种不同的形态,自我观察时需要留意自己发脾气的时候是怎样的,开心的时候又是怎样的,这有利于你找到真实的自己。

**【身不由己的安全感策略】**

愤怒源自挫折感,当我们感受到前进道路或安全防卫上的挫折感时,我们会变得愤怒和具有攻击性。但是,如果这种挫折来自我们爱的权威人士(主要是父母)的时候,我们没法把愤怒和攻击变成一种实施,它们被停留在了我们自己身上,成为一种滞留的力量影响着我们。

1号,家庭背景:

你曾经是非常可爱的小男孩或小女孩,你从小就知道要行为得当,要承担责任;最重要的事情是争取他人的肯定。你在小的时候曾经遭受严厉的批评、斥责或惩罚,于是为了远离麻烦,你开始强迫自己往好的方向努力。家庭培养了听话的你,也把父母亲的批评声转移到了内心,你会通过内心的批评家来控制自己的行为。

你的愤怒源:不公平、不负责任、做错事、公然忽视或违背规则、受到不公正的批评

你的愤怒形式:怨恨、自我辩解、紧张、突然爆发

2号,家庭背景:

你喜欢与人相处,你要知道自己是否受欢迎,你需要得到他人的认可和好感,你希望被爱、被保护,并成为他人生命中重要的部分。你在小时候就很讨人喜欢,因为你知道如何让他人高兴。你能迅速发现自己身上吸引他人的地方,不仅如此,小时候你就能针对不同成年人,做出不同的表演。你是惹人喜爱的孩子,而且知道如何让这种喜爱源源不断涌向你。

你的愤怒源:感觉自己不被赏识、感觉自己被忽视、感觉自己受到控制、不能满足个人需求

你的愤怒形式:常常突然地爆发、谴责他人、哭泣

3号,家庭背景:

你从小表现良好,能获得很多奖状,你一直觉得不需要拉拢他人或融入他人来赢得认可和奖赏,你总是靠自己的能力得到一切。从小你受到夸奖,往往是因为你的所作所为和取得的成就,而不是你自己。所以,你逐渐认识到,获得他人认可和爱的途径就是成功表现。你就这样学会了自我推销,学

会了把自己塑造成工作需要的理想角色。

你的愤怒源：任何威胁或阻碍你成功达到目标的人或事、没有能力、优柔寡断、他人的批评

你的愤怒形式：不耐烦、易怒、偶尔情绪爆发

4号，家庭背景：

你常记得仿佛被人遗弃的童年，若有所失，眼中闪烁着忧郁，感伤失去的美好，生活总像是上演戏剧，而目标总是遥不可及。小时候的你，遭遇的家庭故事很特殊很难忘，可能父母离异了、可能父母教育态度反复无常了、可能还有很多其他令你感到冷暖不知的家庭经历。所以，你是人生无常之故事的产物。

你的愤怒源：使你失望的人、抛弃你的人、辜负你的人、回想起上面这三种人、被轻视、被拒绝、被遗弃、感到被误解、虚假与伪善

你的愤怒形式：如火山爆发般的情感爆发或者哭泣、抑郁不安

5号，家庭背景：

你是相当注重私密的人，当他人积极投入的时候，你却像旁观者。你的世界是你自己的城堡，你是它的主人。很小时候，你就觉得你的城堡受到了侵犯，所以你必须设法保护它。小时候，你感觉到不断受到来自家庭的心理干扰，或者是完全被抛弃，没有自己空间；你为了逃避而封闭城堡大门，开一扇小窗出入。要么关在自己房子里，要么搭建一道情感的围墙免受侵犯。

你的愤怒源：别人认为你确实不对、被要求或侵扰、超负荷的情感付出、没有足够的时间去恢复精力

你的愤怒形式：沉默寡言、报复、紧张、非难、发脾气

6号，家庭背景：

也许是家里藏着什么秘密，也许是父母亲喜怒无常，也许是别的什么原因。是的，你从小就知道观察和预测父母亲的态度，你很快能感知到成年人将要实施的攻击。这些惩罚、羞辱或莫名的怒火，使得你对权威失去信任。你记得掌握权力的人有多可怕，你记得自己在强权下违背了自己的意愿，你对他人动机感到怀疑。所以，你既希望找到一个领导者，又对权威等级层次相当不信任。

你的愤怒源：言而无信、背信弃义、被逼到绝路、受控制或者受到压迫、

与要求太多的人交往、别人对你不负责任

你的愤怒形式：反应机敏、讽刺挖苦、矫情、谴责、防御性抨击

7号，家庭背景：

你无忧无虑，在阳光下沙滩上享受生活，积极乐观，对世界充满好奇，对未来充满憧憬；给人阳光的感觉，喜欢计划并且付诸实行。你的童年生活充满美好的回忆，即便父母离异这种常人看来痛苦的事情，也没有让你抱怨。你的回忆像一本装满快乐照片的相册。小时候你也有害怕，但你会运用想象来溶解害怕，"因为我有了新的发现和别的事情，所以没什么烦恼和害怕的"。

你的愤怒源：约束与限制，它们妨碍你得到自己想要的东西，遇到经常不高兴的人、黏人的人、心情忧郁的人，以及那些喜欢指责别人的人

你的愤怒形式：简单直接的、短暂的、偶发的、猛烈的

8号，家庭背景：

你的童年充满了争斗，强者受到尊敬，弱者被人欺负；你因此学会了保护自己，让自己变成强者；你像愤怒的公牛，却愿意为弱小者提供庇护。小时候的你不容易，努力和不公正的压迫作斗争。你可能在家里挨打，然后学会反击；你也可能从小在街头摸爬滚打，总扮演硬汉，从不掉眼泪、从不表现软弱，并因此赢得同伴敬畏；你也可能被灌输"强者得到尊敬，弱者遭到拒绝"的思想。这就是当年的你！

你的愤怒源：欺骗、被操纵、言而无信的人、别人不理睬你或者看见他们不能恪尽职守、不公平的规则或界限、让人倍感拘束的规则或界限、试图控制你

你的愤怒形式：直接表露强烈的愤怒、表现出与平时不同的风格、丢盔弃甲、报复

9号，家庭背景：

你是和平的维护者，是矛盾的调解者；你总是站在中间听各方意见，却不知道自己的观点是什么。小时候，你仿佛是被人疏忽了，要么是父母亲没有重视你，要么是生活在兄弟姐妹的阴影里，要么是在表达你自己想法的时候遭遇打击。你觉得没人听取你的意见，而且即便你直接表示了愤怒，你的想法也没有得到重视。由此养成了疏忽自己真实需要的习惯，别人的需要总比你的需要重要。

你的愤怒源：别人不重视自己、觉得自己被别人控制、被迫面对冲突
你的愤怒形式：被动地攻击、表现出倔强和抵抗、偶尔发怒和情感爆发

看起来愤怒是一种表达，它表达了我们内心的一种良知——秩序、有用、成功、完美、价值、忠诚、自由、负责、共赢——当良知受到挑战和威胁，我们变得愤怒和攻击。这真是一种矛盾，我们怀揣良知又害怕遭遇挑战而变得"错误、没有用处、失败、有缺陷、无知、被欺骗、被约束、失去控制、矛盾冲突"。我们生活在一种缺乏稳定性的不安全中。九型人格教义认为，我们的性格特征预示了我们的安全感缺失——早期家庭生活的权威关系，让我们身不由己选择了一种面对父母之爱不用内疚的安全感策略——因为我们更爱父母，我们只能这样选择，这仿佛是唯一正确的路：

1号以"不允许自己做错事情"来维护爱；

2号以"我变成你需要的样子"来维护爱；

3号以"我换来成功"来维护爱；

4号以"放弃现实需求保持未来希望"来维护爱；

5号以"减少需要，保存爱的体验"来维护爱；

6号以"你莫欺骗，我欲终身相随的忠恋"来维护爱；

7号以"我跟你共享着你需要的开心"来维护爱；

8号以"控制一切不良因素的侵犯"来维护爱；

9号以"压抑自己，成就彼此"来维护爱。

人生是一部怎样的戏剧啊——这样很辛苦，是吗？我们带着爱从地狱中走来，我们想要升华，可是爱的真相是痛苦。我们的爱中带着害怕、依恋和期望。我们性格特征只是我们的一种安全感策略，它们来自童年的爱的纠葛。所以，九型人格认为，童年爱的纠葛越严重，如今的你某种性格特征越突出。那些爱得没有纠葛，心理发展完善水平越高的人，其性格特征越不会突出于某一个方面，他们更有内在力量感。可以用中国哲学来形容这种境界，叫圆融。

可是今天的我们已经身为父母，为什么我们还要我们的孩子也怀着害怕、依恋、期望和忠恋来爱我们呢？下一步，我们要往哪里去呢？我们哪儿也不去，就在这里，立地成佛。仿佛是唯一正确的道路，真是如此——"模仿佛"是唯一正确的道路——放下，学会放下不必要的担心、顾虑和害怕，它们

来自当初我们对自己父母之爱的模糊或错误理解,现在我们可以用成年人的成熟思维重回当年,找回那个真实的自己。

我说"仿佛"是"模仿佛",只是巧借文字,但这不是说笑。佛是自性佛,佛学觉悟讲的首先是"看见自己、看见因果",放下是觉悟的开始。我们不是佛,我们并不完善,但是我们也可以"抱一守缺"来达至内心的安定和平静。

【你喜欢的爱的样子】

安全感策略是为了维护被爱的需要,同时也表达着幼年的我们爱父母的方式;实际上可以理解为连接爱的需要。可以这样说:我们的安全感策略,就是我们的连接爱的策略。爱之所以要策略,是因为我们害怕丢失爱,我们怀着忐忑在爱。大多数情况下,在爱面前,我们不自信。如果我们觉察到不被人爱了,或者感觉到没有人可以去爱了,是一件很可怕的事情。

那么恨呢?恨也是爱的一种表现。如果有谁恨一个人、恨一种人,那他心中该有另一个人、另一种人被他爱着;甚至一个恨全社会的人,那他心里肯定另有一种爱存在着,至于爱什么、爱自己还是爱别人,他自己也未必说得清楚。有时候,人们用恨他们之不爱,来表达着爱他们之所爱的。要不然,为什么说"恨铁不成钢"呢?要是对方明明就是一块铁,我们却要人家变成钢,这是什么样的爱呢?这就是我们喜欢的爱的样子,我们已经变成了自己爱的样子的俘虏。

好吧,至少我们可以庆幸,不管它是什么样子,我们心里装的终究是爱。

1号性格者喜欢别人认可和欣赏他们;他们喜欢以啄木鸟爱大树或小树的方式来爱你。喜欢你,同时也替你清除害虫。发现自己的绿树有了虫子,他们很不高兴。可是如果不需要除虫,他们要干啥呢?

2号性格者喜欢别人需要和满足他们;他们以双面胶爱任何东西的方式来爱你。粘上你,就贴得很牢,同时还会带来很多你计划外的东西;因为他们也爱自己呀,另一面还贴着自己呢。2号会觉得:爱我怎么不需要我呢,需要我又怎能不爱我呢?

3号性格者喜欢别人赞美和逢迎他们;他们以相框爱相片的方式来爱你。把你装进他的框里,你就增色了不少,同时你也变成了他值得炫耀的一部分。倘若你不愿意进他的框,或者你溜出了他的框,在它看来这是对他的否定,同时他会认为这是你的损失。这个框里可以装上另一张相片,还是一款好相框。

4号性格者喜欢别人重视和融化他们;他们以白云爱蓝天的方式来爱你。虽然我知道还有更好的蓝天,可是我是你蓝天里的一朵白云呀。每一朵白云都需要一片蓝天,每一片蓝天都想拥有白云,对吗?你可不要想着我这里有什么或者没有什么,每一朵白云都是一个故事;我可以变成很多我愿意的样子,我也可以冷不丁为你下一场雨,没有雨的天空也是寂寞的,对吗?因为我,你变得更加丰富,因为你,我更加有意义。我们是分不开的。不是吗?

5号性格者喜欢别人尊重和赞赏他们;他们喜欢以灯塔爱大海的方式来爱你。爱你,所以为你指明光亮;爱我,就让我在你上面发光,不要来淹没我。我是你的灯塔,你是我的海,我们终生相守相望。5号要的是属于他们的那一片海,可以承载他们的全部而不会淹没他们。

6号性格者喜欢别人爱护和相信他们;他们喜欢以兔子爱窝边草的方式来爱你。是的,你就好像是他们的窝边草,就在那里,随时享用并足够安全,一眼就能看见。兔子可能并不清楚他们属于窝边草,还是窝边草属于他们;总之在一起不用担心就对了。作为窝边草,你可以往外长,兔子的心也跟着往外长,只要别长到别人的山头,有草的地方就有家,哪怕你长满整个山,那么兔子的山也有这么大。多好啊!

7号性格者喜欢别人亲近他们跟他们一起梦想;他们喜欢以小丑爱喜剧的方式来爱你。看起来插科打诨不受约束的小丑,其实兢兢业业,他们忙忙碌碌地创造着快乐,虽然他们自己并不见得真的很快乐。每一次,他们都会让你期待下一次会有美好和快乐。虽然舞台下面的他们更加真实,他们还是愿意忙碌在舞台上,因为那里有你。除非有一天,舞台下有一个人挡住他们说——够了,你可以做真实的自己,这个舞台是我的也是你的——7号可能学会安静下来,他们需要这样一个刻骨铭心的转型,他们被爱升华了。

8号性格者喜欢别人遵从和肯定他们,肯定他们的地位而不一定是成就;他们喜欢以皇帝爱嫔妃皇子的方式来爱你。在8号看来,是你幸运地被我爱了,因为我将为你负责;你是我的人,你会拥有我的江山。他们不希望你对他们的付出感恩戴德,但是他们希望你对他们的付出忠诚并肯定。当然,你也不要期望他们一天到晚围着你转悠,他们永远有重要的事情在忙着,否则就是昏君了,不是吗?既然选择了成为8号的人,你就要懂得洁身自好,免受他人欺负,否则你那位皇帝的主儿会向那个不识相的家伙发动一场浩劫的。自从被他爱上你,你就这样幸福地失去了自由,需要恭喜你一下吗?

9号性格者喜欢别人信任他们并主动关心他们的要求,因为他们经常为了满足你而压抑了自己的要求;他们喜欢以空气爱缝隙的方式来爱你。是的,看来没有意图的空气能够轻松进入任何一个缝隙,你是咋样,他们就咋样。但空气永远不会与自己断裂,它们只是与空隙融合在了一起——爱你,就和你融合在一起。但你不要以为空气是无所需求的,也不要辜负他们的柔和。他们是有自己的,想想龙卷风和飓风的威力,你就要知道爱是双向的,接受来自空气的爱,也要爱空气。

## (二) 放下你自己

我们深受自己性格特征的影响而不自知,我们被我们自己的性格特征控制并作出身不由己的行为反应。面对生活事件,不同性格特征者会采取不一样的行为方式。九型人格教义告诉我们,性格特质,本质上是自我安全感策略。这种策略来自我们早期的生活经历和环境特征。今天,我们可以用成年人的勇气、能力重回来时的路,找到自己。从而我们可以学会放下不必要的过度自我防御的态度,我们的人生可以变得更加圆融和安定。

### 【心中的混球】

在人生旅途上,我们都会有一个基本的姿态。关于姿态,大家都比较容易理解:观看长征十号发射直播的观众,肯定还记得火箭跟踪测量员的报告——火箭姿态正常。姿态,是指在背景中的位置和方向,当然这取决于火箭的动力控制。人生也一样,每个人在自己的世界里有一个姿态,你的姿态正常吗?意味着你的位置是否正确、你的方向是否正确、你的动力是否正确。九型人格也表明了你的姿态,不同性格特征者的姿态是完全不同的。

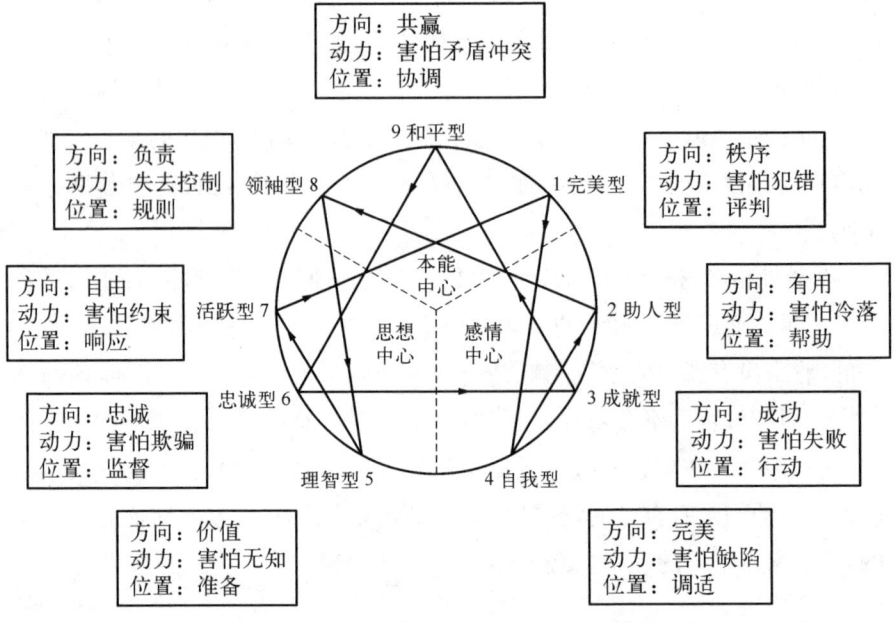

在这个九型图中，我们可以看到每一种性格特征者的姿态，这里包含着一种不协调的关系，我们动力来自内心的害怕，所以，美好的方向，可能就演变成我们固着在当前的位置上停滞不前。这是一种自我妨碍，而且未经研修，我们并不知道发生在自己身上的这种自我妨碍。

9号性格者主张共赢的和平世界，可是他们因为害怕矛盾冲突而不明确表达他们的立场，试图做个最好的调停者来影响别人的决策，以换来大家都好。实际上经常事与愿违，因为别人不是跟他们一样的和平主义者。他们需要消耗能量来压抑不满意而产生的愤怒。拖延而善良温和的大象需要进化成友好而敏捷快速的海豚。我们不妨给9号性格者这样一个建议：生命不是一个等待的游戏，你不能为了害怕与人发生冲突而时时等待别人做出反应后才敢采取行动。你所需要的解药是：学习积极参与生命，当机立断，自我确定。

1号性格者尽管内心渴望创造一个有秩序的世界，可是他们因为害怕出错而站在评判者的位置上。他们把因不满意而产生的愤怒指向自己。爱管闲事的狗狗要进化成勤奋敬业的蚂蚁。我们给1号性格者这样的建议：你处世态度过于认真、执着，容易令自己既愤慨又无助，你需要随身携带的解药是——学习自嘲，用幽默的态度去嘲笑自己的遭遇，跳出怨天尤人的圈套；去玩！用充满童真的心态去玩耍，将自己从重重枷锁中释放出来。

一直以来以负责任的正义者自居的 8 号性格者，内心却害怕失去控制，为此他们非常在意规则，任何游戏都必须有规则，而他们总是认为他们的规则是最公平正义的；除了他们自己，别人是不可以无视这些规则的，更不可能来破坏规则。他们经常容易为一些他人的小细节（这些细节无疑是潜在的破坏因素）而愤怒，可他们并不觉得那是愤怒，因为他们并不在乎愤怒，只有他们情绪失控时候才可能觉得自己被激怒了。可是别人却明显地感觉到来自 8 号的压迫感。他们就像犀牛一样具有逼迫性和破坏力，他们需要由莽撞暴躁的犀牛进化成有力量智谋的老虎。给犀牛们的建议是：你的性格使你轻易成为领袖，也容易导致众叛亲离，你所需要的解药是：停止不顾一切地横冲直撞，付出你的爱心，时时思考你所做的一切是否真的为自己好，同时也是为他人好，那样你可以做个"受人爱戴、流芳百世"的大人物！

以 9 号为中心，1 号和 8 号是它的两翼。这三种性格特征的人，都与他们的愤怒相伴。9 号压抑了他们的愤怒或者说他们忘却了他们的愤怒，把自己变成了和事佬；8 号将愤怒外化成一种压迫，把自己变成了霸道者；而 1 号将愤怒转向了里面，把自己变成了批判者。

以 3 号为中心，2 号和 4 号为两翼，这三种性格特征的人都与感觉较劲。3 号压抑和忘却了他们的感觉，把自己变成了行动的奴仆，他们用自己的选择事项把自己淹没；2 号外化了他们的感觉，他们感觉到别人的感觉而疏忽了自己的感觉；4 号与 2 号正好相反，他们内化了他们的感觉，他们感觉到自己的感觉而疏忽了别人的感觉。

3 号性格者历来喜欢扮演成功者，他们确实很愿意成为领跑者，这个世界需要成功。可是他们害怕失败，因为害怕失败而迟迟不敢行动的 3 号也为数不少。他们把不如意归罪于阻碍他们的人和事。炫耀的孔雀要进化成傲视高飞的雄鹰。他们需要这样的建议：不要被胜利冲昏头脑，一朝得志语无伦次；不要让你对失败的恐惧令你胆怯不前，你要常备的解药是：时时忠于自己的价值观，不要让暂时的挫败令你背叛自己及自己所属的团体。明白名利背后的真谛，不做名利的奴隶。

我们说 2 号是助人者，因为他们喜欢帮助人。但是，这与乐善好施的慈善家是两回事情。2 号的注意力在"我对你有用"，所以他们害怕被冷落。就像一只骄傲的猫咪紧贴着它的主人献媚讨好。献媚讨好的猫咪要进化成专心致志的狗狗。我们给 2 号的建议是：很多时候你愿意付出是因为你想取悦人家，得到人家的接受，你这样做等于允许别人操纵你的情绪，你需要随身携带的解药是：尊重自己的感受，跟随自己的意愿去走；将焦点从外在世界移回内在世界，不要太过介意别人对你的看法，集中发展你的创意。

4 号的方向是让人生臻于完美，这个完美是他们自己感觉到的自我世界的完美，他们与 1 号的区别是他们真的懂得不完美才是完美的真谛，所以他们始终在追寻自我的过程中。《跟着感觉走》这首歌可能很配他们的胃口：

跟着感觉走/紧抓住梦的手/脚步越来越轻越来越快活/尽情挥洒自己的笑容/爱情会在任何地方留我/

跟着感觉走/紧抓住梦的手/蓝天越来越近越来越温柔/心情就像风一样自由/突然发现一个完全不同的我/

跟着感觉走/让它带着我/希望就在不远处等着我/

跟着感觉走/让它带着我/梦想的事哪里都会有/

同样是跟着感觉走，自恋懒散的狗狗需要进化成飘逸不羁的骏马，那是 4 号人生的昆仑之巅。我们给 4 号这样的建议吧：太多的时候，你利用你的与众不同去吸引人家的注意，而当人家用异样的眼光看你的时候，你又郁郁寡欢。你需要随身携带的解药是：第一，知道你所谓的与众不同的一个主要部分，是你可以用创意的眼光看这个世界，好好运用这个创意替自己在生命中创富。第二，知道在你那与众不同的外表下是一颗炽热的心，开放自己，向人伸出友谊之手，那么你不再感到孤单无援，人家也不会觉得你标"奇"立异了。

9、1、8 与自主较劲，3、2、4 与感觉较劲，而 6、5、7 则与思想较劲。

时刻保持警惕的 6 号，具有丰富的想象能力，可以想象到各种危险因素的可能，他们时刻被自己的想象催促，执行着监督的职能，以确保当下和未来的安全。他们的人生信念是大家都要团结忠诚，不要搞破坏和伤害，而他们内在的动力恰恰是害怕被欺骗。他们希望自己不要那么紧张，可是他们做不到，还是会受到想象力的感召而警惕起来。给他们的建议是：你有两个极端，当你认为有被人侵袭的危机时，你可能产生很大的恐惧而躲起来，或者你会不自觉地露出你的战斗姿态，让人觉得你在挑衅他。你所需要的解药是：冲出条规的框框，扩大你的世界观，多些玩耍作乐，用平和的心情去看这个世界。6号是紧张的小兔子，要是能够进化成优雅的羚羊，就会放松下来。

追求自由的7号并不自由，他们几乎随时被另一种力量吸引走，因为他们要与出现在他们身边的各种力量共同建立快乐选择，所以他们很忙。真正的自由建立在自主的基础上，可这正是7号害怕面对的真实自己。他们不愿意被放在那个位置上，他们把这种面向深入的定位叫做约束。他们喜欢寄生于他人的力量，并试图以快乐选择来让那股力量帮他们解决问题。所以，尽管7号自信能带来快乐，他们可能还是经常受到别人的指责，甚至嫌弃。要知道千百年以来，猴子从来未得到过真正的尊重，尤其当他们不分青红皂白地在8号与8号敌人的地盘之间撺掇的时候，很可能会遭遇老虎愤怒的一巴掌。7号要由好动贪玩的猴子进化成美丽勤奋的蝴蝶，就要明白这些忠告真的是对他们的爱：世界并不需要你刻意增加快乐，允许别人不够快乐。生命中需要充满享受，但纯粹为欢乐而生存不免将自己的人生狭窄化，允许自己有真正的成长，用真正谦虚的态度去学习、去拓展自己的人生，令自己活得更多姿多彩，更有深度。

5号很少说他们喜欢自由，但他们确实比7号自由，因为他们不需要像7号那样与别人贴近，并且那么在乎别人是否快乐。这种贴近和在乎，限制了7号的自由。5号根本不需要这两样东西，他们喜欢保持距离，那样他们就不受侵犯，他们就是自己的、就是自由的。5号在乎的是他们的价值，他们的价值不容贬损，为确保他们的价值，他们很注意自己的库存——我仓库里有那么多知识、本领、办法，我是有价值的。5号可以在自己的仓库里体验和享受体验，他们善于独处而并不害怕孤独。他们害怕的是别人发现他们仓库里东西不多，所以，他们一方面不断增加库存，另一方面关闭大门以免被人近距离窥探，更不会允许进入他们的大门。所以，谁要是有机会进入5号的仓库大门，真是三生有幸还不止——你们感情太深刻了，那肯定是令5号心悦诚服的深刻感情。

就像警惕的狐狸有迷宫一般的城堡，5号的仓库包含了他们不为人知的知识、人脉和机会，也许直到这个仓库最终废弃也没有搬出来；他们若能进化成敏锐的猫头鹰，可能会带来一个全新的世界。我们只能给5号这样一个远距离的忠告：你太喜欢躲进理论的世界，而忽略了外在的世界，但理论的世界好像一个迷宫,越是深入便越难找到出路,结果你发现你与现实世界脱了节,根本不知从哪里着手去实现你的理想。你所需要的解药是:当你继续做学问工夫时,不断问自己——我如何能够将理论付诸行动呢?我怎样能够通过行动令这个世界不同呢?然后就行动。

  这世界好比是一个战场,士兵们都想保全自己不受伤害。9号以我放弃对他人的要求,我只保持我自己的就可以,来换取安全。8号以我与你划定彼此界限为安全举措。1号以我不会犯错以确保规则运行来换取安全。3号在这个战场上害怕感觉到自己的感觉,他们选择不去感觉只管行动,他们试图用行动让别人看见自己是不可战胜的,以此来保全自己。2号则选择感觉到对方的感觉,让自己切合对方的需要,就安全了。4号在这个不安全的战场上,感觉到无论发生什么,只要我的感觉还在,我是活着的;他们因为紧张而感觉着自己,接受已经发生的一切,并期望着下一个会是更好的感觉。6号以十二分的警惕关注着周遭可能的威胁,他们选择只有清醒着才是安全的保证。5号以尽可能保持距离来保全自己,他们在安全距离上与威胁周旋;在他们看来,进攻来时,选择后撤是为了保证安全,并且是为了准备进攻;他们可能因此而时刻准备着,却从不进攻。7号选择在战场上呐喊"还有比战斗更好的选择,我们选择快乐,我是给你带来快乐的",并努力与对方建立快乐联系,以此换来保全自己。看来,我们都是战场上那个混球。我们很天真,也很害怕。

  虽然不能把人生比作战场,但是,从体会安全感策略角度来说,没有比战场更合适的比喻了。走上战场,我们就能看见自己是个怎样的混球了。你当然明白,这里说的是抽象意义上的战场,如果是真的战场,我们倒是应该重视一下,不同性格特征的军人,该如何战胜自己,他们才可能成为真正的战场高手。现在,在这个虚拟的战场上,你要怎样克服控制了自己的恐惧感,成为高手呢?

## 【幸福的三种境界】

  不同性格特征的人,在体会幸福感上也是各有特色的。西方心理学研究发现,人们的幸福感是比较恒定的。我相信,这种恒定跟性格有关,说比较恒定而不是完全恒定,是因为性格确实也存在着进一步完善和发展的可能。我们可以这样来理解幸福感:当我们的需求获得满足的时候,我们所体验到的感觉,叫幸福感。众所周知的马斯洛的需求层次理论告诉我们,我们有五个层次的基本需求:生理需要、安全需要、归属和爱的需要、尊重的需要和自我实现的需要。

仔细想一想,你能明白不同性格特征的人,由低到高,这五种基本需要的差异性是显而易见的。看起来生理需要应该一样,实际上不同性格特征的人获得生理满足的方式和需求还是有明显差异的。况且人们不是只要求一种需要,通常都是此刻以某种需要为主,其他需要为辅;换一刻,又是以另一种需要为主,其他需要为辅。安全需要包括了人们对"结构和顺序"的需要,九型人格的形成,原本就是人们在童年时代,对结构和顺序、归属和爱的反应生成方式。所以,不同性格的人其需要获得满足的方式和路径不同,他们的幸福感来源自然也不同。

我在心理疏导实践中观察发现,人们的幸福感大致可以分为三种境界:有些人,一直在寻寻觅觅,通过各种可能的际遇来找到幸福感。他们的幸福是有一些指标为依据的,比如:比人家多的钱、比人家好的车、比人家大的房子,诸如此类,他们在这种比较中获得一种受人羡慕感和自我荣耀感,他们觉得幸福了。我把这一种幸福叫做第一种境界——寻找幸福。他们的愉悦感主要来自生理愉悦和安全需要获得满足。并以此寻找被尊重感。

第二种人,他们已经停止了寻找,他们可能已经明白攀比永无止境,而且人生无须攀比。他们有了一双善于发现的眼睛,他们在自己的日常生活中体验到幸福。这是幸福的第二种境界——发现幸福。他们的愉悦除了生理愉悦和安全需要,他们可能对归属和爱的需要有了更深的领悟,并且得到了满足,他们自重从而也体会到尊重感和部分自我实现的感觉。

幸福的第三种境界,叫创造幸福。这些人获得了广受尊重和自我实现的机会,他们珍惜机会,并且感觉到"因为我,他们可以更好"和"幸福因我而来"这种感觉,他们在创造更多身边的人们幸福体验的过程中体验到他们自己的幸福感。很显然他们已经获得了人类需要层次金字塔的高层满足。他们都在不同层程度上达至性格特征的自我完善,他们的人格获得了进一步的发展。

九型人格特征凸显的人,他们的需求集中于五个层次的中段,他们纠葛于"安全需要"和"归属和爱的需要",尚未获得自我超越和成长。性格特征凸显者需要修身,恰如中国古代圣贤所讲——修身齐家治国平天下,身未修好,齐家也难;何况要治国平天下。今天我们说治国,已经可以延伸为发展一项事业,做出一番成就;平天下是指创造功在当下利在未来的贡献。受自己性格特征局限的人,是比较困难实现幸福的第三种境界的。

## 二、爱的能量

不光父母爱孩子,孩子也爱父母;不光我们需要家庭,家庭也需要我们。爱是需要能量的。父母孩子彼此获得爱的能量,家庭和个人之间也需要彼此获得能量。不光如此,更大的能量来自社会,来自人类天性中的社会良知。这种存在于个人、家庭和社会中的良知,它们在生活之上,而不在生活之中;也就是说,我们并不控制良知,而是我们被良知控制。就像自然之道控制了水的流淌一样,良知之道控制了爱的动力。海灵格先生的家庭排列疗法,是目前为止我所知道的对这种爱的能量流动的最好观察和实践运用实务理论。他的观察所得和实践研究,在很大程度上深受中国哲学的启发和影响。与海灵格先生的家庭排列疗法思想一致,并且我本人也深受家排疗法的影响,我把发生在家庭里的这种爱的能量流动及其影响叫做家庭成长心理动力学。

### (一) 个人良知

海灵格把个人在家庭中发展的"清白感"和"罪恶感"叫做个人良知。受清白感和罪恶感的驱使,我们在家庭中表现出各种行为,实际是一个自我的适应和发展过程,在大部分情况下,这个过程是下意识的,但经过引导,人们可以意识到。以前的阿德勒博士,从另一个角度观察到了类似的现象,他用个人的"自卑感、优越感和完整感"来描述自我在家庭和社会中的适应和发展过程。用"罪恶"和"自卑"两个词语来形容自己,好像有点太露骨,中国人不喜欢,我们可以用"歉疚感"来理解;用"清白"和"优越"又有点太骄傲,我们可以用"安定感"来形容;用"完整"有点缺乏情感色彩,我们可以用"完善感"来形容。

个人在家庭中生活和发展,带着"歉疚感、安定感、完善感"的交互影响,我们可以保持内在的稳定。因为对父母亲有歉疚感,我们愿意接受父母的缺点,听从他们未必完全正确的意见和建议;因为对孩子有歉疚感,我们愿意接受孩子的缺点,满足他们未必完全正确的心愿和要求。歉疚感,让我们的爱变得谦逊而温和,这是一种饱含能量的关系。这种谦逊,创造了家庭心理关系的和谐安宁,我们得到了安定感。定则生慧,我们可以更好应对和创造生活中的物质形态或精神空间,体验到生活的完善感。这是用中国哲学中庸平和的表达方式来描述的那股看不见的力量。歉疚感的力量是柔滑的,海灵格用罪恶感来命名这股力量,凸显了这股力量的强大。

## 【个人良知的运行】

我们在关系中经历和体验着良知,而这也是一种罪恶和清白的感受形式。因为所有我们的行为都会影响其他人,并因此造成我们清白或罪恶的感受。就像我们的双眼,无时无刻不在分辨光明和黑暗,我们的良知也无时无刻不在分辨着我们的行为是伤害还是滋养着关系。当行为伤害关系时,我们会感受罪恶感;当行为滋养关系时,我们就会感受清白感。

罪恶与清白都同样服膺着一个更高的力量。这更高力量使得罪恶与清白同时存在,并且一前一后地引导着它们走向同一个方向,透过这样的方式,确保我们走在正确的轨道上。有时我们会希望能够自己掌舵,但这更高的力量并不因此罢休,我们不过是轨道上的过客。这更高力量我们称之为"良知",良知遵循它自有的规律运行,那是一种你看不见的力量,也就是中国哲学里面的"道"。

人与人的关系有几个已然存在的先决条件:归属、平衡和序位,这三者之间相互牵制又互补。透过良知的作用,我们体验到归属、平衡和维持序位的需求。它们总是同时运作,但也各有不同的目的,也各有不同的罪恶和清白的方式。所以,随着目的和需求的不同,我们会经历和体验不同的罪恶和清白感受。

当罪恶和清白的感受是为了达到"归属"时,我们会以分离、疏远来经历和体验罪恶感,而以舒服、亲密来经历和体验清白感。

当两者是为了达到施与受的"平衡"时,罪恶感会以责任呈现,而清白感会以自由或是期待的形式呈现。

当罪恶与清白是为了达到"序位"的目的时,我们会以内疚、对被惩罚的害怕来经历和体验罪恶感,而以尽责、忠诚来经历和体验清白感。

即使有时我们与他人看来相互对立,但透过良知的引导,我们在生活中所有的行为都朝向"归属、平衡或序位"。因此我们会经受到与他人之间因良知目的的不同而带来的冲突,同时我们内在也可能因为同时经受不同目的而产生冲突。因此,为了达到平衡,良知会为了达到归属的目的而禁止我们的某些行为,但同时为了维持序位,又否定为了达到归属的某些行为。

比方说,当我们以他人伤害我们的程度等量回报对方时,我们"平衡"的需求会感到满足,并认为这是公平的。然而在此同时,我们也牺牲了归属的需求。

为了同时满足归属与平衡,我们必须以低于对方伤害我们的程度回报对方。如此一来,虽然我们牺牲了平衡,却达到了爱与归属的目的。

相反,如果我们以对方所给予我们"好"的程度等量回报,我们满足了平衡却无法照顾到归属的需求。如果希望同时满足平衡和归属的需求,我们必须回报多于对方所给予我们的。当我们回报了对方所给予我们的礼物之后,对方就要以同样的原则以多于等量的礼物再次回报。以这样的方式,施与受能够达到平衡,归属与爱的流动也会在往来的循环中达到。这就是礼尚往来的心理学含义。

我们也可能同时体验到归属的需求与序位间的矛盾。举例而言,母亲告诉她的孩子,他因为顽皮而必须留在房间里。当她独自将孩子留在房间里时,序位目的就达成了。但是孩子会开始生气,如此一来,虽然满足了序位,却违反了爱的原则。但是,如果母亲在一小段时间之后,解除了对孩子的惩罚,虽然此举违反序位的原则,但是却强化了她与孩子之间的爱与归属。

无论我们如何回应我们所碰到的情境,我们都同时会感到自由和罪恶。有些罪恶感是伴随我们终身的,我们无法也不用消除它,要学会与它和睦相处。

海灵格先生认为,父母养育之恩惠,会让孩子身上存在一种罪恶感,他们觉得他们所有的一切都是从父母亲那里"窃"来的。海灵格先生并没有阐释为什么这样,他是看到了这种罪恶感如何产生了能量,并影响了孩子的行为。我认为,这种罪恶感与孩子形成自我感和追求独立感有关系。在生命的头两年里,自我逐渐形成。随着自我的形成和不断发展强化,自我需要把自己和环境区别开来；大概在5岁左右，超我开始形成，这个代表了社会规范和道德标准的自己，实际上是自我具备了人与人之间的界限意识和界限行为。这种自我意识的觉醒使得孩子们产生一种背离父母亲的内疚感——我从父母那里得来的变成一种罪恶，保持清白感让我们对自己满意，这种清白欲望让我们自然地想要消除罪恶感。

孩子们怎样消除罪恶感呢？

路径一，做个好孩子。孩子们用他们的行动，让父母亲满意；父母亲的笑容可以消除他们的罪恶感。

路径二，做个坏孩子。坏孩子是不需要罪恶感的，他们向父母提出无理苛责的要求，让父母亲不满意，并且受到父母亲的批评指责甚至打骂，这样他们就不用内疚了。

但孩子们还是不满意。做个坏孩子，当然对自己不满意，尤其当青春期到来的时候，更加的不满意。他们迫切地想要确定"我是谁"这个答案。做个好孩子，也不满意于自己长期以来为了让父母满意而活着，尤其当青春期来临，他们特想为自己做点啥或者不做点啥，对父母亲无休止的"无理要求"开始抗拒。而抗拒本身又会增加罪恶感。在这种情感的漩涡世界里，人们想要学会没有愤怒，是艰难的。坏情绪只会增长坏行为，坏行为只会增加罪恶感，罪恶感又会增加坏情绪，生活就像一张无形的网，把孩子和父母困住，而支起这张网的是爱。在这场爱的纠葛中，谁都不好受，爱并没有变成一股暖流。对吗？所以，照诚法师说"让爱变成暖流"不是文艺语言，而是一种可探寻的修为路径。佛家净土宗用的办法是戒除"贪嗔痴慢"，将"贪婪"从"爱"当中剥离。有没有发现爱当中确实掺杂着贪婪的。

我们不是只在孩子时期才有罪恶感。罪恶感和清白感的胶着，伴随着我们整个人生。只不过在不同的生命阶段，它们会有不同的侧重或者不一样的行为反应。成年人，对自己正步入老年或已经暮年的父母亲依然有罪恶感。为了缓和、消除这种罪恶感，就像当年的孩子时期一样。我们的基本策略也不外乎两种选项：

一种是否定。不敢面对它，继而否定与父母亲情连接的重要性，以疏远和各司其职来与父母亲相处。在这个过程中，我们体验到成人感、独立感；心理学说的心理断乳，基本就是这样一个离开父母的过程，但是伴随而来的是罪恶感。否认连接的重要性和意义感，并不能完全消除罪恶感。

另一种是肯定。那就要面对它，继而以增加和提升与父母亲情连接，以理解和亲近融合来与父母相处。在这个过程中，我们不仅体验到成人感、独立感，还体验到来自血缘关系中的责任感、使命感和成就感。这种紧密相连，与心理学说的心理断乳没有矛盾，它不同于未能顺利完成心理断乳的依赖感。可以理解为这是一种人类特有的精神反哺。反哺是一种经常看见的自然之道，人类生活在其精神世界中，对父母亲的精神反哺是一种进化了的行为。尽管如此，只要父母亲还存在着出现危局（死亡）可能，我们依然不能消除罪恶感。罪恶感使得我们更加重视亲近融合。这个路径也就是中国传统文化的路径，至少单从这个角度讲，中国人在家庭关系处理方面是最有高度的。现在心理学的研究成果，在很大程度上只是一点一点地证明了中国哲学的普世性和中国传统文化的科学性，尽管我们从来不强调我们传统文化的科学性。（很遗憾，马克思也没有好好研究过中国文化，是我们自己主动拿来研究马克思主义哲学，并为我们所用的。学习、反思、发展、完善，这也是中国文化的科学态度和科学性质。）

不仅孩子对父母有罪恶感，随着孩子的成长和逐渐成人，父母对孩子也有罪恶感，尤其当他们的孩子发育得并不令人放心的时候，父母亲总觉得是自己的养育过错导致了孩子的人生不安全，罪恶感驱使他们想继续为孩子做贡献。这样的父母碰到第一种情况的孩子，父母的爱和操心会变成子女眼中的侵扰，他们的爱充满矛盾、冲突和纠葛。这样的父母遇到第二种子女，父母的爱和操心比较容易被子女理解，倘若能找到比较好的相处之道，爱就变成了一股暖流，流淌在家庭的港湾里。

## 【驾驭个人良知】

是驾驭而不是控制：骑在一匹驰骋的马上，你要做的是控制你自己而不是控制马；帆船或者冲浪，你要控制的是你的帆船和冲浪板，而不是试图控制海风和海浪。这叫驾驭。同样，个人良知在推动着我们的行为，我们需要的是控制自己以顺应良知的力量，让它带着我们走向正确和幸福。

良知，之所以给这股力量取这个名字，是因为它是正确的、值得你信任的。怀疑，会让你失去良知的，就好像骑手跑丢了胯下的马儿，他就只能自己使劲跑；冲浪运动员掉了冲浪板，他就只能泡水里游泳了。

当新媳妇刚进夫婿家，不知道要怎么正确地面对婆婆的时候，良知让她忐忑不安。新媳妇只要告诉婆婆自己忐忑不安,不知要怎么做才可以与婆婆相处得愉快。婆婆会被儿媳妇的"傻得可爱"和真诚打动,良知会让她开心并内疚,婆婆会接受和照顾这个媳妇,他们很快会相处融洽。

当小孩子初入学校,读书遇到困难。孩子是父母亲爱情和婚姻的标尺,可以衡量他们爱情和婚姻的正确感、价值感和高度,怎么可以学习不行呢?良知让妈妈开始紧张,为了消除这种紧张感,妈妈学习了大量教育方法,参考询问了不少意见,然后,他对孩子提出各种应当如此那般的"正确要求",孩子可能好转,也可能维持原样或者更加糟糕。随着年龄增长,孩子会抗拒和回避这些要求。这相当于,妈妈本来骑在良知的马儿上,与孩子一起前进;现在妈妈把马儿换成了一叠书籍,她骑着"教子有方大全"和孩子一起赶路。她不知道自己实际上经常跟孩子脱节,因为她已经习惯骑在书本上的感觉——它不挣扎——那良知的马儿时刻在运动,不好控制。倘若这位妈妈换一种方式,把自己交给良知的马儿,控制好自己,让马儿带着她跑。她可能会跟孩子说:"你作业拖延、困难(具体事情),妈妈觉得紧张不安,我怕你跟不上学习要求而不开心,我不知道我可以怎样对你有帮助。"解决问题的路径和方法很快可以在孩子与妈妈的对话中浮现出来;或者,孩子可能会说:"让我自己来,您只要在我做作业时候别站在我身后就好了。"

良知在你心里,所以,驾驭良知也可以叫做"用心去成就",而不是动脑子与良知对抗,或者想自己创造一个良知出来——禁止使用假货。

但是,在绝大部分情况下,我们没有能力驾驭良知。就好像有人一拳朝你打来,你自然的反应就是伸手遮挡,朝着过来的力量回击。只有那些受过高级训练,并且已经改变自己的自动反应模式的太极高手,会顺应对方力量,接住,并顺着那股力量运行自己的身体,可以与之回旋融合,也可以借力打击造成对方的自我伤害。

> 一对父母为女儿的教养问题而求助于咨询师。母亲为女儿设下一些行为规则,但她觉得并未得到丈夫的全力支持。有时,丈夫还起相反的作用。
>
> 咨询师给了他们基本的原则:
>
> 第一,为了养育孩子,父母亲会因为承袭各自原生家庭所看重或者所缺乏的价值,而对于养育方式及其轻重有不同的考虑。
>
> 第二,孩子会侦测并服从父母两方原生家庭所看重或缺乏的行为

规则。

第三，当父母一方抵触另一方对孩子的教养方式时，孩子表面上会遵从强势的一方，但实际上会与弱势的一方越来越像。

接下来，咨询师让这对父母看到孩子是怎样同时爱着他们两个人的。这时，父母亲的脸色都亮起来了。

最后，咨询师建议父亲告诉女儿，当她与妈妈相处融洽时，他有多开心。

当夫妻双方发现对方不接受不配合自己的教养方式的时候，他们的自动反应方式是"我是清白的，都是他/她的错导致的"。当他们彼此看到女儿对双方的需求的时候，他们找到了真实的力量。两股力量开始融合。实际上，女儿的需求更在于她期望看到父母亲因为自己而更加高兴，绝不是相互埋怨。

当我们在社群中处于较低位阶而得到较多照顾时，良知会以较强大的力量来使我们与社群保持联结。当我们在社群中变得越有力量、依赖的需求越少时，良知也逐渐对我们松绑。但是当某个社群成员愈虚弱时，他也将因良知强大的连接作用而对社群保持忠诚。所谓社群，最早也是最牢固的就是家庭。所谓虚弱的社群成员，在家庭系统中指的是孩子，在职场上是基层员工，在军队里指的是一般士兵，在教会中则是一般的信众。

为了社群中较高阶层成员的福祉，在序位层级上较低的人常愿意牺牲他们的健康、清白、幸福、生命，甚至当序位较高的成员以所谓更高目的而利用他们时，他们仍然愿意献出他们的一切。这些人翘首仰望着在社群中较高阶的成员。他们就像是刽子手随时准备好让双手沾染血迹；像是士兵不顾一切地为一场注定失败的战争奋战到底；也像是忠心跟随牧羊人的羊儿，即使被带到屠宰场也甘之若饴；他们是一群随时准备付出任何代价的无辜受害者。这就是孩子，他们为父母和祖先奉献自己，修补父母或祖先所留下的缺憾，为自己从未做过的事做出补偿，背负自己未曾承诺过的沉重包袱。

以下是一个实际案例：

一位父亲责备了他生闷气的儿子，而儿子当晚在房间上吊自杀。

当这位父亲逐渐年老，他仍背负着良心严厉的谴责。有一天，他记起和一个朋友的对话。在他儿子自杀前几天，孩子的母亲坐在桌旁说自己再次怀孕了。儿子激动地大叫:"天啊,我们已经没有多余的空间了。"然后这位年迈的父亲终于了解,当初孩子的自杀是为了消除父母生活空间不足的压力,他为父母和当时尚未出生的胎儿——他的弟弟或妹妹,挪出生活的空间。

如果父亲在那个时候重视孩子正生的闷气——他正为陷入困局而不开心着,他在清白感和罪恶感之间较劲。最后,父亲的责备,让他做出了选择:你们即将有另一个孩子,我选择离开。可是父亲却陷入长期的罪恶感。原本父亲可以对儿子说,家里条件局促,爸爸妈妈需要他一起照顾即将出生的弟弟或妹妹,要是愿意跟爸爸挤在一张床上,对爸爸来说是一件开心的事情。那孩子就不用生闷气,更不用离开;他可以选择使命感、体会价值感。

因此,真正能达到和解及平静的良善,需要遵循一种截然不同的、隐微存在于事物运行中的单纯法则。完全不同于良知运行的方式,这样的法则就像伏流于地底下的水一般,安静无声、难以觉察。但良知却常敲锣打鼓地不断评价着单纯存在于当下的一切。比如说,就像一个孩童步入花园,好奇地观察着所有生物的成长,他全神贯注地倾听鸟儿在丛林里发出来的声音。然后一个大人走过来,说道:"看,这里好漂亮!"这一刻,这个孩童就不再专注于身旁的一切,他失去了对当下一切如是的观察和联结,取而代之的是评论和价值判断。

驾驭良知靠的是遵循这种细微的法则来生活,印象中佛教有一句话叫做"当作如是观",就是这个意思。

## (二) 家庭(集体)良知

良知时时刻刻使我们和家庭及群体牢牢牵系,虽然意识上未曾觉察。比如说,家庭中一个女儿为了照顾年迈的父母亲而牺牲了自己的婚姻幸福,却遭到其他手足和家庭成员的贬低和嘲笑。之后,可能家庭中某一位不知情的侄女,无论她个人对此事的立场或是观点如何,却重复了她姑姑的遭遇,并且经历同样的痛苦。

在此,我们看到了另一种秘而不宣的良知运行方式。它凌驾于我们个人的良知感受,并与之背道而驰。我们的道德理智常使我们无法觉察更深刻运作于自身的良知,我们常为了遵循个人良知而与道德理智背道而驰。

个人良知的存在是为了维持序位,它常会以驱力、需要和本能反应的方式使个人感受到它的存在。更深沉的家庭良知就像序位一般，以一种隐而不见的方式存在及运作着，我们只有透过它的影响（通常是因为忽视这种更深沉的良知而受苦时），才能确认它的存在。它的难以觉察也正是大部分孩子遭受痛苦的原因。

家庭良知和与我们相联结的人有关，包括我们的父母、手足、亲戚、朋友、伴侣和孩子。透过良知，他们在我们的心灵中有一个位子。当原本归属于群体的某些成员被排除在外时，这种隐而不见的良知就会开始产生影响。当我们出于害怕而同声谴责、不愿正视这些成员的命运，抑或是家庭其他成员伤害了他们而不承认自己所做的罪行，更别说是面对或是尝试解决这样的状况，不论我们付出或得到了什么，他们必须为我们所得到的付出代价，且不会为此得到任何的感谢或荣耀。良知将照顾那些遭到拒绝、排除、遗忘或死于非命的命运，除非能够在心中给予受到排除的成员一个位置、在心中为他们发声，并且将这些成员归属于系统的权利交还他们，否则那些仍然安全地归属于家庭或团体的成员将无法得到平静。

### 【家庭良知的运行法则】

这种家庭良知的力量是隐秘而强大的，它有以下几项基本的运行法则：

第一，归属的权利

家庭的良知给予每一位成员同等归属的权利。它确保每一位成员都平等地受到承认。家庭良知在"归属感"上的运作方式要远比个人良知复杂。即使在家庭内发生谋杀，家庭良知也知道加害人与受害者都拥有相同的归属权利。

许多家庭和家庭系统会否认某位成员归属于系统的权利。比如说，当一个已婚的男人因为外遇而有非婚生子女，他或他的妻子可能说："我不想知道关于这个孩子或是他母亲的任何事，他们不属于我们的家庭。"或者当某一位家庭成员受苦，比如说祖父的第一任妻子死于难产，在家庭中，其他成员出于害怕而不再提起她的事，像是她从来不存在一般。或者某位家庭成员违反家规而其他成员说："你使我们蒙羞，我们跟你断绝关系。"

实际上，那些相信自己站在道德制高点的人，只不过是在说："我们比你更有权利归属于这个家庭。"或是"你放弃了你归属的权利。"在这样的情况下，所谓的"善"不过是"我有较多的权利"，而"恶"不过是"你的权利较小"。

胎死腹中或是早夭的孩子在家庭中,其归属的权利通常因为遗忘而遭到否定。有时候父母会以死去的孩子的名字为另一个孩子命名,这样的行为显示讯息是:死去的孩子不再归属于家庭,已经找人取代他的位置了。这个死去的孩子无法保留属于他自己的名字。

在这样的情况下,家庭成员通常认为对被剥夺归属权的成员不公平,而产生罪恶感,即使在意识层面并未觉察,但他们渴望补偿这样的不公平,并且将限制自己生命的发展。这个情况通常发生在晚辈身上。

第二,强迫性的重复

当家庭系统中某位成员归属的权利遭到否定,不论是由于他受到轻视或者遭受骇人的命运,或是其他人不想承认这个成员为了他人而空出位子,或者他未得到应有的感谢,要求平衡的力量将会驱使系统中的后代成员透过认同而模仿过去遭到排除成员的命运。认同的后代成员可能在意识上并未觉察,而且他也无法抵抗。一旦有成员的归属权利遭到否定,就会产生一股无法遏止的力量,这种力量将会努力恢复系统原来的完整。为了要补偿对某些成员的不公义,将会有其他成员模仿或是重现他们的命运。

对家庭系统良知而言,这是一种补偿作用,然而在层次上,良知像是一种古老的意识。它盲目地追求平衡而对成员没有任何的帮助或疗效,只是重复受害者的痛苦而没有产生任何的疗愈。系统对于早期成员所做的不公义之事只是重复在后来的成员身上,但并没有带来任何益处。对于受到排除和遗忘的成员来说,状况并没有任何改变。要寻求解决之道就必须超越家庭系统良知的层级。

第三,序位阶层

每一个群体都存在着先来后到的"序位阶层",也就是先到者在序位的较高阶层。这意味着,根据这样的序位,先到者将比晚进者有较高的优先序位。比如说,在一个家庭中,祖父拥有较高的序位,孙儿则在序位阶层上处于较低的位置。

因此,根据此原则,在需要做出补偿时,系统良知将无视对晚进者的公平,因为晚进者并不拥有与先到者平等的地位。当两者在系统内平衡的法则上产生冲突时,良知将以先到者为优先,而无视对晚进者的平衡原则。

比如说,即使是为了捍卫父母或祖父母的权益、补偿他们的罪恶,或者使他们从过去沉重的生命际遇中解脱,家庭系统都不允许孩子或孙儿干预父母或祖父母的命运。

在系统良知的压力下，所有后辈在没有觉察这股力量时，任意干涉长辈命运的行为终将注定失败。我们常看到，在家庭系统中，当某位成员以关心之名试图干涉其他人的行为时，他们盲目却自以为是，这样的举动终将招致失败，甚至造成自我伤害。这样的事情经常发生在家庭系统中后辈的身上。他们自以为有能力介入，但却终将感到无力；他们自以为介入有正当性，但终将经受罪恶感；他们自以为能够改善别人的命运，却终将以悲剧收场。

**【与家庭良知协商】**

家庭系统受到古老的序位法则支配，常常会造成家庭成员的不幸或是痛苦，而不是减轻。系统中要求晚进成员补偿过去成员行为的后果，造成一个永无止息的悲剧循环。只要这样的序位法则仍停留在无意识的层面，它就仍会强而有力地影响我们。然而，当它的运行方式浮上意识层面，我们就能够以一种较有益而非重复悲剧的方式来满足序位法则的目的。继而，另一个要求先进成员和晚进成员（家庭中所有成员）有同等权利的平衡系统中伤痛或是不公义的序位法则就能开始运作。这样的序位法则可以称之为"爱的序位"。相较于试图以一个悲剧来补偿另一个悲剧的盲目的爱，这样的爱是有智慧的，它以一种带来疗愈的方式平衡系统，并且透过好的事来停止不好的事。

当家庭系统中某位成员受到排除或是遗忘，家庭良知就会起作用来维护完整性。但我们可以与家庭良知协商，一旦被排除者的存在得到承认和尊敬时，系统就能再次建立它的完整性。我们可以做的是两件事情：

第一件事情，是承认和尊敬那位被排除的家庭成员。比如，重组家庭第二任妻子可以在心里告诉第一任妻子："你是第一，我是第二。我承认因为你让出妻子的位子，我才能够在这里。"如果第一任妻子因为受到不公义的对待而受苦，这位第二任妻子可以说："我承认我的婚姻使你付出代价。"她可以继续说："我选择这个男人作我的丈夫，并且继续保持和他的伴侣关系，请你友善地看待我。也请你友善地看待我的孩子。"在家庭系统排列中，我们常可以看到第一任妻子因为这些句子而放松，并且在她得到适当的尊敬时，她能够响应来访者的要求。然后，序位就再次被建立。这些是在系统排列治疗过程中的举措，如何可以在日常生活中提高自己的修为，以达到与前任妻子的心灵友好呢？这就需要我们走出已经习惯了的自我思维模式，去重新理解自己和他人的关系。如果第二任妻子能够站在客观公平的立场，去看待第一任妻子的人生遭遇，并从内心体会自己的幸运感和爱的责任感。通常可以找到发自内心的承认和尊重对方的感觉。爱的法则将会引导良知的力量带给他们新的家庭动力。

同时，我们要做的第二件事是找到命运替代者自己原本的位置，去做好自己而不是别人。当一个孩子受着那股他意识不到的力量去替代被排除者的命运的时候，他就弄丢了作为爱的延续者的家庭使命。

一位母亲前来求助，她的儿子今年八年级，最近一年以来，孩子越发不成样子。根本就不想读书，并且到了糟蹋自己的程度。

结果发现，孩子的叔叔是一个吃喝嫖赌都在行，无所事事的在家庭中的坏家伙。孩子父亲和他的其他成年家人，对于孩子的这位叔叔是嗤之以鼻，并且敬而远之的。孩子的不良状况，正是从他们一家搬离原住地，来到这个新的城市之后越发严重的。妈妈以为，是换了这所新学校之后，孩子的功课跟不上导致的。这只是表面上的道理，实际上这个道理并不存在，因为孩子拒绝帮助行为。

给这位母亲的建议是，从她这里开始，给这位小叔子一个地位。对方也是一个人，一个正在与自己命运抗争的人。并且和孩子讨论他的长辈们，帮助孩子意识到他是不能代替长辈们的，也不能超越权利试图改变上一代人的行为。尊重爸爸和叔叔以及他们的选择，把来自父母和其他长辈的付出好好接受，将来可以用一种新的属于他的良好方式帮助他们传递下去。这是他的荣誉和使命。

当我们以爱的序位为出发点，就能将为了平衡过去家庭系统中不公义的家庭责任告一段落，罪恶和后果将回归到它原本的位置上，以一个悲剧来平衡另一个悲剧的恶性循环就能够停止，而开始一个良性循环。不管前人为此付出何种代价，晚辈就是要接受前人所给予他们的；无论前人做过些什么，都荣耀且尊敬他们的存在；让一切是非善恶随风而逝。那些被系统排除的成员有重新归属的权利，我们无须恐惧这些成员，而应感觉并接受他们的祝福。为此，我们需要在心灵中为他们保留一个位子，那是他们原本的归属的权利。只有如此，我们才能够再次感到完整。

这就是家庭转运之道——爱的法则。

## （三）灵性良知

当我说灵性良知的时候，灵性并不显现在我眼前，因为我在表达我想要表达的意思，我行使了自主意识。灵性良知，实际是道的运行，它不在任何人的意志里面，相反，任何人的意志都受道的制约。听说海灵格先生把老子《道德经》读了上百遍，我相信是真实的。道，不以任何人的意志而存在；道，无处不在；道，不离日用常行内，直到天地未画前；道，须臾不可离也。依从道的运行，遵守道的法则，与道同行，则执一以为天下牧，一就是道。

海灵格先生的研究和实践告诉我们，灵性领域中，尤其是在灵性家庭排列中，一切都取决于：我们是否愿意让自己被引导，是否将自己交与指引着我们的这股灵性力量，并深深地与其融合。我们借由几种方式，经历和体验到这样的指引。

首先，在我们必须采取行动的恰当的时刻，会有灵光一现给我们，就像有人请求我们的帮忙或支持时，我们就已经知道下一步该怎么做那样。这样的灵感总是鲜活的，它会突然出现，要求我们依它的指示行事。当我们有所质疑时，它便会感到失望并放弃我们，让我们依自己的考虑行事。于是，我们便又被丢回旧有的经验中，被隔绝于解答之外。

在这个灵性领域之中，任何自以为是的行动及意图都不会成功。若我们与"道"各自为政，在面对自身及他人遭遇到与爱相违的失序时，就会缺乏让一切回复正常的力量。

其次，在这个导引之下，我们会感到思虑清晰并充满力量，不再需要向他人寻求建议或帮助。来自道的导引，会伴随着我们，无论我们身边是否有人支持、评断、拒绝或批评我们。

然而，道会遗弃任何想透过反对团聚而阻挡爱的人；它是一股力量，会将原本对立分离的双方拉在一起。

**【海灵格的灵性家庭排列】**

灵性良知如何影响灵性家庭排列？这份爱的力量如何展现于排列之中？我们看到，这股来自心灵深处的力量，以令人印象深刻的方式呈现在家庭系统排列之中。我们可以借由观察排列中代表们及旁观者随着排列进行所做出的反应，看到灵性良知的作用。这些心灵的移动会先由排列中的代表们感知到,然后借由代表们的动作反应,旁观者也会感知到它们,甚至受其牵动而融于其中。

因此,灵性家庭排列进行的方式跟一般人所认知的家庭系统排列并不全然相同。传统的家庭系统排列是由来访者从在场的人之中挑选出代表其家庭成员的人选,并一一排出他们的相对位置。(注:家庭排列的基本内容是,借由这些家人代表者在现场的感受——他们报告出他们所在位置和方向时的感受,案主可以观察到发生在自己家庭里的生命情感故事。排列师予以恰当的语言引导,化解案主家庭中的心灵矛盾,帮助案主看到新的选择和这种选择中运行的爱的力量。案主带着新的认知从排列治疗现场走向未来,改变已经开始。)灵性家庭排列则只需要极少数代表的参与。参与的人通常只有来访者,或来访者的代表,以及某个关联者,比方说伴侣的代表。这两个人仅被要求面对面地站在场中,除此之外,无须做任何事。

过了一段时间后,代表们可能会突然开始有些动作反应,仿佛是受到某种外力的影响,让他们不自主地做出某种动作。这样的举动,看起来好像是代表们自主的,实际上是受到一股来自外在的、更伟大的力量的影响。这显示出,代表已经与驱使他们有所举动的动力接轨。唯有当代表能够专心于场中,没有任何企图或预期,才能达到。当代表有所企图时,比方说,想要帮助他人或掩盖事实时,他们就会失去与这股更伟大的力量的联结。而旁观者的专注也会受到影响,或许因而开始骚动。

经过一段时间之后,从代表的举动便可判断出,是否需要另一个代表的加入。当某位代表持续地注视着地上,这可能表示他正看着一个死去的人,如此,便需要再找一位代表躺在这位代表所注视的位置。又或者,代表可能会持续望向一个方向,这时,便需要加入一位代表站在他所注视的地方。

代表们的动作应该是很缓慢的。当代表迅速地动作时,是出于代表自身的意图,而非外来力量的影响。这种状况下,这个代表便不值得信赖了,需要其他人来替换。

最重要的是,排列的领导者必须避免用个人的角度来解读排列的进行。排列师也应该同样臣服于这股更伟大的力量之下,等待心中浮现灵感,引领他们至下一步,或下一个他们应该说出或由代表说出来的句子。

除此之外,借由代表们的动作,排列师也会持续地收到提示,了解到代表内在感知的情形,以及这些举动可能或必须的方向。比如说,当代表面对地上的死者,往后退或想转身离开时,排列师会等待片刻,再介入将代表带回场中。代表们所呈现出来的反应及动作,并非出于个人意愿,而是受到排列的动力影响。同样,排列者是不自觉地跟随排列背后动力的引导,适时地以某种方式介入或加以说明。

而这些心灵的移动,会将我们引领至何处?它们将使破镜重圆,因为它们同样也是爱的移动。

一旦我们看到了解决的方向,便无须等待这些移动的完成。因此,很多排列并不会进行到底,而是在某个部分便打住。我们相信排列的效果会持续地在来访者的心灵上起作用。这些移动,对心灵有深刻的影响,它们并不仅是提供针对问题本身的解决之道,还具有关键性的疗愈效果,而我们必须给予它们一段时间让效果呈现出来。

若要让家庭系统排列与这股心灵深处更伟大的力量同步,排列师也应与之同步。排列师必须超越善恶好坏之分,对每个人给予同等的爱与关怀。当排列师透过内在与这股来自心灵层面的力量相联结,在背离大爱之时,他便会立刻觉察到。当排列师排列时将过错怪罪于某人,或同情某人的悲惨遭遇时,他就偏离了灵性良知意识所主张的大爱。当然,这种背离的情形可能会不断发生,直到排列师学会仔细地感受这股更强大的力量并臣服于它,了解这个力量对爱的定义,接受所有事物的本貌。

### 【靠近灵性良知】

灵性良知能够引领我们用爱超越个人良知的限制,也让我们不会因为忽略集体(家庭)良知的作用而受到伤害,因为它对每个人都一视同仁。灵性良知以一种特殊的方式遵循着优先顺序法则,透过它,我们了解到与每个人的联结,了解到每个人都有其一席之地。灵性家庭排列中,我们始终带着爱来面对一切事物,并以事物本来的面貌接受它们。灵性家庭排列,始终是为了生命、爱与和平而存在。这是一种与道合而为一的境界。

既然如此,有没有比灵性排列和家庭排列更简单的路径可以与道合而为一呢?如果有,它在哪里?

它在中国哲学里,我们中国人惯用的一个词汇"天伦之乐"就包含了丰富的家庭生活内涵。中国语言的精炼足以要用一本书来阐释"天伦之乐",这个留待日后再说;而本书后面的内容都吻合"天伦",即道的原理。

## 第二章

# 爱 的 共 舞

> 第二项修炼：学会融合
>
> 爱情这个词语可能是个舶来品,在中国传统文化语言符号里,应该叫做情爱,指两情相悦而产生的爱。两情相悦的情是指儿女之情;由两情相悦而产生的爱,看来比爱情的爱要大一些。
>
> 中国式的婚姻,是需要成功的家庭联姻的,有助于男女双方融合进对方的家庭,获得家庭归属感。这种融合的成功完成,有助于婚姻中的男女更好应对生活中出现的各种社会应激。所以,婚姻是一次成功的家庭整合;没有实现家庭整合的婚姻,是不完全的婚姻,因而也是不成功的婚姻。

## 一、两情相悦

中国文字的精妙之处在于它丰富而细腻的表达能力,男女两情相悦,这个"悦"字表达得恰到好处。如果说"悦"是高兴,太单薄了一点;"悦"是兴奋和激动,又太生硬了一点。"悦"最好理解成"幸福",而且是使动用法的"幸福",大致可以这样来说:我因为你而感觉到幸福,你因为我而感觉到幸福,我因为你因我幸福而更加觉得幸福。所以,两情相悦不仅是一种状态,也是一个双螺旋上升的过程。这是一个理想的爱情发展模式。

### (一) 恋爱激情

恋爱总是与激情相伴,这是人类灵性的一部分。古今中外,一见倾心永远是爱情佳话。两千年前的长安街头,跟今天的各大城市是一样的男女青年的自由天堂。"得成比目何辞死,愿作鸳鸯不羡仙"——可见男孩子对于心仪的女孩,那热恋的决心有多大;女孩也是心领神会:"比目鸳鸯真可羡,双去双来君不见?生憎帐额绣孤鸾,好取门帘贴双燕。"年轻人一般都需要一场恋爱来确立自己的成人感,没有恋爱的成年过程好像是不够完整的。

**【显而易见的道理】**

如果你去问海灵格先生关于男人和女人,他可能会跟你说男女之爱是欢愉而又严肃。男人因为自身缺乏女性化的部分而受女人吸引,正如同女人受男人吸引是因为她们缺乏男性化的部分。男性的阳刚响应女性的阴柔,所以他需要一个女人来帮助他成为男人;女性的阴柔响应男性的阳刚,所以她需要一个男人来帮助她成为一个女人。男性在他选择一个女人做他的妻子时,成为一个男人;而女性在她选择一个男人做她的丈夫时,成为一个女人。此时,男人和女人结为伴侣。如果男人或女人只是为了好玩或是为了找人来照顾自己,这样关系的基础就像建立在流沙上一般的脆弱。有时候我们会根据贫富、教育程度或是宗教信仰等外在条件,或是为了满足自己的征服、保护、改善或拯救的欲望来寻找伴侣,抑或是为了满足父母愿望。这样的伴侣关系基础脆弱,从一开始就埋下了裂痕。

如果伴侣之间的爱发自内心毫无保留,那么当他们为人父母时,他们对子女的爱也将是如此。相对地,当伴侣之间的爱有所保留,他们对子女的爱也将是如此。如果男人与女人彼此欣赏、相爱,他们也将会欣赏、爱他们的孩子。同样,如果他们彼此之间存在愤怒及抱怨,这样的感受也将转移到孩子的身上。

父母于亲密关系中在尊敬、爱和支持上能够达到什么样的深度,决定着他们在亲子关系中发展的深度。同样,当父母无法建立亲密联结,他们就无法在亲子关系上与孩子建立亲密的联结。如果父母对孩子的爱丰富并荣耀了他们的伴侣之爱,孩子会感受到认同、尊敬、安然及被爱。孩子原本就是伴随着爱而来的。

一对已婚的伴侣前来咨询一位享有盛名的治疗师,并请求治疗师的协助。他们说:"每个晚上,我们都努力想完成传宗接代的责任,但是无论我们怎么努力,都无法完成这个神圣的责任。我们做错什么了吗?还是我们应该从这样的过程中做到或是学习到什么?"

治疗师要这对伴侣做的,就是静静地听他把话说完,然后在结束后,他们要直接回家,而且不能互相讨论。他们都同意了。以下是治疗师对他们说的话:"每一个晚上你都努力地完成传宗接代的任务,虽然你做了诸多努力,但仍然无法成功。你为何不让你的热情引导你?"说完之后,他就请这对伴侣离开了。

他们匆忙赶回家,就像是他们迫不及待要享受鱼水之欢一般。当他们独处时,他们带着热情和欢愉。他们只花了四个晚上,妻子就成功受孕了。

显而易见的道理:伴侣首先是情侣,婚姻是建立在热情的男女欢爱基础之上的。有人说,那怎么解释旧社会包办婚姻?

我通常的解释是:包办婚姻就没有男女欢爱了吗?

耐心一点的解释是:不要把电视里看来的和宣传册里说的,当成是事实的全部,包办婚姻未必是封建社会的主流婚姻形态。

再认真一点的解释,是先来一两句古人真实的现场记录,再一起来思考这个问题:片片行云着蝉翼,纤纤初月上鸦黄。鸦黄粉白车中出,含娇含态情非一。你要知道,诗句中这姣好女孩可是跟随男人(通常是大哥或大叔级别的)出去"卡拉OK!"啊。所以,那个年代人们的生活真实情景,可能远在我们的苍白概念之外。更何况,古人讲究的是门当户对,而不是包办婚姻。

中国古人所讲"情爱"真的很值得推敲。男女先产生向往之情,然后是心倾之,终得欢爱之,欢爱更进一步巩固钟情,升华为亲情。爱都是伴着情而来,围着情而转。心理学研究发现,男女之间情欲联结使关系发生质变,发生性行为后就发展出深层、难以磨灭的联结,他们因此成为伴侣、为人父母。柏拉图式的精神恋爱和对外界公开恋爱关系,并不足以成为亲密关系的基础。

同样显而易见的道理:是情侣,当然是性伴侣。否则就不存在亲密关系、亲密欲望和亲密行为,否则就不叫热恋。我们常对于伴侣关系中最亲密的欲望羞于启齿,因为我们的文化仿佛将性爱视为低贱的、不庄重的。然而,性爱却是人类最伟大的行动。人类没有其他任何行为比性爱更能够达到生命的和谐与圆满,也没有其他任何行为比性爱需要担负起更大的责任,没有其他任何行为可以在过程中带来深刻的喜悦,在结束时忍受如此甜蜜的痛苦。这是人类最重要的行为,它比其他行为要更加冒险、更加挑战,使我们与另一个个体达到如此深的辉映和了解，并带来智慧与精神更高的层次。当一个男人和女人做爱，结果将会是严肃的，而人类其他行为都像是在为这个严肃的结果作准备，也许是成为这个结果的补给或是替代——生命的延续。性爱的真相原本是创造新生命，你将为之负责。

要完成性爱，我们必须保持在最谦卑的状态。我们从未在任何时刻让自己处在如此开放而且毫无保护的位子上，我们暴露自己并且处于一种最脆弱易伤的状态。所以，我们从未像男人与女人在爱中交会那样如此深刻地放下我们的困窘与防备，敞开我们自己。在这样的行动中，我们展现了最私密的自己并且将自己交付给对方。

所以，生命诞生于最真实的生命体验；伴随着最美好欢愉体验的，是最重大的生命责任。当然，人类为了追求更多欢愉而不用承担责任，就发明了安全套。安全了什么呢？值得深入思考，对吧？

**【隐秘不显的力量】**

男性成为怎样一个男人，女性成为怎样一个女人，与他们生活的家庭密不可分。这几乎不用研究，人们都知道应该如此。但是，心理学的研究发现了一些更隐秘的力量，在驱使着男人和女人们成为他们自己。在这方面，海灵格先生是用互补这个词语来描述这种关系的。

为了要保持男人与女人在亲密关系中的承诺，男人做个男人并维持他男性的阳刚，而女人做个女人并维持她女性的阴柔。在亲密关系中，男人维持男性的身份和位置，他会受到重视；同样，女人维持女性的身份和位置，她的伴侣维持对她的渴求。这是维系亲密关系的秘诀。

牺牲是男人与女人之间爱的序位的一部分。它在童年时期就已开始。为了要成为一个男人，儿子必须放弃他对生命中第一个女人——母亲的爱；为了要成为一个女人，女儿必须放弃她对生命中第一个男人——父亲的爱。为了要完成成为男人的旅程，他必须脱离母亲的影响；而为了要完成成为女人的旅程，她则必须脱离父亲的影响，并且回到母亲的影响范围。如果一个儿子留在纯然由母亲影响的状态，他在青春期后通常会发展成一个女性化的男孩，而无法成为一个男人、一个丈夫；当女儿停留在纯然由父亲影响的范围内时，她通常会停留在青春期享受异性注意、调情的阶段而成为情妇，但无法成为一个女人、一个妻子。

当一个"妈妈的宝贝儿子"与一个"爸爸的宝贝女儿"结婚时,这个先生只是想要以爱人的形式寻找母亲的替代品,而妻子只是想要以爱人的形式寻找父亲的替代。然而只有"父亲的儿子"和"母亲的女儿"结合时,伴侣关系才最可能成功。这个过程中,我们可以用一把有刻度的标尺来衡量:一端是母亲的儿子,另一端是父亲的儿子;一端是父亲的女儿,另一端是母亲的女儿。每个儿子和女儿都在这把尺的某一个位置上。

同时,如果一个男人是"父亲的儿子",他将能在婚后和他的岳父相处愉快,而一个"母亲的女儿"则在婚后能与她的婆婆和睦相处。相反,"母亲的宝贝儿子"在婚后,能够讨岳母欢心,但却较难和岳父建立良好的关系;而"父亲的宝贝女儿"在婚后能和她的公公愉快相处,但较难与婆婆建立建好的关系。

学过心理学常识的人都知道,荣格早已提出过这样的观念。

当儿子停留在母亲的影响范围内时,他的心将充斥着女性能量,这将使他无法从父亲身上汲取男性力量。这也同样适用于那些停留在父亲影响范围内的女儿,她的心将充满男性能量,而使她无法从母亲身上汲取女性力量,并影响她成为女人的发展。荣格将男人心灵中的女性原型称为"阿尼玛",而将女人心灵中的男性原型称为"阿尼姆斯"。当儿子笼罩在母亲影响范围中时,阿尼玛有较强烈的发展。奇怪的是,当男人笼罩在母亲的影响范围中时,他对其他女人的了解和热情较高,对其他男人和女性的吸引力较小。而当女人笼罩在父亲的影响范围中时,阿尼姆斯的发展较为强烈。她对其他男人或女人而言,吸引力也较小,却对其他男人的了解和热情较高。也就是说他们学会了讨好异性,而不是吸引异性。显然,这将为他们日后的生活带来一些麻烦。

男人心灵中阿尼玛的影响将限制他无法及早朝向父亲移动。令人惊讶的是,这也使他对于女性的独特与价值产生较多的热情和了解。同样,女人心灵中阿尼姆斯的影响将限制她无法及早朝向母亲移动,她将对于男性的独特与价值产生较高的了解与热情。因此,我们了解,阿尼玛是儿子没有接纳他的父亲的结果,而阿尼姆斯是女儿没有接纳母亲的结果。

阿尼玛和阿尼姆斯的发展,是一种隐秘不显的力量在家庭中流动,并可能让男孩、女孩在成为男人、女人的时候,身不由己受其影响。这种影响,对于他们未来的婚姻来说,实际是负面的。如何预防呢?

这个预防的措施在父母亲身上,随着孩子的长大,父亲要多带儿子,母亲要多带女儿。在很多家庭里发生的事情是:父亲已经失去了儿子要跟他在一起的兴致,或者母亲又不肯放手对儿子的呵护;母亲已经失去女儿对跟她们在一起的兴致,或者父亲不肯撒手对女儿的娇宠;也有很多情况是,家庭中父母角色的缺失。从这个角度讲,家庭教育的某些方面成果,不是教育的问题,而是家庭人和人之间关系的问题,这个问题对孩子成长的影响力可能超出一般人的想象。

现在,我们可以再重头来看一下恋爱激情,我们就有可能明白一件事情:恋爱是建立在你男性化或女性化程度基础上的两情相悦,而这个程度来自你与父母的相处方式和连接深度。你在性别化发展这把标尺的哪个点上,可能决定了选择恋爱对象和恋爱方式以及恋爱激情。总之,恋爱的起点在这里。

顺应显而易见的生命召唤,我们享受恋爱激情;同时,我们随身携带着隐秘不显的力量在体验和维系着我们的爱。这就是我们的情爱世界。

## (二)恋爱陷阱

所谓陷阱,就是被伪装的通途或者正常情境。恋爱激情,是最普遍的美好情境,可是这个情境有时候是一种陷阱。而伪装这个陷阱的,是恋人自己。也就是说,恋爱的陷阱是我们自己设置的。通常情况是,别人替我们挖好了坑,而我们自己伪装了它。除了个人性别化发展中可能留有的缺憾会带给我们一些隐患,在恋爱关系的发展中,还可能存在一些比较显性,却也难免的陷阱。

**【悬而未决的问题】**

带着悬而未决的原生家庭问题,年轻人步入恋爱婚姻,通常会在恋爱激情之中隐藏着陷阱,并且很容易掉入这个陷阱中。这个陷阱可以叫做"虚假的爱情"。这样说很抽象,我们来观察一个案例。

苏珊·费德出生于一个中产阶级犹太家庭,是两个孩子中年长的一个,她和她的未婚夫乔从高中起就认识了。她的父母本身婚姻很不幸福,因此把所有的精力都花在孩子身上,希望他们能获得成就。苏珊母亲一直是一个很焦虑的人,在苏珊10岁的时候由于抑郁住过医院。

自从那个时候起,大家就觉得她十分脆弱,现在更像是处于疯狂的边缘,不断埋怨她的父亲,指责他事事都要依赖她。苏珊打算上大学,她的弟弟则是一个"计算机天才",想去麻省理工学院(MIT)念书。苏珊高中毕业刚一个月的时候,她做律师的父亲突发心脏病。苏珊放弃了外出求学的计划,选择了当地的大学。第二年父亲病愈,但夏天又发了一次病,不得不停止工作。不久之后,苏珊开始和乔约会,她在暑假里兼职了一份文秘的工作,当时乔是公司的计算机技术员,现在她准备留在这个公司和乔一起工作。

乔是一个蓝领的波多黎各移民家庭中的独子。对他来说,苏珊不仅具有吸引力,她的家庭也代表了社会和经济上的稳定,乔很看重这一点,因为他自己的家庭比较贫穷,他还是个婴儿的时候父亲就因为一次工伤导致了残疾。乔的母亲在照顾丈夫的同时,还要照顾她自己的母亲。他们家的收入很少,乔希望通过与苏珊的结婚来改善父母的境况。当苏珊放弃求学跟他结婚的时候,乔觉得很高兴。苏珊继续求学对他来说是一种威胁。

对于苏珊来说,乔是她离开家庭的唯一方式。她在学业问题上有过挣扎,因为跟弟弟比起来她觉得自己有所欠缺,弟弟的成就是家庭中最大的关注点。自从父亲心脏病发作之后,家里人对她继续念书的态度也变得模棱两可。随着年龄的增大,她不再觉得自己真的很聪明,因此学业成了她巨大的压力源。乔可以将她从这些压力中解脱出来,他不会要求她取得更高的成就,他能够接受她现在的样子。他有一份稳定的收入,这就意味着她不用担心自己完不成学业或者对失败的恐惧。她会成为乔的妻子,照顾家庭。

乔和苏珊相互吸引,并且都认为这段关系给了他们前所未有的良好感觉。乔的父母因为苏珊不是天主教徒而反对这门婚事,强烈地希望他们能再等一段时间。苏珊的父亲则不同意她嫁给一个没有大学学历的人,而且他坚持认为苏珊应该完成学业。尽管他们家并不信教,父亲同时也反对她嫁给一个非犹太籍的男人。苏珊也曾考虑过自己是不是应该找一个学历更高的人,但父母的反对促使她坚持自己的选择,抵制父母的"势利眼"。

结婚之前,苏珊和乔两人很少有机会单独相处。所有的时间都用来筹备婚礼,讨论家庭给他们的压力。婚礼后不久,苏珊就开始觉得疲惫。家里人开始变得安静,他们没有理由再表示反对。苏珊很快就觉得生活枯燥乏味,并且开始要求乔找一份更好的工作。而乔却对"抛弃父母"感到内疚,这种感觉在恋爱的阶段显然一直被压抑了(或被反抗父母的反对所临时替代了)。为了改善经济条件同时弥补自己的内疚,他建议搬到父母的公寓房去居住,而让父母搬到楼上一个更小一点的公寓房。这样不仅可以节省开支,也是一项很好的投资。苏珊也同意这么做,因为这么一来他们可以比现在住得好一点。

很快,苏珊感觉到乔的父母想参与他们生活以及想要抱孙子的愿望。本来结婚是为了逃离父母,现在她却感觉到必须面对另外两个人,况且她对他们并不了解,比面对父母更难。苏珊突然被乔的个性激怒了。开始的时候,她喜欢的就是乔的这种容易相处的风格以及对她的接受,但现在却觉得他太没野心。当他出现在她的朋友面前时,她感觉很尴尬,因为他不仅地位低下,而且行为举止显得缺乏教养,于是她开始避免与朋友们见面,而这使得她更加孤立。苏珊试图让乔去完成她所有的梦想,并满足她对关系的所有需求。乔越来越感到无能,无法回应苏珊的要求。她虽然觉得乔是个好丈夫,但却开始试图吸引公司里其他男人的注意力而避开乔。乔的无能感使得他进一步退缩,他开始晚上跟自己的朋友出去玩,因为跟他们在一起的时候他觉得自己更被接受。

苏珊对父母期望的反抗,现在转移到了婚姻中。乔不想让父母失望的期望,现在被苏珊对他成功的期望的压力所取代,而他很讨厌这一点。这对年轻夫妻双方都没有搞清楚,作为一个生命个体他们究竟希望拥有什么样的生活。两人都希望对方能满足他们未达成的需要,但现在却又都感到失望。

我们可以从案例中看出,苏珊在原生家庭里更受父亲的影响,焦虑症接受精神治疗的妈妈对苏珊的影响相对小一些。现在,家庭里越来越明显的关注焦点集中于弟弟,苏珊感觉到自卑,并且想要获得优越感(也可以成为优先关注感,这来自阿尔弗雷德·阿德勒的个体心理学理论)。苏珊决定休学,苏珊决定和乔恋爱,苏珊决定把自己交给乔,这些发生恋爱行为的动力中,通通隐含着苏珊决定摆脱家庭。苏珊到底要摆脱家庭的什么呢?乔又何尝不是要摆脱家庭的贫困局面呢？

苏珊在原生家庭中摆脱自卑感，争取优越感的措施是脱离家庭，来一场明摆着不合理的婚姻，以此获得父母的优先关注。这个过程，苏珊自己是不知道的。也就是说，苏珊自己并不认为如此。苏珊当时的整个精神世界里，这场恋爱和婚姻是完全的自主决定，父亲的反对，更加激发她的义无反顾。

不过换个角度讲，可能苏珊真的需要这场恋爱和婚姻来认识自己，走向成年，并且重回家庭。除非，苏珊的父母一早就已经杜绝了这种可能性的发生。苏珊在原生家庭里体味到温暖和被正确地关注。如果，苏珊父亲在早些时候跟女儿和儿子讨论他们各自的特征和擅长，给予苏珊和弟弟同等重要而并不相同的发展建议，并且同时予以支持，姐弟俩可以找到异曲同步的发展，苏珊多半看不上乔，并且也不会这么仓促决定"成年"——步入婚姻。因为，作为一个生命个体，苏珊确实还有很多成年之前的准备没有做好。

我们可以发现，那些越是没有准备充分的年轻人，越是容易比较早地恋爱结婚。这个准备是指与原生家庭其他成员，主要是与父母亲之间，没有爱的纠葛。不少年轻人没有正确面对原生家庭里存在的问题，而是幻想逃逸到另一种生活空间来"解决"这些问题。他们可能和苏珊一样，想通过婚姻来改变人生际遇，以重塑自己。抱着这样的期待，恋爱很容易被伪装，底下可能是个陷阱。

【完美纯粹的爱情】

与年轻人恋爱季相伴随的是他们对自主性的要求。自主性意味着放弃依赖，意味着自我导向、自立以及能够在自己的生活中选择并追求自己的道路。他们可能觉得凭着理想和价值观就能生活，他们努力尝试摆脱对父母亲的依赖，可能不愿意接受父母亲及其同盟者的教导。在美国，年轻人此时离家；在中国，年轻人不会离家，但他们会在家庭中抗拒被安排，并且争取个人空间。这种争取的方式可能是抵触和碰撞，也可能是协商和交流，取决于年轻人和他们父母之间以往的关系经验。

这个时期另一种理想化的表现是寻找一种完美的爱。许多年轻人都在寻找这样一种爱侣——两人彼此都非常重视对方，所有的矛盾、不确定性、自我怀疑、悲伤和对未来的恐惧都一扫而光。他们可能自己并不清楚，内心是希望可以通过爱的力量获得重生，这个力量来自一个替代了不完美父母的理想爱人。

　　期待一场不期而遇的完美纯粹的爱情，这是人生机遇和生命奇迹。可以想象，被一个全新的人所发现，被他或她所爱，并且这种爱是新鲜的，是不建立在角色义务之上的——这确实是一个令人振奋的体验。感觉到被别人如此需要实在是太令人满足了，这个完美的爱人常常会在某些重要的方面和父母有所差异，这可能是年轻人企图向父母展示自己独立性的一种尝试。

　　这个完美感觉的爱人通常是高于或差异于父母的新鲜能人，有时候，这位爱人还可能是某个需要年轻人帮助的人。对于年轻男女来说，有希望拯救一个人是一种巨大的诱惑。它预示了地位上的提高（从被人照顾到照顾人），一种对强大的自我形象的认可，一次在为人父母上超越自己父母的机会，和对个人理想主义的一种提升。那么，那个被帮助的伴侣必须一定要有年轻的爱人帮助他们解决的问题（药物依赖，低下的社会地位，经济或学业上的困难，或是情感上的困扰）。对于父母而言，自己的孩子如此亲近一个功能低下的伴侣常常让他们痛苦不堪。注意：当他们准备好退出这种关系的时候，他们有可能会暗地里接受父母企图终止这种关系的努力；倘若不是，父母的反对有可能会促进这对伴侣的关系。

　　当然，所谓的完美之爱其实并不完美，甚至包含相当的情感挫折和生活风险。随着年龄和阅历的增长，当年轻人从"家庭中的青少年"蜕变为"家庭中的成年人"之后，对这种爱的需求也会减少，而它的不完美也可以得到理性的评估。此时，受伤的爱人们可能会怀着更为根深蒂固的理想走向他们的下一段关系。这是成长的一部分；可能不是必须的部分，但对于很多年轻人来说，它是重要的。这个甜蜜而又混乱，也免不了痛苦体验的恋爱陷阱，他们是否注定要走一趟呢？

　　不仅如此，这种完美体验还来自我们的个性特征。九型人格的教义已经帮助我们看到了自己的爱的方式，爱的方式背后隐藏着我们人格组成部分的重要诉求——我们的安全感策略。倘若没有机会观察和反省自己，我们会被自己的性格特征左右着而不自知。在恋爱中，我们也一样被自己的性格特征左右着而不自知。性格特征所对应的行为反应会随着生活情境的变化而有所不同，甚至截然相反。而恋爱季节通常是一种比较忘却自我的情境（也可能是另一种自我），总之它未必是（一般总不是）生活常态情境。那就意味着，恋爱真有可能是一场错误或者有待于成长的性格碰撞与融合，或是一个开始,或是一个陷阱。

小苏和小周是一对前来咨询的年轻夫妻,他们育有一对双胞胎儿子,今年三岁。他们的矛盾焦点在于,妻子小周认为丈夫小苏根本不通情理,不知道体谅她的父母,也没有家庭责任感,不愿意多承担家庭责任;与岳父母已经关系僵到了动手的程度。夫妻两人也已经无法沟通,谈不拢,一谈就发脾气对冲。目前丈夫小苏已经搬离家庭,自己借房子居住。眼下面临是否选择离婚,如果离婚会对孩子有什么影响?另外,小周认为丈夫性格执拗古怪,扬言要谁都不好过,如果离婚,丈夫是否会有过激行为,该如何应对?

经过心理疏导发现,丈夫并没有小周说的那样执拗古怪和难以相处,小周也没有她自己所说的那样负责任和容易相处。

妻子小周是个8号性格者,本地独生女,父母亲是老实人,从小教导女儿要出人头地;小周也从小要强,认为自己父母老实受人欺负,所以,保护和爱护父母是她的重要使命。这完全吻合8号的自我价值感和安全感需求,她的爱的方式就是为你负责任替你着想。丈夫小苏是个5号性格者,外省市人,家庭排行老幺,上面还有两个哥哥两个姐姐(这在计划生育基本国策时代背景下,有五个子女,大概是在内地农村或小城镇才能有的现象)。小苏是一个对独立空间很有要求的人,他最难以容忍的是跟岳父岳母生活在同一个住房里,还要受他们的各种指点和要求——为了养育这一对双胞胎儿子,这是免不了的家庭生活琐碎。一旦起了争执,顽固如5号,怎肯轻易就范?

小周和小苏是研究生同学,恋爱季节,舒坦的5号小苏富有想象力,俨然一个规划师,憧憬美好生活画面,正好吻合8号的基本需求——属于自己的天地。同样恋爱季节的小周,自在放松处于安定状态的8号,很会体贴关心别人。小苏在小周的关心呵护下,更加彰显5号的理想主义作风。他们带着美好的愿望步入婚姻。当双胞胎儿子出生,家庭生活面对一系列挑战以及由此引发的家庭成员间和姻亲家庭间的矛盾纠葛,压力如约而至。

压力中的小苏变得顽固而不近人情,进而选择逃离;压力中的小周变得愤怒而不讲情理,进而丢盔弃甲。他们的婚姻貌似步入绝境。需要心理疏导的帮助来走出婚姻困扰,实际上是个人和家庭发展的困扰。

......

这是否说明谈恋爱的时候还需要进行性格匹配测试？当然不是，性格匹配是很粗浅的说法，也不存在真正的匹配。恋爱的性格陷阱在于恋爱激情掩盖了性格特征的全部；当矛盾出现，倘若能够自我发现和提升，完善自我，陷阱也就不复存在。掉入陷阱中的你还是可以顺着梯子爬升；那么，恋爱和婚姻就变成了人生进步的重要阶梯。

## 二、婚姻融合

社会心理学家研究发现了爱情的三种基本形式——情欲之爱（充满自我展露的浪漫激情的爱）、游戏之爱（视爱情为无须负责的游戏）以及友谊之爱（如友谊般的感情）——它们就像三原色一样，组成不同种类的次级爱情形式。有的爱情，如情欲之爱和友谊之爱相结合，能够预测较高的关系满意度；而另一种爱情，如游戏之爱，则能够预测较低的关系满意度。

有些元素是所有的爱情关系都共有的，如相互理解、相互扶持、以爱人的陪伴为乐等。有些元素则具有特定性。如果我们经历的是激情之爱，那么我们就会通过身体来表现这种爱，我们期望这种关系具有排他性，我们还对自己的伴侣非常着迷。外人可以通过我们的眼睛看出这一切。

激情之爱是深情的、极富激情的爱。哈特菲尔德（Hatfield，1988）把激情之爱界定为"强烈渴望和对方在一起的一种状态"。对满怀激情之爱的一方而言，如果对方对自己的热情做出了回应，那么他就会感到满足而快乐；如果对方对自己的热情没有做出回应，他就会觉得空虚而绝望。就像其他激动的情绪一样，激情之爱也包含着情绪的急转突变，忽而兴高采烈，忽而愁容满面；忽而心花怒放，忽而伤心绝望。弗洛伊德曾说过，"再没有比恋爱时更容易受伤的了。"激情之爱使人专注于自己的爱人——正如罗伯特·格雷夫斯所说的，"倾听敲门声的响起，期待对方做出表白。"当你不但是在爱恋着某人，而且深陷其中难以自拔时，那种感受就是激情之爱。

尽管激情之爱可以热火朝天，但最终还是会平静下来。一段关系维持的时间越长，它所引发的情绪波动就会越少。浪漫爱情的高潮可能会持续几个月甚至一两年，但是没有一种高峰期可以永久地维持下去。西方心理学界研究发现,结婚两年的夫妻所报告的情感体验比他们新婚时报告的少了一半以上。如果一段亲密的感情能够经受住时间的考验,那么它就会最终成为一种稳固而温馨的爱情,哈特菲尔德称之为伴侣之爱。

**【伴侣之爱】**

与激情之爱中狂热的情感不同,伴侣之爱相对平和。它是一种深沉的情感依恋,就如同真实生活一样。人们这样说:两个人最开始在一起的时候,他们的心好像在燃烧,他们的激情非常高涨。而后,爱情的火焰会冷却,并且会一直维持这个状态。他们继续彼此相爱,但这种相爱是通过另一种方式——温馨而相互依赖的方式实现的。

那些听过摇滚乐"恋爱成瘾"(Addicted to Love)的人一定不会对这种现象大惊小怪:浪漫爱情的产生和消退趋势与人们对咖啡、酒精以及其他药物的成瘾方式很相似。最初,人们对某种药物的使用给自身带来了一种很大的冲击,可能会是一种高峰体验;随着不断重复的使用,相对立的情绪逐渐占据上风,抗药性就出现了。曾经可以带来很大刺激的用药量现在变得效果甚微了。然而,停止用药并不能使你恢复原先的状态,而是会激发强烈的戒断反应:难受,抑郁,厌烦等。同样的事情也会发生在爱情中。激情会逐渐消退直至变得冷淡,这种不再浪漫的关系似乎是自然而然的——直到它结束。那些失恋的人、离异的人都会吃惊地发现,虽然早已对伊人失去了那种强烈的爱恋,但离开以后,生活竟感觉如此空虚。马克·吐温说,"没有一个人会真正理解爱情,直到他们维持了四分之一个世纪以上的婚姻之后。"如果一段感情曾经是亲密的而且是互相回报的,那么伴侣之爱就会植根于共同体验的人生风雨历程,从而愈久弥醇。

现代生活的两个事实似乎无可辩驳:其一,亲密而持久的婚姻关系是幸福生活的标志。其二,亲密而持久的婚姻关系正在减少。与几十年前相比,人们发生经常搬家、独自生活、离婚以及拥有接连数段婚姻关系的情况的概率更高。

假如婚姻幸福的心理要素是心意相通、交往和性的亲密、平等地给予和获取情感和物质资源,那么法国的这句谚语"爱情消磨了时间,时间也消磨了爱情"就可能站不住脚。但人们必须付出努力才能防止爱情的衰退。例如,每天挤出时间来聊聊当天发生的事情;克制自己的唠叨,不争吵,袒露自己并倾听对方的感伤、关注和梦想；努力使婚姻关系达到理想的完美境界，成为"社会平等的、无阶级的乌托邦"，伴侣双方都能自由地给予和获取，能够共同做出决策并一起享受生活。这种努力实际上是生活的一部分，我们可以换一个词来表达这种努力的含义：积极关注或者共同投入。

"用心照顾"我们的亲密关系能够使我们获得更长久的满足。澳大利亚婚姻关系研究者诺勒（Patricia Noller，1996）认为："成熟的爱情能够维系婚姻和家庭，因为它为每个家庭成员都创造了成长的环境……成熟的爱情是被一种信念所支撑的：爱情本身就包括对差异和缺点的承认和接纳；爱情是在内心决定去爱一个人并对其做出长相厮守的承诺；爱情是可以经营的，它需要相爱的人共同去培育。"那些承诺要创造一段平等、亲密、相互支持的婚姻关系的人可能会从持久的伴侣之爱中获得安全和快乐。

1. 双边互利

在爱的序位中，男人与女人之间存在着施与受平衡的交流。他们同时拥有对方所缺乏的部分，也从对方身上得到他们所缺乏的。要丰富关系，双方都必须为另一半付出自己所有，并且接受对方的付出。男人必须献出他自己并且接受另一半成为他的女人；同样，女人也必须献出自己并且接受另一半成为她的男人。如果伴侣当中只有其中一人接受而另一半付出，爱的序位将会失去平衡，因为接受的一方看来较弱势而不受看重，而付出的一方看来较伟大。伴侣关系中，当一方因为耗竭而需要另一半的照顾，虽然他们同样爱着对方，另一方的行为举止也将会像是在施恩。在过程中，接受的一方将愈来愈像个小孩，而施恩的一方将愈来愈像父母。接受的一方可能会觉得自己有义务要感谢对方的付出，而没能回报；施恩的一方则会像是不求回报的慈善家而产生优越感。如此一来，伴侣关系将无法平衡，也无法交流：为了达到伴侣关系的平衡，双方都需要有求于对方，并且带着爱付出，并尊重对方的需求。

2. 跟随与服务

伴侣关系中爱的序位的另一个面向是：女人跟随男人。这意味着，她跟随男人并进入他的家庭、住处、社交圈、语言及文化，并且她同意她的孩子跟随父亲。我们无法解释这个序位法则，只是当我们检视实际情况，我们会看到它的影响。我们只需比较妻子跟随丈夫、孩子跟随父亲的家庭和丈夫跟随妻子、孩子跟随母亲的家庭即可得知。但是也有例外，比如说，当父系家庭遭遇艰难的命运或疾病，让丈夫和孩子跟随母系亲族是比较安全而妥当的时候。

然而，伴侣关系中，爱的序位有另一个面向是：男人必须为女人服务。进化论心理学的研究发现，在发展两性关系时：女性会更加小心地考察男性的身体健康及资源状况的信号，以便谨慎处理自己的繁殖机会。男性则需要与其他人竞争，以便将自己的基因遗传下去。男人寻求广泛的繁殖，而女性则需要明智的繁殖。男性寻找的是能够播种的肥沃土壤，而女性则寻求那些能帮助她们整理花园的男人——拥有资源且比较专一的父亲，而不是朝三暮四的花花公子。从澳大利亚到赞比亚的 37 种文化背景下进行的研究显示，那些暗示生殖力旺盛的外表，比如年轻的脸孔等会使女性对男性更加富有吸引力。而女性则被那些富有、有权力和资源的男性所吸引，因为他们可以为后代提供足够的保护和抚养条件。而男性会努力为女性提供她们所需要的——外界资源和身体保护。就像雄孔雀会炫耀它们的羽毛，男性人类也会显示他们的财富能力和其他能力。

3. 平等

伴侣关系中爱的序位不同于亲子关系的爱的序位。如果伴侣将亲子关系的爱的序位应用在亲密关系中，伴侣关系将受到阻滞及干扰。

比方说，在伴侣关系中，一方期待另一方能够给予全然无条件的爱，就像是孩子对父母的期待一般，此时，他期待另一方能够给予他父母带给孩子的那种安全感。这将造成伴侣关系的危机。当其中一方感受到他的伴侣有过多要求时，他将会退缩甚至离开，而这样的反应是正当的。因为如果其中一方童年时期的序位在当时没有得到满足，而被转移至成年后的亲密关系中，然后要求无辜的伴侣对我们童年的需求负责，这是不公义的，并将导致关系的结束。当丈夫跟他的妻子，或者妻子跟丈夫说"我没办法跟你共同生活"或者"一旦你离开，我就马上自杀"时，另一方就必须结束这段关系，因为他所遭受的压力不属于平等的伴侣关系，他也无法应对这样的压力。然而，一个孩子对父母这样说却是真实而恰当的，因为孩子无法离开父母独立生存。

当男人或女人在伴侣关系中认为他们有权苛责、教育或是改变另一半，这是假设自己拥有只存在于亲子关系中的父母对孩子的权力。这样的结果，常常是另一半因为压力而变得疏离，并且在关系外寻找平衡及出口。

亲密关系中的爱的序位要求双方以平等的态度尊敬对方。在任何情况下，当一方感觉自己像是另一半的父母时，或者自己像是孩子一样依赖着对方时，伴侣关系中爱的流动就受到了限制并将使关系遭受威胁。这也同样适用于施与受的平衡。在亲子关系中，父母是给予者，而孩子是接受者。孩子想要逆转序位或是与父母地位平等的意图终将失败，孩子注定亏欠父母，然而矛盾的是，当孩子与父母地位平等的尝试愈失败，他们就觉得愈靠近父母；对父母的亏欠将使他们保持与父母的联结，并且促使他们独立，因为他们想要独立完成某些任务并证明自己。

所以当伴侣中的一方以父母对待孩子的方式付出，比如女人为另一半支付学费，他们的关系就无法维持平等。即使感觉到亏欠，在完成学业后，男人仍会离开他的另一半。只有在他完全偿付另一半为他的付出后，他才能再次感到平等，关系才得以维持。

4. 交流的计量

就性别而言，虽然男人与女人的付出并不相同，但他们的施与受也需达到平衡。如果他们在各方面的付出与接受能够平衡——如他们所付出并接受同等的爱，那么亲密关系就能够成功。这个原则对于所有交流，无论交流本质是好是坏都适用。

当一方从对方身上受益，接受者为了要维持平等和平静的感受，会觉得自己需要回报对方所付出的。因为她仍爱着她的另一半，所以她会付出比对方多一些的分量来回报。这也使得她的另一半觉得自己也需要付出更多一些来回报，因为他也深爱着另一半，并且希望关系能够继续维持。这样在伴侣关系中好的交流将不断地成长、延续。

当施与受变成单向的行为，关系就将结束。当伴侣中的一方只接受而未付出时，他将发现对方对付出感到疲乏；同样，当一方只付出而未接受，他将发现另一半对于接受感到疲乏。如果一方的付出超过对方所愿意回报的，这样的交流将会停滞。这同样适用于接受一方的期待超过对方所愿意付出的程度时。如此一来，施与受将阻滞关系。因此，任何的交流都应有良好的个人节制及界限。为了要使亲密关系成功，伤痛的公平交流也是必需的。当伴侣其中一方伤害了另一半，受害者必须以相似的程度伤害对方。

当伴侣关系中的受害者不愿表达生气或是恨意，关系中的交流就停滞了。比如说，当伴侣的其中一方外遇出轨，而另一方仍忠于关系，只有在忠诚的一方采取某些报复行动，出轨的一方才能够再次拥有平等的地位，关系也才得以继续。只有当受害人将他所受到的伤害回报另一半，关系才能重新开始。但是如果受伤的一方深爱出轨的另一半，宁愿独自背负伤痛也不愿采取报复行动，那么关系就停滞在受伤的状态而难以修复。即使受伤的一方意识到在关系中的清白感，也必须小心不做出超过伤害程度的报复行动，否则只会再次复制关系中的受害状。受害者的回报程度要比他所感受到的程度轻微一些。如此一来，公义和爱就能同时受到关照，关系的交流便能重新开始良性的循环。在伴侣关系中，如果受害人对加害人以加重伤害的程度来作为回报，就像对付出做出更多程度的回报那样，关系及个人的痛苦将只会雪上加霜。这样的交流虽将能够使两人紧紧相系，但只是使彼此陷入不幸和报复，而非关心和幸福。另外，伴侣关系的质量将随着彼此的交换是好事或坏事，以及好事或坏事的程度而改变。这暗示了我们提升、疗愈伴侣关系的方法：以爱及善意增加对另一半的回报。

**【婚姻中的融合】**

在很多场合，我都会这样提醒女士们回忆这样的情境：在你结婚之前，当前这位丈夫还是你男朋友的时候。从他追求你开始，是不是几乎每天屁颠颠地跟在前后左右拍你马屁？结婚以后，是不是反过来了，变成了你老想着为他做点啥？这样的短小时刻，能够快速让人们理解婚姻中的融合是什么意思。

融合是一种被改变了的状态。以往的社会经验告诉我们，通常是男性通过保持一种虚假分化的距离或者要求对方顺从他们意愿的方式表现出融合；而女性则通过为了关系放弃自我、放弃梦想和自己的想法来表现融合。这种被融合改变自我的过程，是建立婚姻中夫妻关系亲密感的过程，这个过程比想象中的要困难得多。

第一，这种融合是我们天性的一部分。

这种融合首先来自男女双方各自走向性别化的需求。男人们觉得为了爱和呵护对方，他们必须表现出勇武的一面来，但同时他们有享受温柔乡。对亲密感需求的袒露将降低他们的力量感。所以，他们自然而然地选择了一种虚假的距离感，或者要求对方顺从自己的专制感，来维护他们的"公狮"形象。对"公狮"形象我们并不陌生，你看非洲大草原的狮子家庭，公狮一般不捕猎，母狮们捕猎，回头公狮却要优先享用。公狮的职责是保护和繁衍，对闯入他们家领地的其他公狮或者任何不法分子，予以痛击；母狮们辛勤劳作，却还要匍匐于公狮的威严之下。在人类家庭中，仿佛也上演着同样的故事，妻子们往往操持了更多的家务，晚饭时坐在餐桌前喝小酒的往往是她们的男人。

女性在步入婚姻之后，更加愿意做好妻子这个角色，对于妻子这个角色是怎样的，有社会文化的因素在起作用。人类性别化的过程原本就包含着社会文化因素，这是自我的一部分。从儿童读物到小说电视，我们从小就知道男孩子与斧头刀枪关联，而女孩子与家务闺房关联；中国古代就有女红，却没有男红，对吧？更何况，女性们做了妻子，更觉得自己依附于丈夫是一种安全感的需求。

实际上，在现代社会，男女都一样参与社会职业。在社会政治角度来看，男女平等没有争议；在心理和情感层面，我们唯有承认男女差异，才是真正社会公平的体现。在婚姻融合中，男女双方都体验到安全感。这是否可以理解，结婚之前是怕姑娘转身离开，投向别人怀抱，或者一心想着要占有女方，所以男人们屁颠颠的拍马屁。而女性们是要考量和评估对方是否足以有资格承担她们的未来，所以矜持着。这样，就出现了婚前婚后两道不一样的风景线。在公共场所，男女两个在一起，那男的看着女的又扫视周围，像防贼似的盯着别人有谁注意他的女人的，是一对恋人；男女两个在一起，那女的看着男的又扫视周围，像防贼似的盯着别人有谁吸引了她男人的目光的，是一对夫妻。

也有这种融合出现特例的，妻子在婚姻中扮演了太多男性化的角色，而丈夫在婚姻中扮演了太多女性化的角色。除非他们能够找到彼此的位置和自在，相互间开放度很高，形成比较强烈的 $1+1\geqslant 2$ 的合体感，他们可以同声共气行动（这个词语这还真有点革命夫妻的感觉）。否则他们很容易遭遇挫折。下面这个"柳柳自杀"案例，是这种婚姻遭遇挫折的典型案例。只可惜事情已经发展到了不可逆转的结局，之前一直闷在这个小家庭里发酵，如果早一点求助或者被发现，就会是另一种人生故事。

柳柳烧炭自杀：

柳柳从小就是个很优秀的孩子。1996年考上上海某大学美术学院艺术系，是当年仅有的2个名额中的一个。就这样，柳柳离开了在江西的父母,孤身一人来到上海学习生活。

2000年,柳柳进入某出版社实习,就在那时候认识了在单位排字间工作的小岳。当时的小岳对柳柳追得很紧,最终柳柳顺利地和小岳有了恋情。

2002年,小岳与出版社的社长有矛盾,柳柳帮助男友据理力争,最终决定和男友共同离职。于是,两个人开始寻找工作,由于柳柳学历较高,比较容易地找到了另一个出版社的美编工作,而小岳却一直没有工作。对于这个情况,他们一直瞒着柳柳的父母。

小岳父母文化水平低,都是普通工人。而且父母离异,小岳和母亲生活。柳柳的父母却都是国家干部,所以父母觉得女儿这婚事门不当户不对。但父母的反对并没有生效,两人恋爱几年,终于在2006年喜结连理。

结婚后,小岳便把家老房子变卖,置换了一套离柳柳单位较近的房子。从此,小夫妻便在这套房子里过起了快乐的生活。小岳自2002年后一直没有工作,柳柳找各种额外兼职业务,家庭开销全部由柳柳支出,房贷也由柳柳工资所还。

婚后柳柳主外,家务都由小岳承担。事后回看柳柳和小岳的婚姻本身是不成熟的婚姻,或者说他们压根儿没有做好成立家庭的准备。他们相互称谓,一个叫小岳叔叔一个叫小柳阿姨。就像柳柳同学说的,仿佛是一对文艺青年。在这一段婚姻里,柳柳更像一个公主,而小岳是来服侍公主的,什么事情都服侍好。柳柳一直在维护自己一个成功的时尚的都市白领的形象。她选择丁克生活,不想要孩子。小岳对妻子的照顾也是无微不至,但是这两口子在生育问题上明显地存在着分歧。两个冲动的年轻人在争执中提出了离婚。于是,在柳柳父母都不知情的情况下,办理了离婚手续。柳柳父母还是从柳柳的姑父处知道了两人离婚的消息,跑去质问柳柳,柳柳还不肯承认自己已经离婚。

离婚后,柳柳所住的地方离小岳住所只有一条街之隔。小岳天天缠着柳柳……就这样冲动的小两口在冷静下来之后又决定复婚。经父母反复劝说,柳柳终于同意生孩子,并于2008年成功怀孕。不幸的是,柳柳不小心从公交车上摔下导致流产。2011年2月再次怀孕。原本柳柳有比较强烈的丁克的观念。无论丈夫小岳怎么劝说,柳柳总是不肯生孩子。现在有了这个孩子，仿佛更多的是作为一种交换条件——"好，你们要孩子，现在我给你们生个孩子。可是你就应该更好地对待我啊！"偏偏小岳没有做到！5月份，柳柳上网的时候，发现了自己丈夫和其他女性聊天的记录，记录显示两人关系暧昧。

6月，丈夫小岳和网友见面了。自从小岳出去见过网友后，回到家对妻子的态度开始急剧下降——经常不理睬柳柳，还挑剔柳柳这个不好、那个不好。这些，柳柳独自默默地承受着，也从不和父母朋友提起。身边所有人都不曾感受到这一影响柳柳一生的变化。

然而，纸终究包不住火。小夫妻俩的婚姻堤坝开始遭受冲击。

柳柳打电话给江西的母亲，吵着要让妈妈住过来为自己保胎。理由是，同事都说自己的妈妈怎么那么不关心自己；还有两三个月就生了，还不来照顾照顾。实际上，柳柳已经第二次身处婚姻危机之中。10月15日，柳柳妈妈收拾行装来上海，还随身携带了2万块钱，准备照顾女儿直到女儿月子过后。刚到女儿家，便看到女婿拿着一堆衣物在门口说："既然你来了，柳柳就交给你了，我外面有女人了，十年了，我对得起她了。"说完拎起衣物就要走。

此时女儿已经泣不成声，小岳执意要走。柳柳抓住包裹哭着求丈夫："你要走的话，也不要把衣服拿走。"也许，这是一种念想，至少放着这些衣服，小岳就还可能回来，可能回到自己的身边。僵持了大约40分钟，最终小岳没带衣物，空手走了。

接连几天，柳柳打电话发短信给小岳。小岳始终不接电话、不回短信。几经周折，柳柳和婆婆还有丈夫三人终于见了面。小岳表示他愿意和第三者割断关系，还把手机给了母亲。小两口也住进了婆婆家准备生孩子。想不到，没几天工夫，因为婆婆说了儿子两句，儿子不高兴了，便破门而出，之后便杳无音讯了。无比伤心的柳柳只能再次回到自己的小家。

10月28日，几近绝望的柳柳只能根据婆婆所说的"小三"的大致地址，前去找他们。为了支开妈妈，柳柳下午1点发了条短信给母亲：你今天去外公家睡吧，他（小岳）打我电话说明天要回来。你在这里的话，他不会来。听了这话后，母亲便收拾衣物，于下午2点去了在浦东的外公家。

柳柳 5 点下班后（虽然柳柳此时已快临盆，但是仍然坚持要去上班），竟然去虹桥机场附近寻找丈夫"小三"的家。她根本不知道具体地址，只能盲目地一家家找，期望在那里能撞见小岳。这个季节，天气已经转凉，昼夜温差很大。一个孕妇盲目地在落叶飘零的街头踱步，冷得瑟瑟发抖。柳柳发短信给小岳说：我现在好冷，你能出来见见我吗？——很久都没有收到任何回音。她再次发短信给小岳：我肚子好痛。——仍然没有任何结果。绝望的柳柳打车回到家里。

柳柳回到家里发现丈夫的衣物已经全部不见了，连自己的一些项链首饰和一架照相机也不翼而飞了。于是马上打电话询问自己的母亲，母亲表示毫不知情，判断说："要么，可能是前几天小岳趁我出去买菜的时候来过了，把东西都拿走了。"妈妈的话，犹如一颗闷雷在头顶的空气中炸开，把空气全部压进柳柳的眼耳鼻孔，在后脑勺嗡嗡的响。这就是意味着他再也不会回来了，要彻底离开自己，离开这个家了……所有的希望也都嗡嗡嗡地化为虚无，世界停止了运动，像尘埃般毫无声息地飘落下来。

于是在晚上 10 点左右，邻居看到这个挺着大肚子的憔悴女子下楼去买脸盆……深夜，柳柳向黑暗的空气发了条短信：你 12 点不回来，就再也看不到我了。没有收到任何回信的柳柳，终于烧炭自杀。就这样结束了自己和还未出世的孩子的生命。

无论是经济上还是家庭角色感上，柳柳曾经一直是处在婚姻关系的主导者位置上。柳柳既是母狮又是雄狮，那么婚姻中的配合者丈夫小岳又是什么呢，在这个家庭中？一直到小岳有了婚外情，精神的天平开始畸形地扭转，柳柳开始丢盔弃甲，甚至放弃了生命——连同即将出生的孩子一起。小岳的婚外情，是为了逃避什么，还是因为有了更好的选择，或者是找到了自己的另外一面？柳柳选择自杀呢？有怨恨感吗？有；有羞辱感吗？有；有失败感吗？有；有报复感吗？有；有自我否定感吗？有。人类行为不会只受一种因素动机的影响，小岳和柳柳的行为也是如此。良好的婚姻融合可以营造双方更多的存在感和幸福感；不良的婚姻融合，是一种畸形的关系，往往事与愿违，遭遇挫败感。

第二，婚姻融合中女性放弃部分自我，应理解为是形成新的自我，而不是丧失自我。那些在原生家庭中未被中断妈妈的影响，与妈妈保持着比较好连接的女性,更能体会到这是一个自我完整的过程。而那些在原生家庭中被中断了妈妈的影响,与爸爸连接紧密的女性,可能更容易将这个过程体验成是对自我的放弃和一种丧失感,她们容易抗拒,实际上是在抗拒自己作为一个女性的特征。这个已经变成她们个性的一部分,在创造美好婚姻的过程中会遭遇来自自身的阻碍。心理疏导理论认为,这是可以进行疏导的,它是一个发展性的问题。

另一个极端是,女性在婚姻中放弃自我太多,或者叫对自我的创新太多,变成一个对丈夫高度依附的女人。这对双方都不是件好事情,一方面会增加压力感,另一方面会限制自由。

凌女士年近40,她来咨询是出于想改变自己的现状。三年前发现丈夫有了外遇。第三者是丈夫的下属,28岁。当时一场危机事件已经过去,如今丈夫已经因此而更换单位上班,那位姑娘也已经结婚生子。但是,凌女士始终不放心丈夫,有点"一朝被蛇咬十年怕井绳"的味道。经常性的检查和警示丈夫,通常情况是早上出门蛮正常,临近中午丈夫手机上开始不断收到凌女士的监督和警示信息,以及大量抱怨信息。凌女士自诉想要找回以前的感觉,但是总找不到感觉,每天在不满意中度过。所以,要求助咨询师来改变现状。

凌女士原本也是名牌大学毕业又留学海外,父母也是大学教授。凌女士结婚后就做起了全职太太,她自诉一方面是为了准备生孩子,另一方面是认为自己可以在家支持丈夫事业成功。凌女士家里发生的事情是,凌女士作为丈夫事业发展的私人助理。她把丈夫的成功当作自己的成就。随着孩子的渐渐长大,丈夫的事业发展也很顺利。凌女士一直觉得这是她的人生成就。一直到发现丈夫有了第三者。用时下流行的话来说,凌女士整个人都不好了,不仅仅是不好那么简单,实际是混乱和低落,犹如被打入地狱。

造成凌女士如此这般的一个基本原因是,在婚姻融合中凌女士几乎放弃了全部。她结婚之后想要成为的另一个女人,其实不是她正确的人生路径。这种选择的背后还有她自身,尤其是与父母亲关系的其他深层原因,这里我们不做展开。但是走错的也是路,如今的凌女士需要作出的是关于明天的选择。已经发生的,已经走过的,当作一场学习。凌女士需要这场学习来转变和发展自己,对此,她欣然接受。当凌女士的丈夫意识到这是妻子的一场自我转型和他们婚姻的成长机遇的时候,他快速领悟到需要怎样调整自己的姿态,做出更积极的行为。这一对高智商的中年人很快找到了属于他们的解决现状的路径。丈夫决定接受和体谅妻子的紧张,把自己的注意力放在家庭日常生活中,并邀请妻子一起走出家门——让心回家,叫身体一同出行。

## 三、家庭联姻

有人说新婚的喜床上躺着六个人,除了这一对新人,还躺着他们的父母。这是个很形象的说法,突出了婚姻中的男女双方都是带着各自原生家庭的生命轨迹来的。现在他们需要共舞人生,每一个舞步都可能牵扯到来自原生家庭的力量。甚至有可能只是两个被原生家庭的力量牵着的抽线木偶在舞动,他们舞动得是否合拍,是否开心,往往由不得自己做主,除非他们能够很好地处理好与自己原生家庭和与对方原生家庭的关系。这样看来,这是一种能力。

**【美国式的联姻】**

美国心理学界对美国的婚姻形态研究发现,女性在婚后会更亲近原生家庭,而男性则会更加疏远他们,将精力投入到新的核心家庭中去。在很多案例中,夫妻都用不同的方式处理他们原先的家庭关系。婚姻是很多人与原生家庭分离的唯一途径,有些甚至在婚后仍然与他们的家庭纠结在一起。这些家庭系统的模式特点表现为经常有内疚的感觉,相互干涉以及不清晰的疆界。一些夫妻则在结婚前就已经与家庭断绝关系。在这种情况下,他们甚至可能不邀请父母参加婚礼。父母表现出回避和排斥,而夫妻俩也决意不理会他们。在另一种模式中,夫妻会继续与父母来往,但潜在的矛盾和冲突并没有解决。在这种家庭中,延伸家庭成员往往会参与婚礼的筹备,但经常会出现吵架、情感上相互伤害以及就婚礼的时间争执不下的情景。这种模式是婚姻之后最有可能出现和解的。这些矛盾表明家庭正在努力处理分离,而不是将它转入地下,最后导致家庭之间的纠结或者关系断绝。最理想也是很少见的一种状态,是夫妻双方在结婚前都已经从家庭中独立出来,同时还与他们维持着亲密和相互关心的关系。在这种情况下,全家人会利用婚礼来分享和庆祝新婚夫妇在状态上的转变。

这是美国心理学界观察到的他们文化中的婚姻,在中国完全不是这样。在中国根本就不存在婚姻是为了与家庭分离的唯一途径这个说法。婚姻不是为了与家庭分离,中国人从来没有想过要与家庭分离。

美国心理学界观察认为,第二种处理与父母关系的模式是与他们断绝关系,以此来获得独立的感觉。很多这样的夫妻因此而保持着约束性较强的关系,直到稍后的家庭发展阶段任务打破这种模式。

与延伸家庭之间第三种常见的模式是亲密但回避某些特定的问题。在这样的家庭中,婚姻是一个重新开放某些僵化关系的良好契机——例如,邀请一些与父母失去联系的亲属参加婚礼。这个好时机可以用来解决情感问题,回顾多代际中婚姻和家庭的内部的联系,这些是重新定义系统工作的一部分。然而,暗藏的矛盾通常会表现为婚礼筹备中的各种争吵以及情绪问题,而家庭成员因为不愿意看到不愉快的场面,又会将这些矛盾隐藏起来,努力表现出快乐和友好的态度。这种希望一切事情都不要出差错的倾向本身常常会造成一些问题。实际上所有的变化都可能造成分裂和不确定性,家庭系统是否能够继续发展取决于他们是否能够面对这样一个事实。例如,在婚礼期间能够触及他们曾经的丧失或者对于如何处理新的关系感到有些迷茫和不自在的那些家庭可能更容易度过这个阶段。

无论与延伸家庭的互动模式存在何种困难——矛盾、纠结、疏远或者关系断绝——在家庭生命周期的这个阶段,缺乏合适的处理方式来处理这些关系是最为主要的问题。越是用断绝关系来处理与延伸家庭之间的三角关系,新婚夫妇就越有可能表现出自己不真实的那一面,使自己变得不堪重负。

如果夫妻关系成为丈夫生活中唯一有意义的人际关系,那么他就可能对妻子的反应过度敏感,尤其是那些有关拒绝的信息,他可能会对这些显示出双方差异的信号做出过激的反应,不是强迫妻子同意他的观点,就是责怪她无法完全地接纳他。不断恶化的情况可能最终使关系无法维持下去。

文化的社会融合,对于核心家庭的过度关注以及忽略其他人际关系的倾向实际上将超出实际承受能力的情感需求加诸婚姻。一旦夫妻过度卷入对方的反应,双方都可能陷入一张融合的大网之中,作为个体无法正常地发挥功能。

有一些夫妻会将与父母的斗争直接转移给伴侣,还有一些希望对方为他们处理与家庭的关系。男性可能会选择一个父母完全不能接受的妻子,随后让她去与父母进行抗争,而自己则变成"无辜的旁观者"。在此情景中所有人付出的代价就是无法建立任何真实的联结,将其他人引入到自己的关系中永远无法解决问题。如果某一成员是父母生活的中心人物,或者是父母婚姻关系的重要维持因素,那么他很可能会觉得父母并不"允许"他们有一个成功的婚姻关系——这句话是说,他们感觉到他们无法摆脱父母的联接,因而不可能拥有独立的婚姻。

你会发现,尽管这些都是中文汉字,可是它们所表达的意思,快要让人觉得啼笑皆非。这些研究者发现"不能用断绝关系来处理家庭之间的三角关系",在中国人的婚姻和家庭文化中,只是一个最基本的常识。这个还需要研究吗?我们不得不说,很多时候我们把西方文化中研究的关于我们文化中的常识,当作圣典来拜读,是一种奇怪的现象。

美国研究者还发现,在夫妻之间有问题的三角关系中,丈夫、妻子和婆婆之间的关系最为突出。姻亲最容易成为家庭矛盾的替罪羊。憎恨儿子对妻子过度关心与承认他的行为方式不如自己所愿相比,前者总是更容易的一件事情。对于妻子来说,讨厌婆婆的侵入比直接质疑丈夫对婚姻投入的不够或者与外界的界限定义不清要容易得多。姻亲关系是转移夫妻或者原生家庭之间矛盾最好的出口。相反的情况下,与自己家庭断绝关系的一方基于对他们冷漠、拒绝或者无趣的认知而完全投入到对方的家庭中去,试图与姻亲建立一种温暖融合的关系。

我们的社会总是倾向于责备婆婆/岳母多过于公公/岳父,父亲看起来通常是一个善良的角色。正如人们将责任归咎于母亲只是因为她们在家庭关系中承担了主要工作一样,婆婆/岳母也常因此备受谴责。造成这种情况的原因有很多。与之类似,人们要求妻子负责处理丈夫的情感问题,要求她们体谅所有家庭成员的所有问题;随后,当出现问题的时候,又完全归咎于妻子们。

从美国研究者对他们本国的观察研究中,我们可以看到美国式的联姻带着某种天生的缺陷。联姻的基础是婚姻,婚姻是离开原生家庭的唯一途径。按照这个逻辑，他们是以顺利离家独立为婚姻成功的标志之一，甚至可能是主要的标志。这与中国婚姻的家庭融合和联姻大相径庭。中国的婚姻融合，不仅仅是婚姻双方的融合，而且是婚姻双方与对方原生家庭的融合，以及两个家庭之间的关系。所以，一旦从这一个方面来理解，西方家庭治疗方法进入中国，要服务于中国家庭，可能会遭遇挫折。在这个方面，我们需要一个中国化的过程。

## 【中国式的联姻】

中国年轻人不是离家独立，而是在家庭中独立；中国人的婚姻，至今其主流依然是一个家庭迎接一位来自另一个家庭的新成员。从古至今，我们有一整套婚姻模式，尽管当今已有很大变化，也有少数年轻人尝试离家独立，选择两个人的结婚模式；在婚姻礼仪上也出现了旅游结婚等新方式，即便如此新潮，还是免不了需要迎合家庭的需求，再来一遍属于家庭的婚姻仪式。各地都有一些差异，但从心理学角度来理解，中国婚姻模式，有利于婚姻融合和家庭的联姻。

古人有诗句这样描述：

> 洞房昨夜停红烛，
> 待晓堂前拜舅姑。
> 妆罢低声问夫婿，
> 画眉深浅入时无？

这首诗体现的正是新婚情境中的女性，用中国传统经典的婚姻模式来理解中国人心灵深处的婚姻是比较妥当的，我们直接引用大儒辜鸿铭先生的原话来描述，借此也可以重温一下他的语言：

> 在中国，在每一桩合法的婚姻中必须具备"六礼"。首先，问名，即正式提婚；其次，纳彩，接受丝织的礼物，即订立婚约；第三，定期，定下结婚日子；第四，迎亲，即迎娶新娘；第五，奠雁，在大雁之前奠酒祭神，即盟誓婚姻，据说，这是因为大雁被公认是所有配偶之爱中最忠贞的动物；第六，庙见，在祭祀的庙殿里举行宣告仪式。这六礼中的最后两项最为重要，因此，我会在此更详细地描述一下它们。
>
> 第四礼，迎娶新娘，现在，除了在我的家乡福建省还保持着这种古

老的风俗之外,别的地区通常都省却了,因为它使新娘的家庭必须承担很多费用,也造成了太多的麻烦。现在,新娘是被送到新郎家去的,而不是被迎娶的。当新娘到达那里,新郎在门口迎接,亲自打开新娘花轿的门,领着她到家里的堂屋中。在那儿,新娘和新郎拜天地,也就是说,他们面朝堂屋的大门跪下,在苍天面前,一张桌子上摆着两根点燃的红烛,然后丈夫把祭神的酒倒在地上,倒在新娘随身携带的一对大雁面前(如果没有雁,也可以用普通的鹅来代替)。这个仪式就被称为奠雁,在雁的面前奠酒祭神;在男女之间盟誓婚姻——他发誓对她忠诚,而她也发誓对他忠诚,就像他们面前看到的这对大雁一样忠实。从这一刻起,可以说,他们就顺理成章地变成了自然亲密的夫妻了,此时他们仅仅受约束于道德律,即君子之法,他们彼此已经互许了荣誉的承诺,但还没有受到公民法律的约束。因此,这个仪式可以被称作道德的或宗教的婚姻。

此后就是所谓的新娘和新郎之间的交拜仪式了。站在堂屋右边的新娘,首先在新郎面前跪下,同时新郎也向她跪下。然后他们交换位置。新郎现在站到新娘站过的地方,向她跪下,她也像他一样回礼。那么这种交拜的仪式,我希望在此指出,毫无疑问地证明了男人和女人之间、在丈夫和妻子之间,是完全平等的。

就像我前面说的,那种盟誓婚姻的仪式可以被称为道德的或宗教的婚姻,以区别于三天之后的所谓的公民的婚姻。在道德的或宗教的婚姻中,男人和女人在道德律的面前,在神的面前,结成夫妻。这种契约到目前为止只存在于这个男人和这个女人之间。在中国,在社会和公民的一切生活中,家庭取代了国家的位置——国家只充当了一个上诉的法庭的角色——而在这里,在这种我称为道德的或者宗教的婚姻中,家庭还没有对男女之间的婚姻或契约进行认定。实际上,从婚礼第一天开始,一直到第三天公民的婚姻进行的这段时间,新娘不仅不被介绍,而且不允许和新郎的家人见面。

这样,在中国,新娘和新郎过了两天两夜,可以说不是作为合法的夫妻,而是作为相爱的夫妻生活的。在第三天——随后,中国婚姻中最后一个仪式到来了——庙见,在祭祀的庙殿里宣告的仪式或者说公民的婚姻。我认为,在第三天举行这个典礼是因为这合乎《礼经》中三日庙见的礼仪。不过现在为了节省费用和减少麻烦，通常都在第二天举行。这个仪式——在祭祀的庙殿里宣告的仪式，如果家族的祖庙在附近，当然在祖庙进行。但是对于那些在城镇和城市里生活、附近没有祖庙的人们，这个仪式就在小型的祠堂里进行。在中国，每一个有名望的家族，甚至是最贫穷的人家都有这样的祖庙或祠堂。这种带有一个牌位，或在墙上贴有红纸的祖庙、祭堂或祠堂，就像我在别处说过的那样，在中国，它们是孔子的国家宗教的教堂，相当于在基督教国家中的教会宗教的教堂。

这个仪式——庙见，由新郎的父亲开始，如果没有父亲，就由家族中最亲近的年长成员代替，跪在祖先的牌位前，对祖宗的亡灵宣告，家族中的一位年轻成员现在已经迎娶了妻子进门。然后，新郎新娘相继跪在同一祖先的灵位前。从这一刻起，这个男人和这个女人结成了夫妻，不仅在道德律或神的面前，而且在家庭面前、国家面前、公民的法律面前。因此，我称这种庙见的礼仪——中国人婚姻中在祭祀的庙殿里宣告的仪式——为公民的或国民的婚姻。在这种公民的或国民的婚姻之前，这个女人，这个新娘，根据《礼经》的规定，还不是一个合法的妻子（不庙见不成妇）。如果新娘碰巧在庙见之礼之前死了，据《礼经》的规定，她不许葬在她丈夫的家族墓地里，纪念她的灵位也不能放在丈夫家族的祖庙里。

这样，我们看到，在中国，在一个合法的公民婚姻中，婚约并非仅仅是女人和男人之间的事情，婚约是那个女子同她丈夫的家族之间的事情。她不是和他结婚，而是进入他的家族。在中国，一位女子的名片上，她不写诸如"辜鸿铭夫人"的字样，而是逐字地写成"归晋安冯氏俭祉"。在中国，一个妇女同她的丈夫家族之间的婚约，丈夫和妻子双方都不能未经丈夫家族的同意解除。我想在此指出的是，这一点正是中国的婚姻和欧美婚姻之间的根本不同。欧美的婚姻，是我们中国人所谓的一种爱人婚姻，是仅仅受到作为个体的男人和作为个体的女人之间爱情约束的一种婚姻。而在中国，正如我说过的，婚姻是一种公民的婚姻，是一种不在这个男人和女人之间、而在这个女人同丈夫的家族之间的契约——在这一契约中，她不仅要对丈夫承担义务，还对他的家族负有责任，通过家庭，再对社会尽责，对社会或公民的秩序尽责；事实上,就是对国家尽责。因此,请允许我在这里说,只有中国①人民理解了真正的公民生活的涵义,理解并对究竟如何做一名真正的公民有了清晰的概念,即懂得每一个公民不是为他自己活着,而是首先为他的家族活着,并且通过这种方式维系国家或公民的秩序,否则绝不可能形成一个真正意义上的平稳的社会、公民秩序或者国家。就像我们在现代欧美所见的一样,那里的男女对公民生活并没有一个真正的概念,这样一个拥有全套的议会和统治机器的国家,随你的便,它可以被称为"一个巨大的商行",或者就像现实情况一样,在战争期间,就是一群土匪和海盗,而不是一个国家。实际上,在此,如果你们允许,我可以进一步说,这种把国家当作一个大商行、只考虑这个大商行中最大的股东们自私的物质利益的错误观念,这种带着土匪合作精神的错误的国家观念,实际上,导致了目前欧洲正在进行的可怕战争。简而言之,如果没有一种对公民生活的真正观念,就不可能有一个真正的国家,而没有真正的国家,又如何能够有文明存在?对我们中国人来说,一个没有结婚、没有家庭、无家可归的男人,不能成为一名爱国者,而即使他自称为爱国者,国人也称其为强盗爱国者。事实上,要具有一个真正的国家或公民秩序的观念,一个人必须首先具有一个真正的家庭观念,而要拥有一个真正的家庭和家庭生活的观念,一个人必须首先具有一个真正的婚姻观念:结婚不是一种爱人婚姻,而是我以上试图描述的公民的婚姻。

摘自《中国人的精神》(辜鸿铭著,李晨曦译,上海三联出版社 2010-1)

注①:此处"中国"原文为"欧美",按照辜鸿铭先生的意思,此处应该是"中国",不知是翻译出了差错,还是之前出版时出了差错,或者有人故意用"欧美"这个词语,我不做考证了。在这里,我把它直接改为"中国"。相信辜老若知道,肯定是同意此项更正的。

辜鸿铭先生的这段文章,可以引发更多思考。在我们的生活里,婚姻融合与家庭联姻,与西方有很大的不同。我们可以并且应当发展出符合中国人现实的家庭成长心理疏导工作方法。

之前,当我们对婚姻关系及其相关两性心理学缺乏了解的时候,我们说中国式婚姻模式是对女性自由的束缚,是封建礼教对女性的压迫。站在今天,可以还是这么说,但是不要忘了中间还夹杂着女性自身的心理发展诉求。无论妇女解放运动怎么开展,依然不会把女性变成男性,男女性别的心理差异客观存在，对男女一样的社会行为要求，看似平等了，实际上是另一种不公平。婚姻中的男女差异要求双方在婚姻融合中各有努力方向。

从女生变成妻子，再变成妈妈。在婚姻前后的这一段时间里，女性的自我转型发展实在太快，快到了好多人根本就来不及准备和反应。尤其是在当今女性和男性一样承担全额职业工作的情况下面。女性们步入婚姻时的自我转型发展方面，可能会遭遇很多预料之外的挑战。

为什么在工业文明越发达的地方，发生产后抑郁症（这是女性独有的心理障碍）的概率越高？心理疏导理论认为，其中一个原因是：产后抑郁症的成因并不是"生孩子"，而是围绕"生孩子"引发的社会应激。这些社会应激因人而异，那些越多男性化心理和行为取向的女性，其因为生孩子引发的心理社会应激越强烈，产后抑郁的发生概率越高。

中国式的婚姻，是需要成功的家庭联姻的。有助于男女双方融合进对方的家庭，获得家庭归属感。这种融合的成功完成，有助于婚姻中的男女更好应对生活中出现的各种社会应激。所以，婚姻是一次成功的家庭整合；没有实现家庭整合的婚姻，是不完全的婚姻，因而也是不成功的婚姻。

## 第三章

# 爱 的 种 子

> 第三项修炼：学会养育
>
> 每个孩子的禀赋和家庭成长环境不同，父母都希望自己的孩子更聪明一些，其实整个人类都希望我们的后代更聪明一些。除了遗传因素，后天养育有没有可能让孩子更聪明一些呢？
>
> 坚定地推动他们放弃过去的快乐，去发现一个又一个他们的年龄允许得到的新的快乐，这样做将使孩子把快乐和成长结合起来，使其对快乐的追求不再服务于一种贫瘠且制造贫瘠的停滞，而是服务于其生命，使孩子能够把对快乐的追求变为自己成长的动力之一。

我们说心理学，与之对应的不是我们的心，而是我们的大脑。从这个角度来讲，心理学其实是关于大脑的科学，是关于大脑功能特性的科学，是关于大脑生理特征和心理过程的科学。我们常说的某个人心肠好不好，当然不是说他的心脏和肠子好不好，而是指这个人的头脑里形成的观念以及由此而来的行为好不好。

我们至今无法真正清楚人格是怎样通过受精卵遗传给下一代的。通过对成年个体的研究（双生子研究）发现，人类亲子生命个体之间在人格发展上具有高度的遗传率。有观点认为，人类智力50%的变异与基因遗传有关，而人格特质40%的差异要归于遗传。这些数据说明遗传基本上决定了我们的特质和智力。我们相信，随着研究的深入，这些数据还会发生变化，但这不是我们要加以关注的地方。我们需要关注的是那些不受遗传影响的概率——以上这些数据同时也说明，我们的特质和智力基本上来自我们的成长过程。也就是说，心理学研究发现环境对于智力和人格特质的塑造不亚于或者超出遗传的影响。我们可能无法改变基因遗传,但是我们可以创造环境。

我们的大脑时刻保持着与环境的互动。大脑是我们人体所有器官中最特殊的一个,别的器官都受我们自己的影响,而大脑不仅仅受我们自己的影响,它有时候甚至不听我们自己的话而更受别人的影响,但它是我们的总司令——我们拥有一个不听话的总司令在指挥我们自己。这个环境就像一个大染缸,大脑浸泡在这个环境里面被染成什么样,和这环境有密切关系,也和大脑的自身质地有很大关系。这是个形象的说法,意思是说,人的心理发展,既受自身遗传的影响,也受所在环境的影响。大脑在与环境的互动中得以发展。

我经常告诉一些期望别人给予方法来改变孩子学习能力的家长,孩子们的学习能力是不一样的。孩子们最基本的记忆能力和注意能力其实差异很大,除了那50%的遗传之外,还有早期养育的方式方法,也会在很大程度上影响孩子的学习能力。遗传不是孩子自己能选择的,早期如何被养育,也不是孩子自己能选择的,这都取决于父母亲。所以,如果孩子学习能力不够,父母需要做的不是埋怨或指责孩子不够努力,而是首先要向孩子打招呼——不好意思,是我们没有遗传给你足够的记忆能力,我们早期养育你也没有做得更好些,让你学习时太费劲了。然后才可以问问孩子,需要你怎么帮他一把。学习,不该是孩子独自承担的事情。建立了这样客观的认知,父母才可以找到符合自己孩子的方法。

人类大脑皮层不同的区域对应人体不同的功能,这些功能反应区已经都被科学家们找到。关于这方面的知识,可以查看脑科学类的书籍。大脑的生理现象和我们的心理现象存在高度相关。在大脑中存在着庞大的神经元链接,正是这些神经元链接之间释放和接受化学分子的过程,让我们的大脑像计算机获得电流变化来实现计算一样,拥有了储存、记忆、分析能力,人脑的精细和复杂程度,目前还没有一架计算机可以相比。我们的情绪也来自大脑的反应,这个反应是对环境的回应,也可以说是大脑记忆库对环境的回应。

##  一、0—3岁孩子的早期养育

在还没有出生的时候,子宫里生命的大脑已经在快速发育。此时的大脑就像一台正在组装的电脑，元器件的品质决定了这台电脑的档次。胎儿大脑生理发育的好坏跟母体的关系，不是我们这里讨论的范畴。跟我们的范畴有关系的是胎儿的大脑环境，对于胎儿来说，此时的环境就是他自己，自己就是环境的全部。胎儿出生以后叫婴儿了，就立刻面临一个崭新的世界，他们进入到环境当中，这个环境将伴随一生。在人生最初的三年里，我们的大脑会发生不可思议的快速发展，三岁孩子大脑神经元链接是成年人的两三倍，之后开始选择性断裂。这个时期的家庭养育方法，决定了这颗大脑所经历的发育环境。0到3岁的大脑发展，基本上决定了大脑的能力水平。所以，这个时期的家庭养育显得尤其重要，可惜很多人没有把握好这个机会，不少人甚至还有"舍本逐末"的做法。

**【早期养育帮助孩子发展情感智慧】**

弗洛伊德认为，自我在生命的头两年里逐渐形成；埃里克森认为，婴儿出生后第一年的岁月中，人格发展的主要矛盾是能否建立和环境的信任关系。这两位心理学家，从不同角度阐述了生命早期"我"的形成。很多父母或者其他养育者，对于0岁婴儿啃自己的手指很在意，生怕他们将来变成一种坏习惯，所以要去阻止孩子的这个行为。其实那个时候，婴儿还不知道他在啃的那个叫手指，也不明白它属于自己，关于"自己"的感觉需要经过一段时间的与环境相处才会逐渐形成。比较好的做法是在孩子不咬手指的时候，先跟孩子有手指的接触，可以轻轻逗弄孩子的手掌心，孩子会抓住你的手指，这种小动作——手指之间细微动作的交流，会让孩子产生愉悦感。这个时候，他的关注焦点在手指上，愉悦感来自这种与环境的接触，他自然不用啃手指来获得愉悦感。那些与环境互动得越成功的孩子，把手指头放进嘴里的概率就越少。有些家长，为了阻止孩子把手指放进嘴里，想出了一些奇怪招数。比如，他们会在孩子手指上涂上辣椒，让孩子辣得不敢再把手指放进嘴里。不知道他们是怎样想的，是想让孩子讨厌自己的手指吗？这样让孩子遭遇来自环境的恐惧和害怕，会换来什么呢？他们可能本能地继续把手指放进嘴里——这是胎儿在子宫里最自在的自我享受的动作。

是的，这个时期的孩子，唯一的表达方式是哭或者笑，要么就是呼呼大睡。笑表明他正享受着呢，哭表明他正遭遇不舒服。人类是依靠语言交流的生物，但是，在掌握语言之前，人类跟其他动物一样，靠没有语言的心领神会来交流。所以，主要的养育者（应该是父母）在和婴儿交流的时候，要能做到专心投入、心无旁骛，他们就能做到与婴儿的默契。这种默契对养育者和孩子都是很重要的。记得我自己在带孩子的时候，有一次半夜时分，我突然感觉到睡在旁边小床上的儿子要摔下来了，立刻伸手，居然在半空中把孩子接住。跟孩子默契，孩子的需求你能很快领会，并且予以满足。有些人很担心，这不是宠吗？我想提出的问题是：干嘛害怕宠爱孩子呢？可以这样来说，在生命的第一年里，对孩子万般宠爱都不过分。宠爱不等于溺爱，0岁孩子不存在溺爱。

对0岁婴儿来说，家里所有的一切都是陌生的环境，包括父母亲这些照料者也是环境的一部分。出生之前，自己就是环境的全部，出生之后自己是环境中的独立个体。这个独立个体感知到的环境是怎样的，感知到自己和环境的互动反馈是怎样的，决定了他和环境的关系性质。那些在环境中感受到需求立刻被满足的婴儿，会产生环境是美好的感觉；他们更愿意与环境互动，从中获得愉悦感。那些需求被延迟满足或者被剥夺的孩子，会产生环境是可怕的感觉；他们从环境中较少获得愉悦感，转而更关注自我的生理需求，从中体验到愉悦感。

那些得到悉心照料的孩子更容易产生"基本的信任感"。这个概念由心理学家埃里克森提出，他的人格发展理论认为婴儿是否得到充满爱的照料、他们的需要是否得到了满足、他们的啼哭是否得到了关注，这都是他们人格发展中的第一个转折点。产生基本的信任感，埃里克森把它叫做"精神活力的根本前提"，它会让儿童感觉到"世界是美好的、人们是充满爱意的，是可以接近的"。然而，有些婴儿在这方面被大打折扣，他们未能得到基本的关爱和照顾，这使他们产生了"基本的不信任感"。这些儿童在一生中都可能对他人是疏远和退缩的，他们不相信自己，也不相信别人。这两种基本的自我与环境的关系感觉，来自父母亲不一样的养育方式。

一周岁以后，孩子会主动形成一种与外界的关联感。他们想知道：我能做什么？外界的哪些东西是我能控制的？外界的什么东西控制着我？在这个年龄阶段，他们常常要试试自己能力的范围和大小。这个时期，人格发展中的第二个转折点逐渐呈现出来，即"自主性"与"羞愧和怀疑"两种不同的生命拐点。

这个时期，游戏是孩子的主要乐趣，也是孩子参与环境互动的主要方式。因为可以自己行走，孩子的世界发生重大变化，他们对于探索这个环境充满激情。日常生活和游戏几乎不能分开。甚至可以这样来理解孩子：生活中发生的每一件事情每一项活动，都仿佛是一场游戏。他们在这种"游戏"体验中完成生活经验的积累，他们很快学会了报告和照料自己的身体需求，吃喝拉撒睡觉穿衣，都是一场见诸行动的学习。那些与环境建立了基本信任关系的孩子，更加愿意把这场学习付诸行动，因而他们收获颇丰，并且更加相信自己和环境；那些与环境建立了基本不信任关系的孩子，对付诸行动的学习过程具有比较强烈的迟疑感，因而他们收获较少，并且变得更加不相信自己，依赖于别人的喂送。

  这个时候，我们可以发现，之前0岁时候被万般宠爱的孩子，继续享受着宠爱，养育者允许并且乐意创设条件和情境支持他们的游戏活动；他们快乐勇敢地走向环境，并拿回满意感。同时，我们也可以发现，之前0岁时延迟或剥夺孩子需求，刻意训练孩子的养育者，他们会继续培养孩子的好习惯——这种教条化单向灌输和训练的规矩，与那些游戏中形成的照顾各方利益诉求和事情逻辑合理性的规矩，是两种不一样内涵的生活规则——前者叫教条，后者叫教养。这些养育者，很容易以限制儿童游戏的方式，没有教养地训练孩子的教条化的生活规则。这个阶段父母的刻意训练或者过度保护，都可能限制了儿童的"游戏生活"，会阻碍儿童的自主性发展。如果不允许儿童进行探索，不能获得个人控制感和对外界施加影响的认识，儿童就会产生一种羞愧和怀疑的感情。

  有较强自主性的儿童觉得自己是独立的，他们善于自我表现、富于自信心。在他们以后的生活中，将很愿意掌握自己的命运，自信使他们能向艰难困苦挑战，并战胜它们。相反，羞怯和怀疑的儿童将会成为追随者，他们依赖性强，缺乏果断性，对自己的能力缺乏自信。这些孩子缺少与环境互动中建立起来的自信和教养，他们比较容易成为俗称"保留了较多动物性而缺乏人性化发展的野蛮人"。他们不敢走向环境形成自主性。相反，羞怯和怀疑让他们退缩而关注自我，并且向环境索取，以满足自我的需求。他们的快乐感更多地被停留在生物性的满足上，主要是吃和肢体呵护。而那些自主性的孩子，他们的快乐感有很大一部分来自与环境互动的感觉，这些感觉丰富了他们的世界。

  乐于和环境交流，是保持大脑神经元链接丰富化的基本前提。孩子在丰富的环境互动中刺激大脑的发育。什么样的孩子会和环境有更丰富的互动呢？毫无疑问，是那些和环境建立了基本信任关系的孩子，而不是那些畏惧环境、退缩的孩子。所以，这个阶段的家庭养育者千万不要自以为是地故意"训练"孩子——很多人有一种为自己偷懒开脱的说法：孩子不要太宠，会宠坏的；所以，让她哭一会儿好了，习惯了就不哭了——实际上孩子经常可能是哭累了才不哭的。在0岁这个阶段的孩子根本就不存在被"宠坏"的说法，再怎么"宠"都不会过分。

0—3岁不宠爱，3—6岁很容易溺爱。

那些形成了羞怯和怀疑的孩子，3岁以后进入幼儿园，有较多的不适应。他们为了缓和自己的不适应，会身不由己向父母亲提出各种要求，他们容易以自我为中心，最好别人能够自觉地满足他们的欲望。对那些执拗而不明事理的孩子，父母亲没有好的办法。他们只能一方面应对孩子的无理要求和我行我素，一方面因为害怕孩子的情绪发作而讨好孩子。没有办法而讨好孩子的爱，叫溺爱。溺爱的表面目的是满足孩子的不明事理的要求，实际上是为了掩饰家长自己的无能、缓和家长自己的内疚或焦虑。处于溺爱中的父母和孩子都失去了改变现状的勇气，他们苟且着。所以，溺爱又可以叫做苟且之爱。随着孩子年龄增长，苟且之爱若不能有效改变，会变成相互抱怨和指责。在家庭里面发生的抱怨和指责，多半原本是爱；爱也发生了"基因突变"——要改回来，是不容易的。

## 【早期养育帮助孩子更有学习能力】

我不敢说良好的早期养育可以使孩子更聪明——仿佛口气太大了。平心而论，到底什么叫聪明？通常所谓的聪明，就是记性好、富有想象力、注意能力强。1999年我参加上海师范大学举办的"21世纪中美素质教育研修班"，来自美国的白宫教育顾问委员会前主席兰祖利先生，介绍了他们曾经的精英教育探索之路。提到了他的天才行为理论。我们并不需要搜寻天才，我们也未必要孩子成为天才；但是，孩子可以具备天才行为能力。它有三个部分组成：超出平均水平的学习能力、敬业能力和创造力。超出平均水平的学习能力，并不是一个很高的要求。有一半的人可以做到。心理学的研究发现智力有一半来自遗传，还有一半来自后天的发展，其中早期的大脑发展具有很大的决定性因素。

人类和地球上其他物种的区别在于，我们是靠发达的神经系统来成为最高级生物的。人类传递信息靠语言——可以记忆和逻辑分析的精神载体，所以，人类聪明与否，首先表现在对语言这个工具的掌握程度。与学习关系最密切的是语言记忆能力，当然这里说的是约定俗成的学习，不包括一些特殊的学习，比如说有些工作需要有超级的味觉或者嗅觉记忆能力。即便如此，这些工作依然离不开语言这个工具。心理学研究发现，如果孩子出生以后失去学习语言的机会，就可能永远学不会使用语言了。历史上曾经出现过狼孩，被大自然中的狼养大的人，失去了语言学习的机会。等到被发现后带入人类生活中，狼孩已经很难学会语言，在心理发展水平上也处于婴儿阶段。在美国，曾经发现一个孩子因为父母的原因，一直被单独禁闭"饲养"着，她叫吉尼。等到人们发现事情真相把吉尼解救出来，吉尼已经十二岁，她还不会讲话。通过专家们的教导和辅导练习，吉尼基本可以掌握单词发音，但她根本无法说完整的句子。她记不住完整的句子，不能理解句子，无法和别人进行借助于语言的情感和思想交流。吉尼能通过肢体接触感受到被抚摸的愉悦和关怀，却无法通过语言来感受到爱和关怀，这一步是在婴儿时期就已经经历过的。吉尼的心智水平被停留在那个时期。

早期语言练习可以让孩子对语言的敏感度提高，他们会比较早和比较好地掌握语言。父母是在与孩子的语言交流中，让孩子感受语言，学会语言的。需要引起重视的是，在 0 岁时尚未开始说话的孩子，其实已经在感受语言。传统儿童发展心理学在这方面的研究需要更新。以往的观点把对儿童掌握语言的观察所得，作为规律。实际上这只是一个成人与孩子相处过程中的平均值数据。这些数据显示：儿童到 1 岁末虽已听懂 20 个左右的词，但能模仿说出的词却只有几个，而且是不清晰、不完整的，要靠熟悉他的成人猜想才能懂得。1 岁半时，言语发展较快的儿童已能说出一些简单句了。如"妈妈再见"和"爸爸好"等。2—3 岁时复合句开始发展，这时的复合句只是两个简单句的组合，还没有用连词，如"不要你了，我自己睡"。这时句子明显加长，大部分的句子只有 6—10 个词。如果我们把这个观察发现当作规律，并以此来指导早期养育。那我们能干什么呢？

我提出创造非治疗性心理技术的最佳实践，就是要在更广泛的生活和工作场合，让心理学创造价值。实际上，人类从一开始就在语言环境中，婴儿一出生，他的大脑就被浸润在语言环境中。只是还未形成注意能力的婴儿,环境中的任何声音都会传入他们的大脑。被不加区分的感受。倘若你有能力去想象,大概可以知道这是一种怎样的刺激。最佳实践鼓励家长从一开始就要和孩子说话,最好是有一个照料者能够持续地长时间和孩子说话,这对孩子的聪明很重要。

你要怎么跟一个不掌握语言的婴儿说话呢?

第一,每一个与孩子有关的特定动作,要配上语言。比如,给孩子换尿布,你可以说"尿布长,尿布短,尿布臭,宝宝尿布真臭呀,换个新尿布喽"。

第二,同样给孩子做的重复动作,讲同样重复的语言,不用每次换新花样。

第三,语言要有节奏,孩子喜欢听重复有节奏的声音(对他来说,那还只是个声音——在周边各种混杂声音中最有节奏、他最喜欢的声音)。

第四,如果是爸爸照料孩子,爸爸讲话更好;因为孩子更喜欢听中低音。

第五,即便爸爸不能成为主要的照料者,也可以成为之后给孩子特意讲故事的那个人。总之,爸爸要尽量至少成为照料者之一。

第六,孩子醒着的时候,尽量以孩子直立身位姿态抱着孩子,让他看见一个正确的世界(好多人喜欢在孩子醒着的时候,让孩子仰天躺卧着抱孩子,还摇啊摇的——建议这些人现在自己仰天看着天花板,给自己脑袋晃啊晃的试试看)。孩子看见环境里的啥,你就跟孩子说啥。这很重要,而且家长自己抱着孩子时候也有事可做了。孩子醒着,抱在你的手里,你就得跟孩子交流呀——他看见啥,就说啥,这个叫交流。

第七,孩子跟你之间一开始就有了语言信息的交流,你很快能发现孩子的注意力会跟语言匹配。这是注意能力的开始。所以,不用等孩子会讲话,你就可以拿着有图画的书,给孩子讲故事了。故事不要复杂,但是有图画配着的。可以从认读单个图片开始,比如一样一样的水果。你跟孩子一边翻看图片,一边讲图片中事物的发音,一直到后来带孩子看着有情节的图画讲故事。这个"后来"并不遥远,在孩子会开口说话之前,就可以听你讲整整一本图画书的故事了。掌握一个基本的尺度:不要贪多,讲很多很多的图画故事书。只要一两本就可以。孩子喜欢听重复的故事,喜欢重复地听一样的故事。

你要理解,那个时候孩子多半(我只能用这个词)还不知道你讲的是故事,这些故事他将来也会忘记,但是,孩子在这个过程中对语言的敏感度快速提高。现代心理学的研究方法,基本是西方实证主义科学方法。如果要找到此时尚未开口说话的孩子是有记忆能力的证据,仿佛很困难。我对开展此种研究的兴趣不大,但是我可以分享实践经验,这也算是符合时下正在被广泛接受的现象学的:我自己孩子在中小学读书时候,记忆能力比较强,语言文字能力也超出绝大部分同龄人。在他七个月大的时候,我们已经看图说话讲了不少故事了。有一次,我盘腿而坐,儿子坐我两腿之间,同向面向前面的图画书,正在讲故事呢。讲到一半,我停下来跟爱人说话,刚说完两句话。孩子不乐意了,他转过身来,用他的小手掰住我的下巴,把我的嘴掰回来,意思要我继续讲那个故事。这个动作说明四层含义:第一,他知道我刚才两句话讲的不是这个故事,他能鉴别语言;第二,他知道这个故事的准确配音,他有语言记忆;第三,他喜欢听这个故事,他有基于听觉的愉悦感;第四,他可能对故事情节有感受和理解。

生命第一年的科学养育,一方面是尽情宠爱,第二方面是跟孩子说话、讲故事、念儿歌。你不跟孩子说话,孩子就听不懂你说的话;不要等孩子会"听懂"你说话的时候才跟他说话。父母或者其他养育者,应当和孩子建立起紧密的交流。这种交流的成功与否很快会被孩子下一个阶段的表现所印证。

从1岁半左右到3岁,是早期养育的第二个关键时期。

在1岁到1岁半的时候,孩子已经开始学会说话。掌握语言的过程是个快速吸收的过程,这个过程成长得比较好的孩子,以后会有比较好的表达和阅读能力。心理学更倾向于让孩子通过听力来吸取语言信息,听得越多孩子越聪明。在这个时期,尽可能多的让孩子听故事、听讲话、听音乐。父母或其他养育者继续和孩子说话交流,之前那些已经成功讲故事的亲子关系,从孩子两岁开始,可以给孩子讲复杂一些的故事了。不仅如此,随着孩子语言能力的提高,你会发现孩子能很快讲完整的句子,他们的语言能力发展速度比之前没有经历过"0岁丰富语言刺激"的孩子要快好多。两岁时候,他们可以听复杂的故事,也可以讲复杂的语句,他们可以完成绕口令。并且,他们会被那些复杂故事情节吸引——他们的注意能力也正在超出一般孩子。

在这个时期,孩子还发生另一个重要的变化——他开始会走路。走路和用手抓取东西会拓展他们的活动范围。孩子的世界由此变得大了很多,手指是大脑的延伸，孩子们通过各种接触，对世界有了更多的感知。这个阶段，允许和鼓励孩子多探索、多接触会有利于他们的大脑发育。游戏是这个阶段最重要的教育活动。父母或其他养育者充当的是游戏中的角色，通过游戏活动，会极大地刺激孩子的学习能力。

有人会问，那么玩什么游戏才好呢？这样问的时候，已经失去了对孩子世界中游戏的理解。我们完全可以用"游戏生活"来理解，对孩子来说，这个时候发生的每一件事情，都像游戏一样好玩，包括吃饭、睡觉、说话、上厕所间。市面上会有各种五花八门的玩具，玩玩具不等同于游戏——游戏是有玩伴一起来完成的，玩具是有固定格式的一个器具，玩玩具通常没有交流；和妈妈一起玩玩具，那叫游戏。孩子们喜欢玩具，更喜欢用玩具来游戏。

有些游戏是不需要借助于玩具的。比如，之前讲过的那些有趣的故事，现在可以表演故事了。表演这些他们已经知道的故事，孩子们通常很乐意，并在演故事的过程中，他们学到更多。他们的专注能力也得到锻炼。

可惜的是，我们经常看到成年人在这个时期要么把孩子当成玩具（因为这个时期的孩子很好玩），要么把孩子乖乖的不作声响当作是福气。一些成年人在带孩子的时候，喜欢让孩子安安静静地等待着吃喝拉撒事情的发生。他们边带孩子边干自己的活儿，他们的注意力其实不在孩子身上。这种任务观点式的养育方式，使得孩子的世界缺少应该有的丰富化，也不利于大脑走向聪明。可以这样来说，1岁半到3岁孩子养育行为的陷阱，是限制孩子的探索和游戏。那些较少探索和游戏的孩子，在看似乖巧的背后，是大脑神经元链接不够丰富化，聪敏的孩子不是这样发展出来的。这个时期神经元链接越丰富，大脑发育得越聪明。这种丰富化来自孩子的广泛接触环境和游戏活动。

从婴儿出生到3岁这个生命早期的发展阶段，存在着两个关键时期，它们看似矛盾实际统一。1岁前家庭养育的"超级宠爱"造就"基本信任感"，会走路以后，基本信任感越强的孩子越喜欢和环境接触，"放手鼓励"孩子的探索，"倾情陪伴"孩子游戏，会让孩子更聪明、人格发展更健康。在这之后，孩子进入幼儿园。毋庸置疑，从进入幼儿园开始，孩子的生活环境发生了一个非常重要而深刻的变化，他们已经置身于一个无法与之抗争的社会环境。

## 二、3—6岁孩子的家庭教育

曾经有位奶奶向我抱怨,为什么幼儿园不教孩子拼音、不教孩子读课本,害得我们要去外面(各种民办补习机构)学?我问那位奶奶,那您知道幼儿园教了什么吗?奶奶坚持认为幼儿园一天到晚只知道玩游戏,根本就是啥也没有教。我突然警觉起来,这位奶奶有一定的代表性。我们很多家长并不了解或者理解幼儿园教育的内容和要求及其意义。幼儿园孩子的学习,不像中小学生,每个学生有一套学习教材——那是学习文化知识用的。幼儿园教学的教材在老师手里,而且我们的幼教体系有完整的教材。这位奶奶的误解,倒是给了我们一个启发:幼儿教学,小孩子未必需要教材,但是可以做一套配备给家长的辅助教材。让家长明白幼儿园教育和幼儿发展的关系,并且更好实施匹配的家庭教育。这是一件十分有意义的事情。

【大脑的浸润状态】

大多数人都有过到一个陌生城市问路的体验,初来乍到,我们向当地人打听到目的地的路线,将之记在纸上,集中注意力按路牌、地标一路找过去。路线往往能保证我们不走弯路,但是在这个过程中,因为注意力完全集中在路线上而忽视其他许多信息,比如,气候、风景、路人、建筑等,所以,这个城市对他们而言仍是陌生的。如果我们有充足的时间在这个城市自行摸索,也许会走不少的弯路,但在这个走弯路的过程中,我们不断地熟悉起当地的建筑、街道的组织……开始获得对这个城市的整体印象,创建一个地图。我们的大脑就是一个生活在它自己的城市中的唯一的市民和主人,我们对自己这个城市了如指掌自动反应,但是这个城市的一砖一瓦、一草一叶都不是凭空产生的,它们来自生活的积累,来自我们自出生以后所接触的整个环境对我们的熏陶,我们被浸润在这个环境中。不管有意无意、愿不愿意,我们的大脑始终处于浸润状态。

家庭是一个结构,生命早期大脑成长的环境,由这个家庭中的其他一颗颗大脑的"城市地图"以及它们主人之间的互动模式所决定。是他们决定了房间的颜色和大小,是他们决定了吃的喝的玩的,是他们决定了说什么唱什么听什么看什么,也是他们决定了出去和回来。这种互动的环境对大脑早期的发育起着至关重要的作用。

所以,我们每一个人都是身边人大脑成长的环境。小孩子在家庭里成长的过程,其实是家庭成员用他们的言行举止不断雕刻这颗快速发育的大脑的过程。在生命早期,孩子们对这个过程是无能为力的,他们只有去适应家庭中成年人所创设的环境。直到孩子长大一些,他们有了更多自主的选择、判断和行为能力,家庭中的成年人应孩子而采取相应的态度、行为,塑造就成为一个双向的过程。所以,养育孩子的过程,也是父母亲重新塑造自己的过程,当这个过程完成得顺利,我们喜欢叫做获得了成长;可是,当这个过程完成得并不顺利,遭遇挫折,陷入痛苦的纠葛,我们就不会感觉到获得了成长。观察发现,很多父母属于第二种停滞了成长的情况。他们在伴随孩子成长的过程中,一路处于焦虑状态。

父母亲如何发觉造成自己养育和教育孩子的焦虑和困惑?前面第一章第二章的内容,是很好的自我观察工具,通过它们,我们可以更好地自我反省。这是一种向内学习的过程,是从自己遭遇的生活经历中,观察和反思自己的内心,中国古人讲的"反躬自省"就是这个意思。没有这个反躬自省的过程,家长们陷在事情矛盾漩涡中出不来,自然也找不到更好的支持孩子的方式。孩子们则身不由己地开始抗拒父母亲的教育,事情将会陷入人们通常说的"恶性循环"。这种恶性循环,在0—6岁的家庭养育过程中,还不明显体现出来,随着孩子年龄增大,在中小学阶段会逐渐明显地体现出来。

案例:

岩岩是一名小学一年级新生,入学才半个学期。被怀疑有多动症,去儿童医院看过了,被诊断为轻度多动症(不敢恭维那位医生,是怎么诊断出这个轻度多动症的)。父母在忐忑中前来接受心理疏导。

岩岩读书效能不高,上课容易走神,作业质量不高,而且拖延。最让父母亲焦虑的是,岩岩几乎每天晚上都不肯安心睡觉,一定要到父母房间里吵闹游玩,在房间里怎么吵闹游玩呢?比如叫父母亲陪她玩捉迷藏游戏,要求父母亲按照她的编排来玩;或者爬到窗台上,再跳到父母亲床上,再在床上打滚,不休息,也不让父母亲休息,一直到玩累睡着了,父母再把她抱回自己房间。那个房间有两张床,岩岩和奶奶同住一个房间。

跟一年级小孩子语言沟通来咨询是比较困难的,岩岩喜欢画画,妈妈说画得不好看,就是喜欢画(你看妈妈这话说的,对孩子来说,画画是一种表达,跟妈妈认为的画得漂亮,压根儿是两码事。这位妈妈不懂孩子)。我问岩岩,能不能画你们学校呢?岩岩很乐意画他们的学校。她快速地先画太阳,太阳是笑脸样子的;再画两块云朵,在两朵云之间,快速画了八根弧线,她数都没有数,八根弧线七色彩虹一气呵成。接着在云朵上画了四个小孩子;然后她画了一个高楼(他们的教学楼),高楼5层,每一层画了两个窗户,看得出来是大楼的侧面;楼前一个旗杆和两个升旗的人,还有一个篮球场上有篮球架,还有小朋友在打篮球;教学楼前段延伸出一条走道,上面有两个人,画得比较具体一点;大楼后面(画面的最左侧)是一棵大树,树冠里长满大苹果,树上的纹路画得很清晰整齐。她很快画完了,让人觉得仿佛她之前已经画过一样。当然,即便以前自己画过,也不碍事。发现我能一一认读出她画的内容,岩岩很高兴。我问她这么多小朋友,你在哪里。"我在这里,"岩岩指认出画面中走道上两个人物中画着明显的两条大辫子的说。确实,那两个学生画得要比其他的具象一些,那个扎着两条大辫子的特征更加明显。问她这个岩岩在做什么呢? 她说,她喜欢跟某某(画面中另一个在一起的女孩子)在一起玩,我和她在一起。"你们两个在一起做什么呢?""我们在一起,我们一直到那个走廊那里去的,下课了,我们就到那里。"岩岩答非所问,在情理之中,因为她们啥也没干,她们只是下课了就到那里。她们不知道她们自己为什么到那里,只是下意识地到了那里——那个位置可以看见教学楼,也可以看见操场,还有花草。

我们大致可以想象岩岩上课时候走神,她的注意力去了哪里。老师也可以知道,如果她的老师比较细心,并且能够用同样的方法来观察岩岩。岩岩是一个还不会学习的学生,她还不知道怎样做一个学生。

显然,岩岩喜欢他们的学校,并且她对学校的认知更多是在环境和人群活动上,她被这些课堂外的生动内容吸引,但她自己又没有参与其中,她是精彩校园生活的旁观者、感受者,是精彩的美慕者而不是创造者。她美慕升国旗的同学、打篮球的同学,她喜欢同学们的快乐气氛。

她还比较在意自己，关注自己。她的精神世界被好奇和幻想充斥着，那可能是她一直向往又缺乏的东西。

岩岩说，她还能画他们家。

给岩岩一张新的A4纸，同样的，她先画了太阳和云朵以及彩虹。这次云朵上没有小孩，而是云朵边上画了一只蝴蝶和一只蜜蜂。接着一样是高楼，五层，楼梯口站着两个人，那是她的爸爸妈妈，岩岩说爸爸妈妈要出去。画面中间是一棵大树，同样树冠中画着大大的苹果，树干也是纹路清晰，左右相间，圈圈树轮。树的另一边画了一个扎着两条辫子的小女孩，那是她自己。妈妈画得比爸爸详细一些，有脸部表情，特意花了眼睫毛和嘴角笑容细节，妈妈的衣服特色和高跟鞋也都画了出来，爸爸的脸部画得概念化，没有细节，五官也是象征性的。对爸爸唯一细节化的是他的衣服拉链头，岩岩说爸爸的拉链一直在这里（肚脐眼位置）。从这里可以看到岩岩平时跟妈妈亲近得比爸爸多一点，对爸爸的脸部表情连接比较缺乏。

一般情况下，孩子会把自己画在爸爸妈妈中间，像这样把自己画在远离父母的位置，中间还隔了那棵大树，不多。岩岩说自己在花园里玩，也就是说在他们家楼下小区绿化带里玩。问她爸爸妈妈要去哪里呢？岩岩说不知道，反正他们一直自己出去的。

我问："你一个人在那里玩吗？"岩岩说："其实我还要画个人，现在画不下了"我用订书机给她接上一张新的纸，岩岩继续往右边画。她画了奶奶，奶奶是画面中最具体和细节化的人物。奶奶的头发是岩岩用笔涂抹黑的，五官很具体，奶奶的另一个突出细节是她的手提袋，上面的纹理也画出来。岩岩说奶奶去买东西了，袋子放的是奶奶买的东西。她经常和奶奶在一起，奶奶还带她去菜场。

岩岩他们家发生的情况，已经全在岩岩的图画中表露出来了。岩岩的父母亲是普通职员，他们也没有什么重大家庭事业在做。他们年纪轻，结婚早。尽管有了孩子，他们还过着小夫妻的恋人模式生活中，孩子完全由奶奶抚养。奶奶没有更多能力和精力来丰富岩岩的精神世界，对这位老人来说，把孩子带大已经尽其所能。我们可以想象这样一幅画面，奶奶带着岩岩去菜场买菜，包里还放着岩岩喜欢吃的酸奶。祖孙两个回家途中碰到奶奶的老姐妹老街坊了，两老人站下来唠嗑，这一唠就唠了个把小时,岩岩在旁边住宅区的小花园里玩呢,玩啥,跟蝴蝶蜜蜂对话呗。这个孩子,缺少父母亲的精神关注,也缺少精神方面的拓展。岩岩的精神世界相对比较匮乏。

自从岩岩读小学以后,爸爸妈妈开始行使教育措施,妈妈跟岩岩讲故事,岩岩要听妈妈讲故事的,可是听完故事她还要闹个不消停,妈妈很无奈。显然,妈妈试图给岩岩讲故事,让她安定下来。实际上,这个事情是在岩岩2岁时候开始做的,现在已经读小学了,妈妈讲的故事已经不是她盘中要装的菜。那么,岩岩的盘中想要装什么菜呢?岩岩自己不知道,一个精神空间相对匮乏的孩子是不知道自己盘子里要装什么的。别人装的东西她吃不了,自己又不知道要装什么,这个菜盘子的主人确实对自己够不满意的了。岩岩就是这样的情绪下,来跟父母亲闹腾的——实际上她未必知道自己在闹腾什么,也不知道自己想要通过闹腾得到什么。这就是问题。这不是多动症,这是在向父母索取精神关注。

这种获得精神关注的诉求是体现在家庭生活中各个细节上的。岩岩可能身不由己需要跟父母亲一起睡觉,她想睡在爸爸妈妈中间。可是这一对父母觉得,一年级了,就应该自己睡自己床上去。那就闹腾了……如果爸爸妈妈猜出女儿心思,邀请女儿一起睡觉,女儿安然入睡,第二天她就睡自己床上去了,过两天可能又来了,或者是自己睡到半夜突然跑过来了。这些,都是这个时候正常的现象,父母只要给予正常关注和满足,孩子觉得安定自在,她会最终习惯并喜欢一个人睡的。可是,岩岩父母这一对从来没有过孩子睡在旁边的养育体验的父母,他们自己可能不能适应这种睡觉方式。这是他们需要突破的地方,当岩岩获得了她自己也不知道的精神关注之后,父母才有机会加注精神食粮,包括讲故事、课外阅读、课内学习等方面,那么岩岩就学会学习了。这个过程需要父母亲来完成。外人无法替代,心理疏导工作者也不能替代。事实上心理疏导人员在看见岩岩父母已经开始行动时,就可以结束咨询关系。我们不能决定他人的命运,当变化已经开始发生,就应该退出。让事情按照它本来的面貌发生,而不是按照我们的意图发生,我们的意图不会契合事情。岩岩会成为岩岩家庭中的岩岩,岩岩父母爱的滋养下的岩岩,而不会成为别人意图中的岩岩。心理工作者必须懂得这个基本法则。

**【多元智力理论和家庭教育策略】**

1983年，美国哈佛大学心理系教授加德纳提出了关于智力的新理论——多元智力理论。他认为，智力是一种能力或一组能力，这种能力或这组能力可以使个体顺利地解决有关问题或在特定的文化背景中创造时尚产品。多元智力包括这样七种智力：音乐智力、身体—运动智力、逻辑—数学智力、语言智力、空间智力、人际智力和个人内省智力。除此以外，加德纳认为可能还存在其他的智力，如灵感、直觉、幽默感、创造力、烹调能力、嗅觉，以及综合其他智力的能力等，但要将它们作为独立的智力提出来，目前还缺少足够的证据。

多元智力理论的提出对于社会各界的普通老百姓具有广泛的激励作用。

第一，加德纳强调"每个人都同时拥有7种智力"。不过，这7种智力在每个人身上的结合方式并不相同。有些人可能在所有的方面或某些方面具有较高的水平，而另一些人则可能在其他方面表现杰出。当然，还有一些人可能在所有的方面都处于很低的水平。世上的绝大多数人介于中间状态。

第二，加德纳认为大多数人的智力都可以发展到相当的水平。在现实生活中，那些常常为自己在某一方面无能而感到自卑的人，可以从多元智力理论中得到鼓舞。加德纳认为，如果给予适当的训练、鼓励和指导，每个人都有能力使所有的7种智力得到一定的发展。

第三，人的各种智力是以复杂的方式协同作用的。尽管加德纳强调他所确定的7种智力是有充分的依据的，但他同时也指出，每一种智力实际上都是虚拟的，在现实生活中没有任何一种智力是独立存在的，至少对于正常发展的人来说是这样的。即使是完成一些看起来最简单的活动，各种智力通常也总是协同作用的。

第四，每一种智力都有多种表现方式。很难找到一个合适的标准来评价人的聪明与否。这就是说，同样具有很高语言智力的两个人，其中一个人可能是文学家，另一个可能是文盲，但他能生动地讲解许多故事并赢得听众的喜爱。同样，一个在操场上表现得非常笨拙的人，却可能具有很高水平的身体—运动智力，因为他（她）在工艺制作或棋类方面表现非凡。

发展心理学研究的结果表明,每一个人,每一种智力都有其独特的发展过程,而且它们发生的曲线是不一样的,换句话说就是发展规律是不一样的。人的音乐智力可能发展得很早,像莫扎特那样的著名音乐大师4岁就开始作曲,并很快达到很高的水平。但是,身体—运动智力就不一样了。人们不能指望一个4岁的儿童成为运动健将或成为一个表演家,也很难期望著名的运动健将或表演家在他们的晚年仍处于很高的水平。同样,逻辑—数学智力的发展曲线既不像音乐智力,也不像身体—运动智力。一个数学家过了40岁可能就很难再有什么惊人的发现了,但对于小说家,40—50岁正是创作的黄金时机,而对于绘画,一个人甚至可以在退休之后开始学画并最终成为画家。

总之,多元智力理论强调每一个人都会以丰富的方式表现其特有的天赋。每个人都会有自己的强项和弱项。父母没有必要用自己孩子的弱项去与他人的强项比较,从而无地自容;也没有必要用孩子的强项与他人的弱项比较,从而趾高气扬。每个孩子都将是平凡而又杰出的。

同时,家长们还要注意到每一个人的个体发展,既有普遍性规律,也有个体优先次序的差异。比如早期的时候,有些孩子先会走路再会讲话,有些孩子则先会讲话再会走路,这种差异有时候可以到很惊人的程度。但是,对于这些差异家长们不要太过在意。我儿子还没有会走路的时候,就已经会讲话。儿子在语言方面的发展确实很令人满意,也很令他自己满意。从小就会阅读书籍,阅读拓展了他的视野,也增长了他的理解能力和表达能力。儿子的精神世界由此变得更加丰富。但儿子却对自己的体育不满意,小学四年级时候出现体育考试不及格的情况,他觉得自己力气小。我告诉儿子他力气并不小,只是还不会使用力气,以后会好起来的。等到了初中,从六年级到七年级,儿子的体育发生了巨大的变化,他开始说自己力气大了。六年级的时候,喜欢打篮球的儿子还只能近距离投篮,一年以后,他可以毫不费力地投进三分球,并且经常由于用力过猛而砸得篮板剧烈抖动。

倘若我不顾儿子个体特质,在他语言快速发展的时候去训练他正处于种子休眠状态的肢体力量,看起来进行了所谓的短板补缺,其实是得不偿失的行为。只有到了儿子的体育开始快速发展的时候,加强这方面的练习,他才可以在短时期内获得长足发展,把篮板砸得嘎吱作响。所以,家庭教育首先要遵从被教育者个体特质的差异,同时再要关注心智成长的一般规律。

**【幼儿园学习和家庭教育策略】**

家长明白幼儿园教育和幼儿发展的关系,并且更好实施匹配的家庭教育。这对孩子成长是十分重要的事情。

那么,幼儿园到底教了什么呢?这里选摘部分幼儿园教学资料的目录,以飨读者,并且一起来理解这些内容对孩子的意义。(注:请原谅我的偷懒,我仅以所在地区上海市公办幼儿园的现行教学内容为例来解读幼儿园教育。)

在上海,幼儿园老师手里都有一套全市统一的"教师参考用书",是幼儿园三年的教学内容和课堂实施参考建议。

小班目录

1. 小宝宝:学用普通话说出自己与同伴的名字,能关注自己与同伴的五官与四肢;教学举例——男孩女孩排排队。

2. 娃娃家:了解自己的家和家人,亲近父母和长辈,以各种方式表达自己的情感;教学举例——扮家家。

3. 好听的声音:喜欢听辨周围的各种声音,区别不同的声音以及所表示的意思;教学举例——会唱歌的车,各种车辆的声音辨识。

4. 小兔乖乖:爱听童话故事,喜爱观察照顾小兔,并有兴趣参加装扮活动;教学举例——小兔乖乖的故事。

5. 学本领:体会每个动物有各自的本领,有兴趣地学做各种模仿动作;教学举例——小动物过桥。

6. 苹果和橘子:认识常见的水果,感知它们明显的特征;教学举例——装水果篮。

7. 小司机:了解常见车辆的不同外形,体验车辆给我们带来的方便;教学举例——车轮骨碌骨碌转。

8. 小医生:识别常见医药用品,理解人们生病需要医生治疗才能恢复健康,遇到打针吃药不害怕。

9. 不怕冷:感知冬季明显的季节特征,愿意参加暖和身体的活动;教学举例——晒太阳。

10. 过年啦:感知春节、元旦的热闹景象,喜欢参加各种形式的节日活动,体会新年的快乐;教学举例——做元宵。

11. 我的幼儿园:乐于参加集体活动,体验幼儿园生活的快乐,能遵守简单的集体规则;教学举例——玩具要回家。

12. 熊的故事:尝试用各种方式表述故事情节,对物体的大小进行比较或匹配;教学举例——三只熊搬家。

13. 好朋友:喜欢自己的朋友,体验与老师、同伴一起活动的快乐;教学举例——小猪的野餐。

14. 白天和黑夜:有观察太阳、月亮的兴趣,区分白天和黑夜;教学举例——不怕黑夜。

15. 小花园:喜欢观察周围的花草树木,有爱护它们的情感;教学举例——种花。

16. 动物的花花衣:喜欢、亲近各种常见的动物,分辨动物明显的特征;教学举例——黑白皮毛的朋友。

17. 雨天:感知雨天的自然景象,感受雨中活动的快乐;教学举例——下雨的时候。

18. 理发师:了解理发师的劳动,愿意理发;教学举例——学做理发师。

19. 夏天真热呀:感知夏天明显的气候特征,乐意参加各种使身体凉快的活动;教学举例——我们来洗澡。

20. 好玩的水:初步感知水的性能,尝试利用水玩各种游戏,并体会玩水的快乐;教学举例——冲泡饮料。

这些内容,涉及生活的各个层面。刚入幼儿园的小朋友,普遍还很自我关注。自我关注,是说刚入幼儿园的小朋友,带着家庭养育中已经形成的自我感而来,他们习惯于从自我角度来关注在环境中的感受,对幼儿园环境提出满足他们自己需求的期待。

小班的这些学习内容,实际上是一种载体,这些内容的知识本身并不深入,掌握这些知识并不重要,重要的是感受这些生活中的对象,包括感受自己。小朋友们动用身体的各项能力去感知对象,这个过程将孩子的注意力由自我引向环境。他们需要学会关注环境及其与自我的关系。在这个过程中,孩子们不仅关注自我在环境中的感受,开始学会关注环境中的对象,关注自我与对象的区别和关系。他们会有自我关注发展到关注自我——通过小班一年的生活,小朋友开始形成团体归属感,学会关注自我在团体中的行为和意义感,开始以自我是否符合环境的需求为满意度指针,对自己提出符合环境需求的期待。

那么，在这一年里，家长该如何更好地陪伴孩子成长呢？

第一，解决入园困难。

第一次离开父母进入幼儿园，孩子们普遍有一个适应的过程。入园困难普遍存在，越是困难的孩子越需要父母亲耐心面对，当孩子哭闹的时候，父母亲的愤怒会加剧孩子的分离焦虑。父母亲创造平和愉快的交接，把孩子交给老师，孩子们的分离焦虑要小很多。对于入园困难孩子来说，可以缩短分离时间，增加接送频次。在一个并不太长的时期内，逐步增加分离时间，促成孩子自然而然适应了一个符合幼儿园教学要求的分离时间。根据孩子实际，我是比较赞成幼儿园在进行入园适应的时候，采用逐步增加分离时间，逐步减少接送频次的方式，来实现孩子们可以一整天在幼儿园，家长一天接送一次。这个适应过程设计在一个半月左右比较合适。但是，家长们必须配合的是，送入幼儿园之后，未经安排，不要在分离时间内去观望孩子，这会增加适应困难。当孩子的注意力正在老师创设的情境中的时候，家长不要干扰，否则适得其反。

第二，重视角色扮演。

家长可以跟孩子讨论幼儿园里的各种角色。包括老师、同学和其他工作人员。让孩子回忆做幼儿园学生的样子，引导孩子描述有趣场面，有利于他们行为确证——愿意去继续扮演好这个快乐的幼儿园学生。也可以让孩子模仿老师，他们会从模仿老师中得到快乐，而且他们会更加关注老师在班级里的"表现"，这有利于他们的注意力转移到学习生活中。在这个注意力成功转移的过程中，孩子们尝试到"社会愉悦感"——成功参与社会活动（形式多样的课堂内容和活动）让他们获得了心理上的奖励。

第三，保持游戏。

之前说2岁孩子就喜欢游戏，到了小班，孩子更喜欢游戏。一般人认为游戏没有多大意思，只会消耗精力、弄脏衣服。其实，游戏对儿童心理发展起很重要的作用：正当的游戏不仅能增强体质（特别是活动性游戏），而且它还是一种认识世界的手段，可以促进儿童智力发展，在儿童认识周围世界、认识事物与事物之间、人与人之间的关系中起着特别重大的作用，对于培养良好的个性品质也有着重要作用。

游戏不仅以想象为条件，而且还能促进想象的进一步发展。在游戏中儿童不仅要活动而且要想象。他们常以"假装"、"好比"、"好像"等词来表示想象的事物。他们要把自己想象成所"假装"的人物,模仿所想象的角色来行动,而且力求装得和实际情形一样。他们还要以想象的东西来补充缺少的东西;以一个物体来代替另一个物体,这样就促进了想象的发展。

在游戏中,首先要决定游戏的主题和情节。儿童互相商量是玩"娃娃家"、"商场购物"、"医院看病"还是别的生活场景,定了主体情节还要分配角色;确定用什么物品来代替什么用具;如果没有现成的用具,还要设法去找、去做等。这一切都需要儿童积极的构思和不断地解决问题,这样,游戏本身就促进了思维的发展,尤其有利于问题的解决。

由于在游戏中往往重复地反映着儿童经历过的事件,因此游戏可以对知识起加深理解和巩固记忆的作用;在游戏中,由于扮演角色的需要,儿童必须自觉地、积极地、有目的地去注意和记忆某些游戏的规则或追忆事件的情节,这就发展了儿童的有意记忆和有意注意。儿童在做游戏角色时,还能体验到不同社会身份成员之间的关系。比如医生和病人的关系、父母与孩子的关系、营业员和顾客的关系等。在游戏中按照规则来行动,是的儿童们学会了自己的行为要服从于一定的目标和任务,因此游戏也有利于意志行动的培养。

总之,游戏是一种特殊形式的实践活动。它之所以与其他活动不同是因为它的动机不在于结果而在于动作本身。它对幼儿心理的各个方面的发展都能起促进作用,而且对幼儿心理的发展来说,通过游戏的形式较通过其他活动形式更为有效,因此游戏便成为幼儿期的主导活动。当然,游戏在儿童心理发展上的良好作用,绝不是自然而然实现的,而是跟成人的组织引导分不开的。尤其是儿童们的群体游戏,现代城市楼宇生活空间,孩子群很难形成,儿童们的群体游戏缺乏。幼儿园成了最佳孩子群环境。也有很多家长们开始建立家长群体,来帮助孩子们有群体活动。

第四,讲故事与早期阅读。

儿童发展心理学认为3—7岁是人一生中词汇增加得最快的时期,7岁时的词汇量能增长到3岁时候的四倍。儿童在掌握各种不同的词类的同时,所掌握的每一个词本身的含义,也逐渐确切和加深。词汇的积累是伴随着句子的发展同步的,儿童在使用词汇的过程中,从成年人那里学到语法结构,他们的句子由简单到复杂,得到快速发展。儿童经常不能讲完整的句子,会漏掉句子成分,随着年龄的增长,句子逐步完整,到6岁时,儿童的句子一般已经较为完整。

随着词汇和语法结构的不断掌握,儿童言语的口头表达能力也逐步发展起来。体现在两个维度:

第一个维度,是从情境性言语过渡到连贯性言语。学前初期的儿童,言语表达能力一般还很差,还和前幼儿期差不多,带有很大的情境性,还不能连贯地叙述。他们的言语还是断断续续的,想到什么就说什么,往往缺乏连贯性、条理性和逻辑性。如在回答"昨晚做了什么"的问题时说:"看到解放军,在电影里面,妈妈带我去的,昨天晚上。"讲的时候好像别人已了解他要讲的内容似的,并且附加许多手势和表情,这种要别人边听边猜当时情境才能懂得的语言叫"情境性语言"。据研究,随着年龄的增长,情境性语言的比例逐渐下降,连贯性语言的比例逐渐上升。整个幼儿期就是情境性言语向连贯性言语过渡的时期。到6—7岁时才能比较连贯地进行叙述,但其发展还是不完善的。幼儿教育工作的任务之一就在于促进这一过渡。在正确的教育下,儿童到学前后期,连贯性语言就可逐渐占主要地位。言语的连贯性往往是思维逻辑性的一个重要标志。

第二个维度,是从对话言语发展到独自言语。3岁以前的儿童,在大多数情况下都是在成人帮助之下与成人一起进行活动的,儿童与成人的交际也正是在这样一种协同活动中进行的。所以这种交际就采取了对话的形式。这时儿童的言语往往只是回答成人提出的问题,有时儿童也向成人提出一些问题和要求。

到了学前期,随着儿童独立性的发展,他们常常离开成人进行各种活动,从而获得各种自己的经验、体会、印象、意向等。在与成人交际的过程中,他们有必要向成人表达自己的各种体验或印象。这样,报道、陈述等独自言语也就逐步发展起来了。当然,在幼儿期独自言语的发展还是很初步的,最初由于词汇不够丰富,表达会显得不够流畅,叙述时常会用"这个……这个"或"后来……后来"作助动词,在正确的教育下,一般到6—7岁时,儿童就能较清楚地、有声有色地、系统地描述看过或听过的事件或故事了。

从小班教学内容目录,我们可以发现,幼儿园并没有刻意教授孩子语言,孩子们的语言发展是在幼儿园生活和家庭生活中,与老师同学和家长交流互动中,得到锻炼的。幼儿园的教学内容,丰富了孩子们的词汇和对词汇含义的理解。通过感知生活情境中的事物,来正确理解与之对应的词汇的真实含义。而这些事物和对应的词汇,是日常生活中经常碰到的,也就是说,幼儿园在规范和清晰词汇的真实含义。如果家长以前对所有的车子都叫做"车车"的话,现在孩子要明确"小汽车""大卡车""救护车""消防车",他们还要在老师的引导下,通过声音来辨识这些词汇所包含的真实意象。

家长在家庭生活中是否也应该使用标准语言,表达准确含义呢?这个答案是不言而喻的。不仅如此,我一直质疑传统心理学低估了儿童语言的发展。传统儿童发展心理学的研究,体现的是某一时代背景下儿童们的平均发展水平。这里包含两层意思:第一,有好多小孩子的语言发展水平在这个平均值的上面,如果你想要孩子高于平均水平,那么你就不要等待孩子的语言能力发展到某个水平;第二,在不同的社会发展时期,由于父母个人文化水平、生活关注、养育能力和未来期望的不同,他们养育孩子的要求和方法也不同。观察发现,在当今知识经济时代,儿童的语言发展高于以往的研究成果,其整体平均水平在上升。所以,语言的发展是一个很有个性化的发展过程。

如前文所述,那些从一开始就注意跟孩子语言交流的家长,他们带出来的孩子从一开始就感知到准确的语言,孩子们对词汇含义的理解比较准确,他们的完整句子表达能力来得比一般孩子早一些,甚至早很多。所以,对于家长们来说,用语言跟孩子的交流和共享,是一件非常重要的事情。给孩子讲故事,和孩子一起分享故事,那些故事中的语言是完整而又连贯的,并且是带着很多情感色彩。听着这些故事长大的孩子,他们的语言和注意能力都得到了很好的锻炼。

那么,怎么样讲故事比较好呢?最好是配有图画的有情节的故事,根据自己孩子的听故事基础水平,选择故事的复杂和语言的难易。那些在0—3岁,已经有了比较好基础的,可以选择的空间会比较大。我儿子在小班时候,我们可以直接用《西游记》连环画来讲给他故事。因为他在两岁到三岁的这一年,已经可以和成年人聊天。在托班(小班前一年的托幼班)时,接送小朋友的小车司机,会把副驾驶位置留给我儿子坐,因为这个小朋友可以陪他一路聊天到幼儿园;在幼儿园午间睡觉,他不想睡,就在办公室和老师说话聊天。他的语言发展水平高于同龄小朋友,因而他的快乐来源也比同龄小朋友丰富。这种看图讲故事,是一种很好的早期阅读方式。

中班目录

1. 我爱我家：尝试采用多种方式收集身边的信息，了解自己的家；尊敬父母和长辈，感受家的温暖。教学举例——我家的房间。

2. 身体的特征：认识自己身体主要部位的外部特征，体验它们的作用；运用测量和比较的方法，体验自己在长大，并为自己的长大而高兴。教学举例——我长大了。

3. 在秋天里：感知秋天的季节特征，观察各种动物的变化；了解秋季人们如何收获农作物，乐意参加各种收获活动，体验丰收的快乐。教学举例——水果店。

4. 我在马路边：观察马路上的各种车辆，尝试按某一特征进行归类；了解交通设施，并有兴趣识别马路边的标记、数字及其含义，初步了解与人们的关系，并理解和遵守交通规则。教学举例——幼儿园门前的一条路。

5. 好吃的食物：喜欢参加各种制作活动，通过观察、品尝，分辨食品的色香味，知道各种食物都有营养；观察人们购买、烹饪食品的过程，体验其乐趣，并学习有礼貌地交往。教学举例——买菜。

6. 水真有用：体验人们的生活离不开水，初步理解人人都要爱惜水的道理；尝试用实验、比较、记录等方法，感知水的特性。教学举例——水的变化。

7. 寒冷的冬天：关注冬天各种自然现象，了解动植物不同的过冬方式；喜欢参加各种有趣的冬季活动，体验人们能用各种方法抵御寒冷。教学举例——不怕冷的树和花。

8. 玩具总动员：乐于尝试探索各种玩具的玩法，了解它们不同的性能和作用；愿意和同伴分享玩具，初步体验游戏规则的意义，并愿意遵守。教学举例——招待小客人。

9. 幼儿园里朋友多：关注同伴，愿意与同伴友好交往，体验与老师、同伴共处的快乐；了解自己是集体中的一员，形成初步的合作意识、规则意识和任务意识。教学举例——我们都是好朋友。

10. 在动物园里：观察了解动物的外形，关注它们不同的特征，并比较异同；愿意运用多种方式表达自己对动物的喜爱。教学举例——谁的尾巴。

11. 春天来了：了解春天是个万物生长的季节，关注自然环境的变化；感受大自然美丽的景象，以各种方式表达自己的情感与体验。教学举例——春天的朋友在哪里。

12. 周围的人：关心周围人们的活动，了解常见社会成员的工作及与我们的关系，并尊重他们的劳动；体验社会成员之间的相互关心和交往合作。教学举例——猜猜这是谁的包。

13. 常见的用具：认识生活中各种常见的用具，了解它们的不同用途；愿意学习使用一些简单的工具，体会它们给人们带来的方便和快乐。教学举例——小家电表演。

14. 交通工具：观察了解火车、飞机、轮船，体会它们给人们带来的方便；了解乘坐不同交通工具的简单常识和规则，并学习遵守。教学举例——小熊乘飞机。

15. 火辣辣的夏天：观察夏季的各种自然现象，体验夏季是炎热的季节；了解动植物怎样适应季节的变化，以及人们怎样用各种方法度过夏季。教学举例——夏天的朋友。

从目录可以看出，中班幼儿园的教学活动，已经重视儿童对于事物特性和生活现象的概括。此时他们的语言已经得到快速发展。儿童语言能力的发展一直是心理学界的重要话题，在中班这个时候，通常是孩子们的"自我中心言语"向"社会性言语"发展的过渡时期。自我中心言语即个人言语，是儿童自己对自己说的话，是非交流性的、非社会化的。"社会性言语"是儿童用以与别人交流思想、进行交际的言语。儿童言语的发展路线是从自我中心言语发展到社会性言语。随着年龄的增长，自我中心言语会逐渐减少。对自我中心言语的解释，心理学不同研究流派有不一样的说法，莫衷一是。作为普通父母，未必要清楚为什么，知道它是怎样的，更有意义一些。父母们会发现，我们的孩子有时候会边玩玩具边自言自语，他们在自编自导，这是在把玩语言呢。就像幼年小狮子在扑腾某片不听话的树叶一样，树叶本身并不好玩，但是它沉浸在扑腾的过程中，实际上它在把玩自己的利器——爪子。狮子通过把玩爪子，到相互嬉戏演习爪子，到使用爪子捕猎，这是一个对自己利器的掌握过程。同样，人类的利器是语言，幼年孩子边玩边自言自语，实际也是在把玩他们的利器——语言。孩子们通过把玩语言，到与他人互动中演习语言，到使用语言适应社会生活，也是一个对自己利器的掌握过程。

幼儿园中班的时候，孩子们已经适应幼儿园集体活动。之前小班短短一年间，孩子们由尝试适应幼儿园生活到投入其中，他们已经形成团体感念，在班级这个团体中，他们正在增加自我认知感。自我展示，是一个心理学专用术语，是说人们为了自我安全感和自尊感诉求，在别人面前展示出他们粉饰过的行为。这是人类大脑的自我安全感策略之一，中班的小孩子还没有学会这种自我装扮。但是，孩子们愿意展示自我，也就是说他们乐意在环境中（别人面前）表现出自我的能力和成就，这是一种自我满意和信心；同时也是一种锻炼，对于孩子来说，他们可能从中体验到自我能力，主要的是他们通过展示自我可以获得"优越感"——优先关注权。每个孩子都希望获得优先关注，对于家长来说，提供孩子展示自我的机会和赏识孩子的展示，是一件重要的事情。这会有助于孩子社会性言语的快速发展，也是他们社会适应能力的快速发展，他们很快学会在社会活动中体验到自己，用时下比较流行的话语来说，孩子能刷到存在感了。

在幼儿园，老师是怎样鼓励孩子们展示自我的？家长有没有创造机会让孩子展示自我并获得成就感？这是一个相当微妙的精细化过程。很多家长并不会配合老师的专业化教学安排，比如：老师安排一次自助餐活动，前来观摩活动的家长可劲地指导和要求孩子挑什么东西吃，还会出手帮忙拿食品——家长们可能想让孩子吃得好一点，实际上妨碍了孩子们展示自我，剥夺了他们展示自我的机会。这里选用一篇我自己早些年写的日记，完整地记录了一堂家长开放日的幼儿园教学活动课，或许可以启发好多家长。

【2004年1月10日，和儿子一起读小班】

儿子，今天终于有机会和你一起读小班。陪你上课是种感动，在你那小小的幼儿园里，爸爸一直被你感动着。

因为家长、听课老师等客人的到来，你们穿上了幼儿园里统一的小罩衫。你们忙碌着，当爸爸进门找寻你的时候，爸爸突然意识到你就那么长大了，你已经拥有了你自己的群体。这个还懵懂的群体说不定会伴你好多年好多年，甚至一生。——世界那么奇妙，是谁主宰你属于这个集体，是谁把这个集体安排给你，你要在这个集体中学会学习、学会成长、学会很多在家里学不到的东西。儿子，在这儿爸爸第一次真正感性地认识到你属于你自己。幼儿园里那件十分简易的小罩衫，你却视为珍宝。今天出门奶奶给你多穿了件衣服,当爸爸要为你脱去里面的绒线背心时,你万分不舍,情愿热得汗涔涔也不许爸爸脱下你的小罩衫。爸爸知道,这是你对你们豆豆班、对你们老师的情感使然。

你从来不肯落后,而且颇具战略思维。当老师宣布小朋友们先去室外活动时,爸爸还没替你穿好外套。你急得哭了:"你干什么脱掉我的衣服啦,我要去开车子了呀!……"爸爸明白,这时你的小脑袋里想的是去晚了,就轮不上你了。你早已谙熟时间与机会的密切关系,是这么多日子来的集体生活,教会了你快速反应才能博取机会,今天你为机会的丢失而流泪,这是委屈啊。孩子,你要记住,生活有时会委屈你,但它不会欺骗你,当你收起眼泪的时候,你还能把握机会。

你噙着泪奔到场地上,蓦然发现今天人少,还有车子在那儿美美地等着你。你欣喜若狂,骑上一辆,满场飞奔。相比你的小伙伴,你更加活跃:从操场这一头深入到另一端,好大一个圈子绕过来。当你独自一人冲出人群,穿梭在远处大型玩具间,再掉头"拍马上前(这是你模仿关羽时常用的词)"时,爸爸欣慰地看到了一个视野宽阔、生龙活虎的小男孩。你已经拥有出类拔萃、奔腾激越的雏威。爸爸相信,这股信心和勇气会把你送得很远很远。当有一天,你这么冲向远方的时候,孩子,你不要犹豫,更不要回头。爸爸会为你祝福。只是前进的道路可能暗藏危机,不像今日的场地般平坦。可你并不理会这些,只驾着你的猛士之车,向另一些个子高高的空车撞去,你甚至邀上了你的好朋友,一齐向那障碍物撞去……爸爸不担心你会翻车,也许你正需要这股勇气,一直到永远。

带着这股勇气,你回到了教室。当老师宣布正式上课时,你已经发现了亮着的电脑显示屏。你穿过众多大人小孩的腿,独自端坐前方正中间。别的孩子都坐在家长两腿间,只有你距爸爸三尺之远独坐前端。你侧目看看爸爸,笑一笑,但没过来,盯上了屏幕。爸爸知道你不想放弃最好的机会,你觉得很安全,你充满自信。这份自信和自主,使你在这一圈围坐的大人孩子中很显眼,你坦然地享受着这"众星捧月"般的荣耀。

当屏幕上内容放完,开始按老师的要求看自己照片听爸爸讲小时候生活故事时,你爬了过来。但你很快对照片表示不满——"这些我都知道了,计老师说要讲我小时候的照片呀!爸爸,你拿来了吗?"此时,我才真正感受到了什么叫童心不可欺,是啊,我为什么拿这四张你已知道了的照片呢?你开始羡慕别的小朋友与家长一起看的那一本本厚厚的相册了,你埋怨爸爸,你甚至也想凑过去看看。好在爸爸还有点小窍门,把你"骗"了回来,引导你一起回忆了这四张照片以外的往事。那一刻,爸爸觉得自己好卑鄙——居然用成人的狡猾来对付自己未满五岁的儿子,但愿我没让你太扫兴……你美美地斜依在爸爸的腿上参与老师组织的讨论,你适时地举手发言,争回一个红苹果贴在眉心中。然后观察着别人,享受着紧靠爸爸的幸福,爸爸能感觉到,你惬意地靠在那儿,显示出你的满足与骄傲。这正应了那句经典的话:越能得到满足的幼儿,他越能敢于独立,因为他信任属于他的世界。儿子啊,你是真的那么信任生活,但愿生活能还你一个慷慨。

终于到了课堂的高潮部分,老师要求你们装扮气球,然后把装扮过的漂亮气球送给在场的爸爸或妈妈。教室内有五个编了号码的桌子,桌子上分别放着不同的工具和装饰物,每个桌子围着四个椅子,每个椅子拴着一个气球。

你一面招呼着爸爸,一面径直朝第一个桌子走去。很庆幸!爸爸没有帮你出主意、没有帮你动手操作,在看你动手的过程中,你让爸爸有了更深的感动:

你来到一号桌,选中了一只淡紫色的气球。要求爸爸解下后,你熟练地拧下了一支固体胶的盖子。左手扶稳气球,右手涂胶,然后用右手掌根摁住气球,移开左手取来彩纸片粘上。接着再扶、再涂、再摁、再取、再粘……用不同颜色不同形状的纸片装扮着你的作品。当你学别人样换个桌子工作时,爸爸看到了最欣慰的一幕:你认真地把固体胶的盖子拧上,放回了原处才离开;而这一号桌上的另外三支固体胶,已被别的小朋友或家长带着到其他桌子去了。这个细节被很多人疏忽了,可爸爸看得真真切切。儿子,你小小的心灵世界里竟埋藏了这么善良的规矩,那一刻爸爸真的好感动,你没有辜负你们老师对你的疼爱,你值得他们欣慰。

你绕过了拥挤的二号桌,径直到了三号桌,这时,你表现出了惊人的观察力。你要爸爸从三号桌椅子上再解下一个气球,我说:"我们应当先把手中的做完。"不想,你振振有词地说:"到了这里应该做这个椅子上的气球,你看呀!不是吗?"从你的口气和手势中,爸爸立刻明白了一件事:就在刚才的时间里,你不仅装扮了一个气球,整理好了固体胶,你还用你的眼睛观察到了一个现象——所有的气球分别拴在椅子上,而且椅子的数量比小朋友多了很多(其实是人数的二倍)。你认为气球是依椅子定位的,而不是按小朋友定位的,所以,你作了个一般人意想不到的判断——到哪个位置就为哪个气球装扮。多严谨的幼儿逻辑呀!我不禁为你惊叹,但你接下来的举动更是让爸爸赞叹不已。

当爸爸刚解下椅子上的气球,你因为站在爸爸的外侧,来不及坐上小椅子,却被从另一侧过来的小朋友抢了个先。你明显地流露出不愉快——为位子被抢,或为朋友的不守规矩。经爸爸提醒,你很快回过神来,占据了另一个小椅子,此时,你提出了一个非同寻常的要求,要爸爸把刚解下的气球拴回原处,重新来解新座位上的气球——一个黄颜色的气球。爸爸欣然接受,孩子,还幼小的你并没有意识到,这一刻,爸爸是怀很骄傲的心情帮你做的。因为,你在那个混乱的场面中维持了你心中的秩序,依照你的判断,严格遵守了一项规则,这有多么可贵啊!

也许是三号桌的工具和饰物比较单一,也许是你发现了别人的做法,你终于改变了初衷:在三号桌给黄气球粘了点彩色米粒后,抱着它绕着没有空位子的五号桌走了一圈来到四号桌。那儿有最小的工具——各种图案的印章。你试图用不同印章在气球上印出一个圆环,当然,这气球不大听话,你把那个圆环印歪了。不过,你仍然挺满意。你还认真地在向一个刚过来的小朋友和他的家长介绍了印章。之后,你举目望了望,重新朝空下来的二号桌走去。

二号桌上还有两个气球,你稍一迟疑,没动它们,继续装扮手中的黄气球。儿子,在二号桌,爸爸确信你的想象力得到了充分的发挥。

你很爱干净,你把不小心粘在手指上的双面胶细心搓搓下来,放到桌角"垃圾"里。

你很细心,你把被卷起来的彩色皱纹纸缓缓舒展开来,你看了看手中的长条条,很仔细地把它的一个端点粘在气球上,另一端长长地垂到地上。

你转动气球,继续同样的动作:撕双面胶——粘胶——撕掉油面纸——展开彩纸带——按住一端——粘到气球上——再转动气球……如此三番,你终于基本粘上了一圈,然后把它交到我手里,关照我拿好。

你让我跟着回到了五号桌,那是个你还没有用过的桌子——水彩笔的场所,你坐下来,问爸爸要了那个一直在爸爸手里的淡紫色气球,你开始画(你还小,你不会画),"爸爸,你和我一起画。"你第一次向我求助,你要求爸爸把着你的小手,画你自己并写上你的大名。

完成了,你很高兴:"送给你,爸爸!"——真不容易,你还没有忘记老师的要求。

"这个给爸爸,另一个给妈妈吗?"我问你。

你略一迟疑,赶紧抽身朝二号桌跑去……我亲爱的孩子,爸爸知道,你要去那儿再拿一个气球,——你突然发觉三个人只有两个气球是不够的。孩子,虽然那儿的老师已开始清场,你未能如愿。但我深知,你的心里,永远藏着爸爸、妈妈和你自己。孩子啊!你可要记住,无论何时何地我们都要把握好自己,只有把握好了自己,你才能把握这个世界。今天,你很好地把握了自己——五个桌子,你一个不漏地使用了;两个气球,你一个不差地完成了。你做事时注意力很集中;你不受别人影响;你甚至没有想到让爸爸来帮忙,你只在力所不能及的时候才让爸爸参与。手里拿着你幼稚的作品,爸爸倍感骄傲,尽管它们看起来没有别人手里由家长帮忙完成的气球美观。但你接着用出人意料的举动告诉了在场的每一个人,你的创作是最优秀的。

"为为,认识我吗?"一位教过你几堂课的听课老师提醒你,"你这些彩带呀,太长了,你看,你把气球举起来,它们还拖在地上。你能不能把那一端也粘在气球上呀?"

你仿佛没有听懂老师的话或答非所问:"我认识,你是×老师。"说完,你一转身,来到教室空阔处,举起气球绕圈子跑起来:"哦——放风筝喽——放风筝喽——"原来,你是做了一个"风筝气球"。你们的计老师笑盈盈地让你到操场上去放风筝。到了操场上,众小孩中,只有你举着自己的作品满场地欢畅地"策马奔腾"……我可爱的儿子,爸爸相信,这一刻你很幸福,因为这是你自己创造的财富。爸爸相信,你会永远这样幸福。

这篇日记中观察到的很多细节和对未来的展望,到今天——应验。我儿子已经是一名高中生,他以优秀的初中学业成绩进入示范性重点高中。关心教育的人应该知道,在我们的校园里存在五种学生,他们形成学习效能的金字塔:在这座塔的底部是"厌学型"的学生,依次往上是"被动型""机械型""进取型""自主型"。自主型的学生,又称为"三 E 学生"——Excellence 优秀、卓越(成就),Enjoy 快乐、享受(学习),EQ 情商(生活)。当年这个放风筝的小男孩,如今正走在自主型高中生队伍中。作为教育工作者,我们期望更多年轻人走在这个队伍中。我认为有必要提醒每一个家长:孩子需要我们陪伴,而不是包办;孩子喜欢探究,而不喜欢被安排;孩子更愿意接受欣赏,而不是考问。陪伴、探究和欣赏,是我们应该做,但不擅长的;包办、安排和考问,是我们擅长做,却是不应该的。

大班目录

模块一  我是中国人。

1. 首都北京:了解我国的首都是北京,北京有天安门、有长城等;培养爱祖国、爱国旗的情感。教学举例——五星红旗升起来。

2. 欢腾的国庆节:了解十月一日是国庆节,是全国人民的节日;体验庆祝国庆的快乐情绪。教学举例——国庆真热闹。

3. 旅行去:了解我国主要的名胜和特产;交流到各地去旅游的经验和感受。教学举例——民族音乐大联奏。

4. 多彩的民间活动:了解我国丰富多彩的民间节日及习俗,感受参加民俗活动的快乐。教学举例——泥娃娃拜年。

5. 了不起的中国人:了解我国许多有名的人物和他们的事迹,为自己是一个中国人而骄傲。教学举例——我们的火箭飞得高。

模块二  有趣的水。

1. 在海上在水边:观察大自然中的水,探究和发现水的不同来源和特性。教学举例——水娃娃漫游记。

2. 会变的水:乐于动手动脑探究水的变化,了解它的主要特性,获得有关经验。教学举例——好喝的饮料。

3. 护水卫士:体会人们生活离不开水,乐意关心周围的水环境,爱护水资源,节约用水。教学举例——是谁害了小鲤鱼。

模块三  我自己。

1. 身体真有用:了解身体各个部位都会活动;会欣赏和保护自己的身

体,懂得活动能使我们的身体更灵活。教学举例——小木偶的舞蹈。

2. 和影子捉迷藏:对身体的影子及其变化感到好奇;在比较中感知和探索影子的基本特性。教学举例——影子的谜语。

3. 我和别人不一样:知道我是人群中的一个,体验和大家做朋友的快乐;尝试用不同的方式表达自己的情绪,学习根据他人的情绪、表情,调节自己行为。教学举例——班级塑像。

模块四　有用的植物。

1. 街心花园:关心周围和我们一起生活的花草树木;感受我们的生活离不开植物,爱护植物,愿做小小护绿员。教学举例——园林工人真辛苦。

2. 绿色菜篮子:区别蔬菜的不同品种,积累有关蔬菜的品种经验。教学举例——菜地里的歌。

3. 种植园:了解一些种植蔬菜的新方法;关注新技术在蔬菜培植中的运用。教学举例——无土种植。

4. 能保健和治病的植物:了解有些植物具有保健、治病的作用。教学举例——多用的橘子皮。

模块五　我们的城市。

1. 老房子新建筑:有兴趣地观察周围不同的建筑,了解他们的特征,及与人们生活的关系;体会城市建设的不断变化,了解各种新鲜事物,感受我们的家乡越来越美丽。教学举例——奇特的建筑。

2. 逛街:参观各种商店和服务设施,了解人们如何进行交往;体会商店和服务设施给我生活带来方便,尝试通过各种方式进行表达和表现。教学举例——逛超市。

3. 路边新事:有了解自己身边的各种新事物的兴趣,乐于主动搜集新的信息;关心周围生活的变化,为我们的生活越过越美好而感到高兴。教学举例——在科技馆里。

4. 通畅的路:关心城市交通道路的变化,体会通畅的路给我们带来的方便;了解各种不同的交通信号和它们的作用,自觉遵守交通规则。教学举例——交通标志。

5. 新式的车:有观察和了解各种车辆特点的兴趣;体会现代车辆越造越新奇,大胆想象未来时代的车。教学举例——赛车。

模块六　春夏和秋冬。

1. 会变的天气：有兴趣观察风雨云雷等自然现象,注意它们的不同变化;感受天气的变化,了解天气与人们生活的关系。教学举例——多变的天气。

2. 四季轮换：比较四季的明显不同,初步了解四季轮换的顺序;感受季节的不断渐变以及它对人们生活的影响。教学举例——四季小路。

3. 四季的树和花：了解四季中常见的树木花草和它们的变化;乐于参加照顾树木花草的活动,体会爱护它们的意义。教学举例——让世界变得更美丽。

模块七　动物大世界。

1. 不同的家园：了解常见动物不同的特点及其与周围环境的关系,有进一步探索动物生活习性的愿望。教学举例——动物园里真热闹。

2. 千奇百怪：对动物奇特的现象和特殊的本领感到好奇,体验探索动物奇特现象的乐趣。教学举例——螃蟹的奇遇。

3. 学来的本领：了解人类可以从动物的一些特征中获得启发,进行发明创造。教学举例——潜水艇的秘密。

4. 我和动物是朋友：知道动物是人类的朋友,我们应该保护它们。教学举例——会吐丝的蚕。

模块八　我要上小学。

1. 我的小书包：熟悉、了解如何爱护和正确使用学习用品;逐步习惯独立整理和保管好自己的用品。教学举例——书包里的朋友。

2. 参观小学：初步了解小学生的学习和活动,向往当个小学生。教学举例——有啥不一样。

3. 小课堂：模拟小学生的生活,初步感受小学生的学习活动。教学举例——下课十分钟。

　　大班的教学内容是明确分了学习模块的,这些模块的主题和具体内容,很自然让我想到一个词汇——社会自我。弗洛伊德认为超我在5岁的时候开始形成,那么,翻译成另一套语言,就是说"超我在大班的时候开始形成"。大班教学第一个模块主题是"我是中国人",每个家长都明白这是啥意思了。但是,"我是中国人"这个概念的具体意象到底包括哪些,很多家长就模糊不清了。尽管最初的社会化发生在家庭里,并且这个过程持续存在,但是,更高一级的社会化可能发生在校园里。幼儿园正在以开阔的视野帮助孩子确立我在社会中的位置,而基于即将跨入小学,不少家长可能更关注于孩子需要什么——他们认为的孩子的需要——实际上很可能是家长需要孩子满足一些他们认为的重要要求,这些要求归结为一句话,就是时下最值得推敲和重视的一句话:不要输在起跑线上。观察发现,这些家长和幼儿园教育在两个频道上说话,以至于有些家长开始抱怨"幼儿园什么都没有教"——至于这种抱怨有多大程度上来自社会补课机构的宣讲效应,我们就不得而知了。

从上述大班教学内容目录,我们大致可以感知孩子们在怎么样社会化:他们需要知道这个世界还有谁存在,我们应该如何与之相处。这是社会意识和社会规则的启蒙。中国文化是无神文化,中国人借由理解我和世界万物的关系来确立自己应该站在哪个位置上,而不是按照上帝的旨意,来确认我应该站在哪个位置上。上帝并不在中国人头顶的天空中。中国人需要抬头看天、举目远眺,才能发现这是一个怎样的世界,我们应该站在哪里。但是,好多家长喜欢带着孩子低头寻找,他们低头寻找的东西,可以称为生存之需要。大家都在低头寻找,所以就忙于"排队""插队""抢位置",基本就是这样了,这就是起跑线。那些向树林里撒各色本领豆子的人在拼命鼓噪:大家都快点捡豆子啊,尽量多装一点,这样从起跑线开始,孩子就比别人多了好多本领。他们的核心意思就是:人生是一场不断攫取的游戏,当然是越早拿、拿得越多越好啦!人生果真如此吗?也许是,也许不是。但是有一点是肯定的:那孩子得吃那些豆子,而不是把他们藏在口袋里。也就是说,当一个幼儿园大班的孩子在学钢琴的时候,他得体验到钢琴带来的美妙,体验到自己的成就感——这种成就感是内在的感觉,是从一首自己手指间弹出的曲子里体会到的。这种学习是愉快的,也是不用执着于快和慢的。另一种学习的方式是体验到完成学习任务的艰辛,成就感来自一个概念或者一种付出之后的肯定——某一张钢琴考级证书。这种学习可能是不愉快的,要执着于快和慢。赢在起跑线上,就变成了口袋里多一张钢琴考级证书。最好的是这两者兼而有之,而且实际上是完全有可能做到这两者兼而有之的。那么,这样的家长就不是带着孩子低头捡东西装袋子了,而是带着孩子享受学习的乐趣。

创造学习成果的喜悦,有助于孩子形成和提高自我效能感。

自我效能，是说对于自己能不能完成某件事情的感觉，代表着对自己的评估。评估下来是满意还是不满意，取决于孩子在完成这件事情时候的真实感受。还是以学钢琴为例子，第一个孩子，在学习过程中的体验是快乐和美妙（他把辛苦过滤掉了），拿到一张证书，可能是六级；他对自己很满意。第二个孩子，在学习过程中更多的体验是艰辛和枯燥，还有父母亲的威压（他把快乐美妙过滤掉了），拿到一张证书，可能也是六级；他对自己未必满意。第一个孩子更能信任自己的效能感，第二个孩子可能产生抗拒心理，未必能信任自己的效能感。现实生活中，很可能第一个孩子拿到的是六级，而第二个孩子拿到的是四级。过高的压力并不能创造良好的学习效能，反而会妨碍学习。

从生命的头两年里逐渐形成自我，到大班，孩子们的自我感愈加丰富。他们开始形成那个效能的自我。效能自我，是说对于自己有能力完成某件事情的感觉，代表着对自己的信任。心理学上，把这个过程叫做自我效能感的形成，孩子们的自我效能高低不一，而且在相当长一段时间内这种自我效能感处于波动发展中。一直到成年时期，自我效能感还在波动发展中。但是，作为即将跨入小学阶段学习的孩子和他们的家长来说，自我效能感的高低，意味着孩子面对学习挑战的信心和能力。大班这一年，对家长是个怎样的机会？以往的岁月对孩子和他们的未来意味着什么？临近入学，孩子最重要的准备是什么？这些可能是摆在大班孩子家长们桌面上的重要问题。

从当初进入小班，到现在大班。孩子们的发展速度是惊人的。除了语言能力，他们在想象力、情绪和意志力方面也有了惊人的发展。

## (一) 想象力的发展

想象的发展，3岁以前的儿童已有了初步的想象，但内容还很贫乏，且都属再造想象，有意性很差，到学前期，由于生活经验的积累和游戏活动的发展。想象就有了较快的发展。这时想象发展的主要特点是：

1. 无意想象占主要地位，但有意想象也有了初步发展

(1) 想象的主题从容易变化发展到比较稳定。小班儿童想象很不稳定，不能按一定的目的坚持下去，例如在游戏中主题就经常变换，甚至如当"医生"的角色时，在中途也会自己玩起充当病人的娃娃来。在良好的教育条件下，想象逐步趋于稳定，大班的儿童常可连续几小时玩一个主题游戏。

（2）从满足于想象的过程发展到逐渐能按一定的目的来想象。小班儿童的想象往往没有目的，常常只满足于想象的过程，如画画时，开始并不知道要画什么，只满足于在纸上乱画，画出来像什么就算什么。以后只有在不断的启发教育下，才逐渐能够按成人的要求，在游戏、图画、泥工、故事等活动中进行有目的的想象。最初想象的目的还要靠成人代为提出，到后期就可见到有一定的自觉的目的性，如大班儿童可以为了做一把泥手枪而想象它的结构。

2. 想象容易和现实混淆，也容易脱离现实

（1）中小班儿童还不能把想象的事物和真实的事物清楚地区分开来。因而常常把想象当作现实，把童话故事都当成真的。而大班或中班的儿童听了故事就会问"这是真的还是假的？"

（2）幼儿想象的内容，除了不容易和现实分清外，有时也容易出现另一个极端，即容易脱离现实，如玩娃娃家的游戏时，碗可以比锅大许多倍；对于比人还大的"萝卜"，比大拇指还小的"小人"一类的故事都特别感兴趣，有时会过分夸大事物的某些特征或某些情节。

幼儿想象的上述两种情况表面看来是完全相反的，实际上究其原因却是相同的。主要是儿童对现实了解不深，对于他们来说，"不可能的事根本不存在；因为他根本不知道什么是可能，什么是不可能的"。

3. 再造想象占主要地位，创造想象开始发展

创造想象是较高水平的想象，它要求较多的独立性和创造性。在幼儿期主要还是再造想象；一般来说小班儿童的想象基本上没有什么创造性，表现在游戏中基本上还是模仿看过的成人的活动。中班儿童想象开始有一些创造性，例如复述故事时可以增加某些情节。到大班时创造性才较显著地发展起来，表现在游戏中越来越多创造的成分。

## （二）情感的发展

1. 情感稳定性的发展

幼儿的情感与3岁前比较起来稳定性虽有所发展，但发展极其有限，一般说来还是很不稳定的，有时和小朋友打架、吵架，成人还在生气，他们却已和好了。破涕为笑的情况是经常发生的。这种情感的不稳定性或多变性的特点在年龄越小的幼儿身上表现越明显。这与幼儿的抑制过程较弱，心理

活动的有意性较差有关。幼儿晚期虽仍保留这一特点,但稳定性已有所加强。这时已产生了一些比较稳定的情感。

2. 对情感控制力的发展

幼儿初期儿童和前幼儿期相比情感的易感性和冲动性虽稍有改进,但仍不容易控制和调节自己的情感。如别的孩子大喊大叫,他也跟着叫嚷,别人表示惊恐的情绪他也会吓得哭起来;容易大哭,也容易大笑,自己不能控制。大班儿童与小班儿童比较起来,已经有了很大进步,往往可做到初步控制自己的情感的外部表现。如打针时,听到别人说他勇敢就能忍住不哭等。但总的说来这种有意的控制情感的能力还是比较低的。

3. 社会情感开始发展且逐步丰富和加深

3岁前儿童就有了最初的社会性情感的萌芽表现,到幼儿期这方面的情感更有明显的发展。在道德感方面,3岁前只能因受赞扬而高兴,受谴责时就不高兴,也初步能根据成人的态度,简单地区分哪些行为是好的哪些是不好的,但他们往往不知为什么,中班以后幼儿已渐渐懂得一些道理,初步学会在具体形象的水平上把自己和别人的行为表现与社会的道德准则作比较,从而产生一定的情感体验。如当别人为他做了事会产生感激的情感,对欺侮小朋友的行为会产生气愤的情感。

在理智感方面的发展表现为好奇、好问和强烈的求知欲,甚至不恰当地表现为"破坏"事物的行为。儿童的问题如得到解答便显露出愉快满足的情感,同时又进一步促进求知欲的发展,这是儿童智力得以不断发展的重要条件,因此对于儿童提出的问题,应给予适当的回答,不应怕麻烦而消极制止,以致扼杀了儿童的求知欲。

(三) 意志的发展

3岁前的儿童只有意志的萌芽表现,即初步能借助自己的言语来支配自己的行动,并出现强烈的独立行动的愿望,但这时期抑制自己的行动的能力还是很差的。3岁以后逐步有所发展,表现在各种意志品质的发展上。但是,总的来说,幼儿意志品质的发展还是很有限的。

1. 自觉性的发展

幼儿初期儿童自觉性还很差,行动还不能很好地服从一定的目的,按照成人提出来的要求去活动还有一定的困难。常常容易被一些无关的事件吸引。幼儿晚期自觉性有一定的发展,表现为不仅能执行成人的简单委托,而且自己也能提出一定的行动目的;不仅表现在能控制自己的外部行为,还表现在能逐步控制自己内部的心理过程(如前面所提到的忍住不哭,在短时期内,强迫自己留心听老师讲课等)从而产生了心理的有意性。

2. 坚持性的发展

幼儿初期的儿童行动的坚持性很差,例如在游戏中小班儿童就常有违反游戏规则的现象,要他们好好坐着不动,坚持10分钟都很困难,幼儿晚期,在教育的影响下,随着言语和思维调节机能的不断发展,才初步能坚持行动以达到一定的比较浅近的目的。

3. 自制力的发展

幼儿期儿童的自制力还很差,特别是初期。虽然"知道"某些要求,却不能照着去做。如明知哭闹不好,还是哭闹;明知打人不对,还要打人。但是,幼儿的自制力是在不断发展的。大班的儿童就能根据成人的要求,控制自己的某些行为。

想象力、情感、意志——看不见,却真真实实存在,并且都是孩子能力的一部分。它们的发展是一个潜移默化的过程,而且在大班这一年获得快速的发展。大班这一年,对家长是一个怎样的机会?家长可以带领孩子在广泛的社会活动中锻炼这三样法宝。除了学习一两样孩子感兴趣的文艺体育方面的技艺,更多时间要带着孩子走出户外,走进城市乡村,在具体的社会交往活动中,孩子们会形成等待、克制、期望、行动、成果、配合、主张、选择、放弃、惋惜、留恋等各种情感意志品质。有意思的是,这三样法宝不用刻意训练,只要在丰富的社会活动中保持行为的正确性,孩子们自然会得到锻炼。很大一部分家长,不是带着孩子一起关注生活,而是在生活中刻意关注孩子。比如,家里吃饭,父母亲形成规矩,家里所有人坐上位置以后才开始动筷子吃饭,孩子可能自己先抓好吃的上手了,妈妈只要轻轻一句话——等一下奶奶,等奶奶来了一起吃。孩子看见爸爸妈妈都等着,他也等着。这个过程,孩子的情感和意志都得到了良好体验。可是有多少父母、爷爷奶奶会反过来做啊?他们先满足孩子需要,讨好和引诱孩子先多吃一些,生怕孩子吃少了。由此想来,家长们大致可以明白古人《弟子规》的重要性了,它是在家庭生活中做出来的,不是用来背诵的。生活中的礼仪,比如吃饭时候的仪式感,对孩子的情感发展和意志品质的熏陶十分重要。时下不少人在要求孩子背诵《弟子规》,却不能在家庭生活中体现出来,真是可惜了。

除了广泛的社会活动,那些已经具备一定的早期阅读经验和能力的孩子,还可以在阅读作品过程中,发展良好的想象力、情感和意志力。早期阅读的孩子,精神世界相对比较丰富,视野宽阔。阅读增加了他们的想象能力,他们能从他人的故事中收获情感发展和意志品质;那些缺乏早期阅读的孩子,可能精神世界相对匮乏一些,他们缺少这方面的能力,他们更多需要在与其他人的现实相处中,在矛盾对撞中发展情感和意志力,他们的想象力也相对弱一些。

孩子即将进入小学,除了基本的校园生活方式,他们最要紧的准备就是良好的"想象力、情感发展和意志品质"加上"记忆能力""注意能力"这五样法宝,如果再配上一把"早期阅读"的利剑,孩子可以有足够能力去冲锋陷阵了。

给家长们几个建议:

与其把孩子交给第三方机构学习各种技艺,不如省下一些时间,带领孩子参与广泛的社会活动。

不要疏忽带领孩子阅读,阅读最初的形式自然是父母讲故事给孩子听,阅读的方式除了白纸黑字,还有看图说话、配图故事、广播电视。

不要小看体育活动,带领孩子参加各种形式的体育活动。

不要小看茶余饭后,孩子的情感发展和意志品质往往来自家庭生活中的细节,与其教导不如从注意自己的行为开始。

不要试图靠吓唬孩子来规矩他,尤其不能让孩子误以为读小学是一件失去自由的事情;保持孩子对学习的快乐情感,是一件十分重要的事情。

## 三、0—6 岁孩子的快乐阶梯

可能很少有父母真的能够理解,快乐与痛苦相伴随。孩子成长的过程,其实也是一个快乐阶梯发展的过程。吃奶让孩子很快乐,一直把快乐停滞在吃奶的阶段,孩子就体会不到放下奶嘴开口说话的快乐。缠着父母被宠溺着的孩子很快乐,但是一直停留在这一层的快乐,就会失去独立和社会活动所带来的自尊成就的快乐,孩子会因此而遭遇气馁,被宠溺的快乐最终也成了不快乐。阻断低层次快乐，获得高层次快乐，这是一个被称为象征性阉割的过程。这是孩子由"小动物"成长为"人"的转型。研究发现，没有一个发育迟滞的儿童是快乐的，这就是事实。简单地说，必须在生命发展的转型时期，阻断低层次快乐，获取高层次快乐，这叫象征性阉割，其实也可以理解为心理断乳。

第一，象征性阉割不是苦行，而是寻求另一种快乐，确切说应该是一种快乐教育。那些发育迟缓的儿童不快乐，只有当他们在做到超越了自己的迟缓时才会变得开心快乐起来。很多父母因为他们自身的原因（不自知的原因）而把"感情借口"当成"爱"孩子。这样的父母孩子关系，通常会把孩子固着在某一个幼稚的时期，爱成了一种束缚和伤害。

第二，象征性阉割并不一定自然发生，更多需要父母行动令其发生。一个立即满足于本能冲动的孩子，需要由父母亲让他明白：你想了解金鱼的身体结构，这很不错。但你不能因此就把它从鱼缸里捞出来、把它切成两半看它肚子里有什么。它会很疼，会因此而死去，家中的鱼缸会失去美丽，养金鱼的爸爸会因此而内疚和生气……如果你愿意，我们可以一起看这本关于金鱼的书，我们一起来了解更多关于金鱼的秘密。这个过程，既不是一种外在训练，也不是文化教育，而是一种真正意义上的内在改变。它需要父母亲启发和指引。

与此同时，象征性阉割给孩子提供了升华的可能。所谓升华，就是使用既被社会认可，又要求开动智力参与其中的方式来满足自己的冲动。这是儿童智力发展的关键。我们可以看到，那么多问题青少年表现出"不会思考、目光短浅、只看到眼前的快乐"的问题症状，都是因为没有经历过象征性阉割。他们是凭着直觉长大的："这使我快乐，我想要，我就要得到，我就去做"，并且形成了和这种方式一样的思考方式。他们永远只靠简单的思想生活，甚至会出现思想短路。这种思维方式，或者更确切地说这种无思维的方式，使他们成了知识社会里的"野蛮人"。

任何一位家长，如果没有给予孩子这种阉割，就等于是没有教育孩子。儿童在成长的每一个阶段，都被已经获得的快乐束缚，但是停留在原地享受既得快乐，就无法前行，他们必须受人推动才能做到前行，实现和谐成长。这种推动通过两种东西实现。第一是他感觉到父母希望他长大。需要明确的是，儿童感觉到的总是大人的无意识欲望（复杂的是，家长可能有意识的希望孩子长大，然而由于各种原因，他又对孩子的变化有一种无意识的害怕）。第二是父母向孩子表达这种希望的方式，或者说父母给予孩子象征性阉割的能力。

仅仅告诉孩子成长的必要性是不足以使孩子进步的。如果父母亲谈话之后没有行动，那么所说的话等于是空谈。敢于对孩子有要求，是对孩子的信任，我经常这样告诉那些"不敢得罪孩子"的妈妈们。这些妈妈们担心约束和压力只会使孩子痛苦，继而抗拒父母。孩子们也真的是经常生气，结果妈妈们更加不敢提要求，生怕触动了孩子的哪根神经，会引发"灾难"性后果。实际上，他们越是这样，孩子们的"无明业火"越大——他们对自己此番情状很不满意。

父母们要明白这个道理：孩子们对约束总是持有一种双重态度。他们拒绝约束，是因为约束会阻挠他们寻找自己所希望的无拘无束的快乐；但同时，他们又在无意识中寻找和等待约束，因为他们模糊地感觉到缺少约束将阻碍了自己生命的前行，从而使自己失去幸福。所以，父母们没有必要那么紧张，父母的选择就是孩子的方向，孩子们需要父母提供这种正确的选择方向。父母帮助孩子做出的选择，肯定是可以帮助孩子尝到高一级别的快乐的，如果父母的选择是不能换来另一种快乐的，那就是父母的问题。

父母们要明白的第二个道理是：孩子对约束表现出来的拒绝，通常基于一种误解；当孩子发现父母要求他们成长的态度不明确不坚决的时候，他永远无法想到父母的谨慎是因为害怕伤害他、害怕使他痛苦。孩子对于未来变得犹豫，并且他们会用另一种方式来解读父母的谨慎：一般说来，他们会认为父母的默认是因为他们乐意看到自己目前的表现（哭闹、装婴儿样等行为）。由于非常确信这一点，所以他们固守自己的症状。这多少是因为他们可以从中得到一种满足，更多是因为他们自己无法独自完成对低层次愉悦感黏连的终止，尤其是因为他们荒谬地认为这样会使父母满意（沉默就是同意）。所以，父母要做的是坚定自信地让孩子明白正确的选择：往上走，那里有另一种快乐等着你。

0岁孩子，吃奶是快乐的；

跟他说话，能跟你一样发出有节奏的声音，是快乐的；

当他会说话，能用语言来交流和满足自己，是快乐的；

当他会走路，可以自由支配自己的身体，是快乐的；

听故事是快乐的,后来自己会讲故事更是快乐的;

离开父母进入幼儿园,是一次大转折,可是后面是一种前所未有的快乐;

……

每一次选择,每一步发展,都有更高层次的快乐等待着他们。因此,象征性阉割一点也不是苦行,而是一种"快乐教育",是父母站在那里引导孩子爬高一级台阶。只要我们明确这种快乐不是那种重复的、令人厌恶的快乐,而是一种富含生命力的快乐;它会终止孩子因无人建议其去做别的事情而只能沉迷于那种与年龄不相配的低层次、重复、令人厌恶的快乐选项中毫无幸福可言(因为它阻碍生活)。

父母给孩子进行象征性阉割,坚定地推动他们放弃过去的快乐,去发现一个又一个他们的年龄允许得到的新的快乐,这样做将使孩子把快乐和成长结合起来,使其对快乐的追求不再服务于一种贫瘠且制造贫瘠的停滞,而是服务于其生命,使孩子能够把对快乐的追求变为自己成长的动力之一。由此,你就是成功实施了成功教育的父母。

## 第四章

# 爱 的 魔 镜

> 第四项修炼：学会陪伴
>
> 从小学到初中，孩子们由儿童发展到了青春期。这是一个充满不确定性的人生阶段，对父母亲来说，也是一个具有挑战性的时期。很多人寻遍良方，却没有发现良方就在自己身上封存着，从来没有离开。

经常应邀到中小学给家长或老师讲课，每一次只能讲个大概，因为时间确实有限；也有一些学校，发现讲座时间是不够的，所以就来个系列的课程。每次给家长讲课后，父母们的问题五花八门，但是不离其宗：我的孩子怎么办？其实他们是想问：怎么来办我的孩子？他们大部分想从我这里得到某个诀窍，回家击中孩子要害，搞定孩子。我这里没有，因为我这里的"诀窍"是给家长用在自己身上的，不是拿回去"搞定"孩子的。如果孩子们需要搞定的话，力气也通常花在家长身上，他们需要首先搞定自己。"搞定"这个词太粗糙，实在不合适用在教育行为中；那些想要搞定孩子的家长，通常处于搞不定中，因为他们实在搞不清自己到底该怎么做才好。很多人已经搞得自己走投无路了，那孩子咋办呢？

就在我写这段文字的前一天，有位初二年级男孩的妈妈来找我咨询，她的诉求是"孩子根本不想要读书，怎么办？"

我问她："你这个'怎么办'是指什么意思，谁怎么办，要办谁？"

她说："我啊，我儿子啊，怎么办？"

"你要办啥？"

"办啥？让我儿子认真读书，他现在什么都听不进去，跟他怎么说都没用，犟得要死，根本就不想读书，怎么办啦？英语数学都不及格，叫他去补课,他又不肯去,说那是浪费钱。他其实蛮聪明的,除了成绩不好,别的都蛮好的,动手能力也很强,读小学时候就会自己修自行车。现在这个样子,怎么办啦?"

"你想叫儿子去哪里补课?"

"去'××一对一'呀,人家都去的,他就是不肯去。"

"嗯,他没讲错,对他来讲,去那里补课可能确实是浪费钱。"

"可是,现在大家都去补课的呀,而且很贵的;我一个朋友去'××一对一'补课,四个学期20万。现在大家都这样的。"

"你咋知道大家都这样的呢?就说你那朋友吧,花了20万,孩子怎样?学习变得很好了吗?"

"好像……也没有。可是老师也说,不行的话,双休日去补课。"

"哦,我猜那老师的意思可能是:花20万没用,不如花2万给我好了,我肯定比那'××一对一'有用,哪怕没用,你还省了18万了,对吧?傻呀?"

"哎——哎——,对的,对的,现在老师也是家里补课。他们上课不教的,大家都要补课。真是没办法!"

"谁说老师上课不教,是'××一对一'的人说的吧?这种广告宣传——学校没用的,我们才能救你的孩子,我们才能培养出高分孩子,我们有专家……这些商业广告的噱头,你都信啊?那你今天来找我,要是我对你孩子有用,你是不是准备也付我20万啊?"

她知道我在开玩笑,很明白地笑了笑:"呵……呵……"

"算了,20万免了,给你来个便宜的吧:第一,你想要找到办法让儿子不再抗拒你,愿意听你的话;第二,你想要让儿子变得愿意认真读书;第三,你想要儿子创造优良成绩,明年初三有个好结果;第四,你想要儿子去补课;第五,你想要帮儿子找到方法,提高学习自信。你认为你要的到底是哪一个?"

"都要!"

"都要?那就先第一个吧,你觉得儿子什么时候开始不愿意听你话了?"

"哎哟,好像他从小就不大听话,脾气很倔。"

"孩子小时候不是你自己带大的吧?"

"对——对——那个时候我自己年轻么,要追求事业,所以……确实不是我带的。"

"孩子读书要靠本事的,他们的读书能力有高低的,比如记忆能力,差异很大。心理学研究发现记忆能力一半来自遗传,一半来自后天养育,尤其是0—3岁的养育方式,会对孩子的智力发育产生重要影响。我经常跟家长们说——你可能要向孩子打招呼的——不好意思,宝贝,是妈妈把'记性不好'遗传给了你,小时候又没有办法让你记忆力变强。所以,让你现在读书这么辛苦。你跟儿子打过招呼吗?"

这位妈妈换了一种不明白的笑容,冲我摇头:"嗯……这个……哎哟……真的没有想到。可是,他现在这个样子,以后怎么办?"

(我真想跟她说,先回去打招呼,过两个星期再来。)

"对呀,按照你对儿子目前学习情况的理解,你想让他以后去哪里呢?明年就初三了,这是必须要考虑的问题。"

"我也不知道,他这样哪里也去不了,所以我着急啊。可是他根本就不听的,真是没办法。"

"你是说,你不知道儿子初三毕业后应该去哪里?"

"对的,哪里去啊?他考不取的。"

"我认为,按照他的文化课学习成绩和学习能力,以及他动手能力强的特征,他应该去 ✳✳✳ 职业学校(本地一所示范性中等职业技术学校),他可以学一门真正有用的技术,未来会有比较好的发展。"

"那个学校一点也不好的喽,去那里,行吗?"

"谁说那个学校一点也不好?啥意思?他们的学生一毕业就被企业招录去上班了,就业率那么高。好多本科生找工作焦头烂额,他们这些掌握了一定职业技能的职校生,倒是不愁就业。哪里不好呢?怎么说一点也不好呢?"

"他们老师也这么说的,他们班主任跟学生说'谁以后进了那所流氓学校,将来就不要叫我老师';真的,我儿子跟我说的。"

这下她把我震住了。我相信她儿子那位班主任真的会这样说。我理解那位班主任的用意是想以这种威胁来让她的学生努力读书,她在试图"搞定"她的学生。可是这位班主任的方法也实在是太不专业了,而且可能她内心确实也对"那所职业学校"不认可,或者对职业教育缺乏正确认知。

显然,由于缺少认知或者多了一些错误认知,这位妈妈对于孩子未来的发展确实迷茫。自己没有方向可以提供给儿子做参照,却要儿子努力学习,还要加入补课大军,儿子做不到或者不愿意做,她就恼火。现在,首先要发现和解决的是她的认知问题。于是,咨询不得不插入一段关于"职业教育"知识普及工作。

……

"相老师,那你看我儿子现在的成绩,能不能进入'＊＊＊职业学校'?"

"按照以往情况,我认为可以。不过,这个预测并不重要。重要的是你回去跟儿子讨论要去哪里,邀请他一起上网查找上海有哪些职业技术学校,各有什么特征,他喜欢哪个专业领域,找到了,就奔着那个目标去。或许他就有动力了。"

"没用的,他不会努力的。"

"你没试,你怎么知道他不会愿意的?"

"以前我也一直说,他根本就不听的。"

"以前你自己也不知道儿子的方向在哪里,你跟他说好好读书,当然没用;现在你要做的不是教导他好好读书,而是邀请他一起寻找和确认一个方向。你还没做,就说儿子不行的。那他行也变成不行了。所以,你看,你儿子不是不听话,而是不听你的话,别人的话他未必不听,只能说明你没有讲出他要听的话;你儿子跟你犟,不是说他天生就犟,他跟别人可能不犟;你儿子也未必是不想读书,他只是不想按照你要求的样子去读书;他也未必真的偷懒不肯努力,他可能是真的不知道该往哪里努力。所有这些,都是需要你转变方式、方法和态度,才有可能找到答案的。"

"对,看来我是要改变一些。"

"你要改变哪些?"

咨询进入第二个环节,关于这位妈妈自己的。跟以往很多家长一样,她首先说出来的当然是要改变对待儿子的方式、方法和态度,而不是关于她自己的。当然,既然她付了钱来咨询了,我是不会轻易放过的——我会让她看到自己。

几乎所有的问题孩子背后,都有家长问题的存在。有一段时间,市面上有一句话说"没有教不会的学生,只有不会教的老师"。我认为这只是一句不现实的口号,要是喊口号能解决问题,大家都上街喊口号好了。生活教育我们,"没有养不好的孩子,只有不会养的父母"才是现实。

## 一、爱是一种陪伴

人们都能理解爱是一种陪伴,但并非每个人都会做好这个陪伴,这种陪伴是需要一定能力的,尤其父母爱孩子。上述咨询案例中那位妈妈,在咨询的后半部分,我跟她说她只要脸上有笑容就好。陪她一起来的孩子的外婆、她的妈妈,这时候倒是先笑了。是的,哪位妈妈不希望自己女儿脸上是有笑容的。这位老人不希望女儿为了外孙的读书问题,搞得灰头土脸,所以也陪着一起来了。当她听到这句话,情不自禁笑了,她知道这是女儿的根结所在。

很多家长,先自己设置一个标杆,然后要求孩子达到这个标杆,天天用这把标杆的刻度来度量他们的孩子。量了许多年,孩子始终达不到他们定的尺度的要求,他们舍不得放下标杆,转而指使孩子的每一项活动,占据孩子的每一刻时间。他们脸上因此而没有了笑容,孩子陷入长期的罪恶感控制中,他们遭遇了不公平的对待,"自然之道"让他们身不由己走向另一条人生道路——做个坏孩子。他们违抗父母的指令,向父母提出苛责的要求,不遵守校园规则,抵触老师的教导。他们由此而遭遇批评指责,受到了父母老师的责罚,他们就没有了罪恶感。难道不是吗?"我是一个坏孩子,现在坏孩子受到了责罚,我就不用内疚了。"这个道理,在第一章中已经讲明白。所以,上述案例中那位说人家是"流氓学校"的老师,她可能会把那些坏孩子学生看作是流氓学生。她的教育成果是:班里那些因为达不到老师和家长的要求而做了坏孩子的学生,自然愿意接受责罚,并且把自己归入未来去流氓学校的群体。那么,流氓学校的学生有个流氓样子是对的,所以,他们已经在扮演流氓学生了。这在心理学上的术语叫做"行为确证"。

如果这位妈妈继续做老师不正确行为的帮凶(在孩子看来是这样;实际上很多老师可能被家长们不切实际的标杆给绑架了——所以,我也经常跟一些老师说,你们放弃了自己的专业话语权,上了家长们的贼船下不来了),那么,她的孩子是不会也没有意愿发生任何向上好转的变化的。

**【成功才是成功之母】**

从小,我们被教导"失败乃成功之母",这句话很容易被误解,以为成功是一件很艰苦的事情。实际上，在生活中发生的事情是，成功才是成功之母，失败只是成功的垫脚石。尤其在孩子学习这件事情上，用失败是换不来成功的，一个长期遭遇学习挫败感的孩子，通常是没有能力反败为胜创造学业成功的。有人反驳说，有些人小时候读书成绩不好，后来事业也很有成就啊。这人没有理解，读书成绩不好与挫败感不是一回事，后来事业很有成就与当年读书不好也不是一回事；再者，通常不等于绝对；最后，那些人在其他方面获得了成功感而不是挫败感。

心理学上曾经有过一个著名的实验，我经常在不同场合介绍这个实验：

马丁·塞里格曼（Martin Selignan）是影响深远的著名行为心理学家。他认为，我们对能力和控制的知觉是从经验中习得的。他相信，当一个人控制特定事件的努力遭受多次失败后，他（或她）将停止这种尝试。如果这种情形出现得太过频繁，这个人就会把这种控制缺失的知觉泛化到所有的情景中，甚至泛化到实际上控制能发生作用的情况下。于是，个体开始感觉到自己像一颗"命运的棋子"任人摆布，无助而抑郁。塞里格曼把这种抑郁的产生原因称为"习得性无助"。塞里格曼在宾夕法尼亚大学以狗为被试，通过一系列现在被认为是经典的实验，发展了他的理论。

塞里格曼从一项有关学习的早期实验中获悉，在狗受到既不受它们控制也无法逃脱的一段时间的电击后，即便逃离的机会唾手可得，狗也学不会逃走。你想一想，这在一个行为主义者看来是多么奇怪的事情。在实验室中，对狗的惩罚是电击，但这种电击是无害的。然后，把狗放在一个"梭箱"里，那一个大箱子，由一块隔板分割为两部分。在箱子一边的地板上通电。狗感到箱子的一边有电流时，便只需越过隔板跳到箱子的另一边即可避开电击。通常，狗和其他动物都能很快学会这种逃脱行为。事实上，如果有一个信号（如一个闪光灯或一个蜂鸣器）警告狗电流即将来临，狗将学会在电前跳过隔板而完全避开它。然而，在塞里格曼的实验中，梭箱里的狗经历过无法逃脱的电击后，它们就不再学习这种"逃脱—回避"的行为了。

塞里格曼的理论认为，动物在学习控制不愉快刺激的过程中存在着某些因素，这些因素决定了它们后来的学习。换句话说，这些狗在先前的电击经历中已经懂得自己的行为不能改变电击结果。因此，当它们处于新的环境中时,即便它们有能力逃脱——做出控制行为——它们也会放弃。它们已习得了无助感。

为了检验该理论,塞里格曼和梅尔提出,要研究可控电击与不可控电击如何对后来学习回避电击产生影响。

实验的被试是24只"混血狗,它们肩高38—48厘米,体重11.25—13千克"。它们被分为三组,每组8只。一组是可逃脱组,另一组是不可逃脱组,第三组是无束缚的控制组。可逃脱组和不可逃脱组的狗均被单独安置并套上狗套,虽然狗受到约束,但并不是完全不能移动。在狗头部的两边各有一个鞍垫,以保持头部面朝正前方。狗可移动头部以挤压两边的鞍垫。可逃脱组的狗受到电击后,可以通过挤压头部两边的鞍垫终止电击。不可逃脱组的狗与可逃脱组的狗一一配对(这是一种被称为"匹配"的实验程序),然后在同一时间给每一对狗施加完全相同的电击,但不可逃脱组的狗不能控制电击。无论这些狗做什么,电击都将持续,直到可逃脱组的狗挤压鞍垫终止电击为止。这样就能确保两组狗接受电击的时间和强度完全相同,其唯一不同的是一组狗有能力终止电击,而另一组却不能。8只控制组的狗在实验的这一阶段不接受任何电击。

可逃脱组和不可逃脱组的狗在90秒的时间里均接受了64次电击。可逃脱组很快学会了挤压旁边的鞍垫来终止电击(既为它们自己又为不可逃脱组)。24小时以后,所有的狗被放入如前所述的梭箱中。箱子的一边装有灯,当箱子一边的灯光熄灭时,电流将在10秒钟后通过箱子的底部。如果狗在10秒内跳过隔板,它就能完全避免电击。如果不这样做,它将持续遭受电击直到它跳过隔板,或直到60秒钟电击结束。每只狗在此梭箱中进行10次实验。

研究者根据以下指标对学习程度进行了测量:(1)从灯光熄灭到狗跳过隔板,平均需要多长时间;(2)完全没有学会逃脱电击的狗在每组中所占的比率。另外,不可逃脱组的狗7天后在梭箱中再次接受10次额外测试,以评价该实验处理的持续效果。

结果:

1)在64次电击的过程中,可逃脱组的狗用于挤压鞍垫并停止电击的时间迅速缩短;而不可逃脱组的挤压鞍垫行为在30次尝试后便完全停止。

2）从灯光熄灭到跳过隔板之间的时间，不可逃脱组那些能够跳过隔板的狗平均所用时间，将近其他两组狗平均时间的两倍；但可逃脱组与控制组之间的差异无显著性。

3）10次尝试中至少9次不能跳过隔板并避免电击的狗在每组中所占的比率，在可逃脱组与不可逃脱组之间也存在非常显著的差异：可逃脱组无一失败，控制组失败率15％；而不可逃脱组高达80％，其中的6只狗在9次甚至全部10次尝试中完全失败。7天后，这6只狗被放入梭箱中再次进行实验；结果，6只狗中的5只没能在任何一次尝试中逃脱电击。

[讨论]

可逃脱组与不可逃脱组之间唯一的不同是：狗能否主动终止电击。因此，塞里格曼和梅尔得出结论认为，一定是这种控制因素导致了两组狗在梭箱中学习逃脱电击时表现出明显的不同。换句话说，可逃脱组的狗在梭箱中能正常学会新技能的原因，是它们在前一阶段已习得自己的行为与电击终止之间存在相关，因此它们能主动地跳过隔板并逃脱电击。而不可逃脱组在前一阶段的行为与电击的终止毫无干系。因此，在梭箱中它们并不认为行为能终止电击，故不会主动尝试逃脱。正如塞里格曼和梅尔所预言的，它们习得了无助感。

偶然地，不可逃脱组的一只狗在梭箱中做了一次成功的逃脱，然而，在下一次实验中，它又恢复到无助状态。塞里格曼和梅尔对此的解释是：即便是在一次成功的经历之后，前一阶段动物的无效行为依旧阻止它们在新的情境（梭箱）中形成终止电击的新行为方式（跳过隔板）。

塞里格曼和梅尔在论文中报告了后继研究发现的一些有趣结果。在第二项研究中，首先将狗放置在可逃脱的情境下，在此情境下狗可以挤压鞍垫以终止电击；然后将其转移到不可逃脱的条件下；最后将狗放入梭箱中接受10次测验。处于不可逃脱条件下时，狗不断尝试挤压鞍垫，并没有像在第一项研究中的狗那么快地放弃了尝试。更有甚者，它们在梭箱中成功地学会了逃脱和回避电击。这表明，一旦动物习得了有效的行为，随后的失败经历不足以消除它们改变自己命运的动机。

[后续研究]

让我们看以下由芬克尔斯坦和雷米(Finkelstein&Ramey,1977)完成的研究,这项引人注目的研究可作为习得性无助的进一步证据。在所有婴儿床的上方架设旋转的可动装置。一组婴儿枕头是对压力尤为敏感的特制枕头,以便通过转动头部控制可动装置的旋转。另一组婴儿房间里虽然也有同样的可动装置,但它们被设定为随机旋转,不受婴儿的任何控制。可控制枕头组每天有10分钟时间接触这种可动装置,经过两周,这组婴儿掌握了非常熟练的技术,通过转动自己的头使可动装置旋转。然而,更重要的发现接踵而来——后来实验者把不可控制枕头组的枕头全换成可控制的,并给予这组婴儿比第一组更多的学习时间,他们却全都无法学会控制可动装置。第一种情境下的经历已使婴儿了解到自己的行为是无效的,并且这种认识迁移到可控制的新情境下。对于可动装置,婴儿们已习得了无助。

另一项研究验证了学习障碍与习得性无助之间的关系,它增进了我们对儿童学习过程的了解。在此研究中,研究者比较了有学习障碍的三年级学生与正常三年级学生完成阅读任务的情况,阅读使用的材料高出这些学生的阅读能力。两组被试在完成阅读任务时均告失败。然而,有学习障碍的学生比正常学生更难从失败的压力中恢复过来。把塞里格曼的理论应用于该结果,其重要的一点是要认识到:学生经历失败后所产生的应激可能导致更进一步的失败,并使他们索性放弃和停止尝试,换句话说,就是习得了无助感。

这些实验和研究,已经很充分地证明了"成功是成功之母,失败乃失败之母"的基本道理。因此,父母陪伴孩子学习,其核心任务是陪伴孩子创造成功体验,在学习和生活过程中积累一个又一个小成功,支持和鼓励孩子面对学习挑战,走向大成功。孩子刚进入小学,他们未必已经清楚什么叫学习,也不知道怎样做个小学生。这个适应新的身份和新的环境的过程,是需要父母亲帮助的。

父母亲要帮助孩子提高注意能力。

在幼儿时期孩子们的无意注意能力占优势,到了小学阶段,需要他们的有意注意能力得到发展。这是一件很有意思的事情,心理学家通过研究发现,小学阶段有意注意已经有了较大发展,但无意注意还起着很大的作用,尤其是低年级的孩子们。小学低年级教师的任务之一是帮助孩子促进有意注意的发展。他们可能使用丰富的课堂模式,来吸引学生的注意力。即便如此,在一个班级里,初入小学的孩子们,注意能力还是相差很大。从小学开始,课堂教学的核心任务是文化教育,那些注意能力跟不上的孩子,就会遭遇学习的挫折。

注意能力有四个基本维度组成:

一是注意稳定性。我把它理解成注意强度,是指集中并持久注意在所做的工作或事物上。

二是注意的范围。注意范围大小和过去经验有关。比如,低年级儿童在阅读时,常是一个字一个字地去读,他的范围就较小;阅读的技能形成了,他一次能看到整个句子,阅读范围就扩大了。注意范围大小与思维发展相联系,小学生思维富于具体性,因此在一些复杂事物面前,不能找出其间的联系和关系,只能找出一些个别的特点。他们的注意范围比较狭窄。

三是注意的分配。童年期儿童不善于分配自己的注意,这表现在初入学儿童不能同时注意上课的作业和自己的行为。如老师要求儿童写字或看书时坐的姿势要直,但当他们集中注意写字时,就不再注意坐的姿势了。儿童不善于分配注意是因为儿童对要注意的事物不熟悉,如果儿童写字成了自动化,那他就能把注意集中到坐的姿势上了。他也能边听老师讲,边记笔记了。

四是注意的转移。注意转移因人而异。我们常常看到,有些儿童注意转移比较容易,有些则比较困难。我们还观察到:有些情境下儿童注意容易转移,有些条件下注意不易转移。这是因为,注意的转移受下面一些因素所制约:

(1)受客体(或活动)的兴趣性和意义的重要性所制约。如果新的客体比原来注意的客体对人的意义更大,注意的转移就容易。

(2)受客体(或活动)的强度的制约。学生的注意从较强的刺激转到较弱的刺激是比较困难的。

(3)受到旧客体是否有连续性的影响。旧的活动尚未结束,要求注意马上转移到新的活动上,常常会发生困难。

(4)受个体神经活动特点的影响。个体的神经类型不同,有的学生兴奋抑制的转换比较灵活,有的则比较迟缓。

你会发现,这些是学习活动的重要条件,但是,不要误会必须等孩子的注意能力提高了,才对他们有学习要求;在学习要求中,孩子的注意能力会得到锻炼。正因为进入小学的孩子,其基础水平参差不齐,家长需要配合老师的教学,来提高学习能力。这些能力,无关乎孩子掌握了几个拼音几个汉字,也不是去哪个教育培训机构训练来的,而是在生活细节中自然养成的。

实际上,孩子进入小学之前,有意注意已经得到培养,这个培养主要来自家庭和幼儿园生活中,孩子们参加和完成带着明确主题的活动,他们投入一个游戏,或者投入一则故事,或者投入一个影视节目,他们不受其他因素侵占而保持对当下活动的专注能力,就是有意注意能力。这些已经得到了锻炼的孩子,他们可以像听故事一样,一节课跟着老师的节奏与老师互动信息。对于那些缺乏这些锻炼,注意能力不够的孩子,父母亲需要陪他们一起做一件事情、一起讲故事、一起看电视(选择谈话类节目)等活动,来帮助孩子提高注意稳定性。

早些年丰富的游戏和社会交往活动,会让孩子的注意范围比较大。一个在郊游中与父母共同承担事务的孩子,他必须同时注意眼前的事物和周边的车子、陌生人和美景,他还要和父母交流说话,而交流说话的范畴又需要他去注意。这种能力来自大脑所得到的锻炼。

端着他爱吃的食品从爸爸这里走到妈妈那里,还要留意脚下的台阶,这就是注意分配。这种锻炼不是靠爸爸走过来把东西送进孩子嘴里能得到的。抓起一个溜溜球,既要让它旋转,又能上下左右甩动,这就是精细化的注意分配能力。这种几个神经发射同步协调的能力,根本不是靠思想教育能换来的。

放弃既得愉悦,转换成另一项可能的事务或者挑战,再换回另一种愉悦。孩子从小相信父母的授意和安排吗?如果你能创造此种情境的常态性发生,孩子很快能形成注意转换能力。

在生命早期,孩子不会自主选择,他们会自然选择把注意力固着在既得的愉悦上。是父母或者其他养育者,毫不犹豫地帮助孩子选择下一个行为,父母知道孩子细若游丝的发展意愿,自信地帮孩子体验到下一个选择是另一种愉快。孩子已经信任这种转换,他们和爸爸妈妈相处甚欢,到小学时,他们可以愉快地切换频道,积极投入每一项选择。这不是靠压制换来的,而是引导,甚至可以理解为诱惑。这需要父母高度关注孩子,比如:你带着孩子参加亲友聚会,看见了饭菜,人未到齐;敏感的你已经发现了孩子的注意力已经被饭菜吸引;聪明的父母会转移孩子的注意,跟孩子讲一个他喜欢听的故事,或者画一幅好玩的漫画,或者帮助孩子展示一下他可以赢得赞誉的本事,孩子做了,做了之后,他又发现当大家一起吃饭时候的那种氛围感,并且自己是氛围中的一分子,他有了一种新的愉悦感。他知道,可以控制自己,并且控制是可以换来好处的。注意力转移就是一种自我控制能力。另一种父母不够聪明的做法是,先让孩子吃一点,满足他,然后告诉他够了,现在自己去玩一会;其实孩子已经失去了自我控制感(那是一种体会到自我发展的愉悦)。那孩子长不大了,对吧?那些孩子会执拗,当孩子执拗的时候,父母亲还没有明白那是注意力转移困难,他们试图控制他们的孩子以换回自己的需要(他们的注意力不在孩子身上),可是,控制一个缺乏自我控制感的孩子,确实是一件辛苦的事情,而且得不偿失。

专注当下、观察更多、分配协调、快速转换,这些能力统统不是从课本中学来的知识,而是生活中养成的本领;但它们是有效学习和运用课本知识的基础条件。当孩子进入学习阶段,这是第一个要准备好的,来自父母的养育,这个准备其实早在几年前就开始了。当我们说你的孩子做好进入小学的准备了吗?不是说,去参加了暑期幼小衔接补课班没有,而是说这些年你们准备好了吗?

无论你是否准备好,孩子都要进入小学读书。进入小学时候,第二个同样重要的准备是"语言能力",首要是口头语言交流能力,其次是初步的阅读能力。口头语言交流能力包含着听的能力、理解的能力、表达的能力,这些是在学校里听懂别人说话,明白别人意思,表达自己意思的重要能力。人类是靠语言来完成信息传递的,老师教学也主要是依靠语言来完成的。哪些孩子会准备好了比较强的语言能力呢?上一章内容中多次强调的早期语言熏陶,那些在这方面做得比较好的家庭,他们的孩子往往具有比较强的语言能力。那些曾经给孩子讲了不少故事的父母们,很快会发现,当孩子在小学里学会了认读汉字,那些他早已会讲的故事书,他可以对照着背出来的读音,快速认读每一个汉字。不出两年,比其他不曾有过这种早期阅读经验的孩子,他掌握了更多的词汇,他们的基本读写能力超出另一些孩子一大截;不仅如此,对语言的敏感性,使得他们的记忆能力也比其他人强。这些仿佛天生的能力,会给他们带来极大的福利——他们学习效能高,而且学得比另一些孩子快乐,更能创造优秀的学业成绩。

注意能力、语言能力、记忆能力都做好了充分准备的孩子,进入校门。他们面对文化学习,会得心应手一些。于是,他们拥有了良好的学习效能感,第二件事情自然就发生——对他们来说,成功是一种习惯。

**【教育是培养自信的过程】**

如果你能理解"教育是培养自信的过程",你也就能理解为什么说"成功是一种习惯"。初入小学,几乎每一个孩子都是机械型地学习的,他们听从老师的引导和安排,进入校园学习的模式,同步的家庭学习也进入与学校教育相匹配的模式,这个模式是完全有意识的学习,有明确的学习内容,有明确的学习时间,有明确的学习结果检验。那些有了比较好的学前准备的孩子,他们的注意能力、自我控制感、记忆能力,都让他们在应对学习生活中显得绰绰有余,他们可以轻松地一节课跟着老师的节奏专注地完成学习,也可以快速在课间十分钟完成注意力转移;回家作业,同样可以快速完成。他们的大脑在各种学习活动之间快速转移,乐此不疲,并且在这个过程中得到快速发展。也有一些孩子,他们还没有做好充分的准备,他们的注意稳定性不够,没有能力一节课始终保持与学习进程同步,他们也不能快速切换完成注意力转移,他们还经常忘记一些细节。显然,这两种学生,在小学开始的时候,对学习的感觉是不一样的。而且,我们可以发现,他们的父母亲对孩子的学习行为所持的态度也不一样。前者因为看见孩子的高效能行为而更容易产生欣赏和满意,后者因为孩子效能不高而产生很多消除焦虑的行为——很难想象,但必须承认,我们已经有太多家长,从孩子一入学就已经在各种补习班中赶场子了。

第一种孩子,在小学的初始阶段,就开始尝到成功的滋味——做对了题目,获得了表扬,得到了羡慕,看见了父母的笑容……所有这些生活中的镜子,都让他们看见——我是好的、受人欢迎的。他们由此体会到自己面对学习的信心和效能感,他们在这个过程中还获得了拥有自我控制感的愉悦。

第二种孩子,在小学入学没多久,还感觉不到自己在某些方面的落后,因为他们的感知系统还不够发达——也就是说,他们没有那么敏感——他们没有感觉到应该能感觉到的东西,比如:在学习行为上,他们意识不到自己的注意力不稳定,也感觉不到自我控制感。他们被不知名的力量推搡着往前走。大概在三年级左右,生活终于教会他们可以感觉到异样了。他们发现了班级里同学之间的明显差异,他们发现了老师对不同学习行为和学习能力有不一样的应对方式,他们发现了父母对他们有额外的要求——他们必须在学习上做得跟别人一样好,否则父母会不高兴——而且父母会真的收回笑容。他们的存在感受到了越来越明显的挑战,他们的内心会有一个声音这样问——我是值得的吗?

显然,第一种孩子已经尝到了自信,父母要做的是陪伴孩子往快乐阶梯的高一层走。所谓快乐阶梯,是说人类获得快乐的途径和动物有很大区别,动物只需要生理性满足就愉悦了。它们开心地吃、开心地一起打滚嬉闹,或者受本能驱使到处交配。人类的愉悦感,更加丰富和多层次,人类吃到好吃的当然开心享受,人类也嬉闹,人类也在性行为中体验愉悦;但是人类还有精神和情感层面的愉悦感。得到尊敬的愉悦感、完成一项任务的愉悦感、发现美好的愉悦感、成就感、自豪感、集体愉悦感……诸如此类的精神层面体验,这些都在人类社会活动中产生。孩子最小的时候,满足于生理性的愉悦感,随着孩子参与社会活动范围和层面的发展,他们能够逐步在精神层面获得愉悦感。这个过程,与孩子们的阅读分不开,阅读就是通过人类交流的工具,去发现和体会人类的生活故事及其精神和情感体验。

动物们在孩子长大后,就会毅然决然把孩子推开,它们必须离开父母,或者成为家族中平等的一员,走进大自然,自主生存。这个过程叫断乳。人类的断乳,不仅是生理上断乳和生活基本料理上不再需要父母帮忙,还包括心理断乳。心理断乳又被称为"象征性阉割"。简单地说,就是阻隔在低层次愉悦感的停滞徘徊,向高层次愉悦感迈进。这个过程不是孩子自然就可以完成的,需要父母亲帮助其完成。让孩子不断体会到,父母亲帮他做出的决定和选择,放弃低层次愉悦感,可以获得高一层次新的愉悦感,孩子会信任父母的推送决定,他们会越来越勇敢地往前走。在这个往前走的过程中,他们做好了进入小学的充分准备,并且在以后的学习生活中,获得更多社会愉悦感,因而变得更具社会能力。

那些心理断乳完成得不够的孩子,通常就是前面说的进入小学以后的第二种小孩子。放弃对生理性愉悦感的执拗,尝到高一层次的愉悦感,需要具备一定的社会能力,最基础也是最重要的是语言能力——他们得有能力听得懂别人的故事和故事中的情感;他们得有能力与人交流,体会到交流中的情绪和情感,明白别人的期望和想法;他们要有机会发现语言打开了另一扇大门,那是一个宽阔的世界。除了语言,其他方面的社会活动能力,上一章中所列举的幼儿园学习,都是可以帮助孩子们做好进入小学准备的。可惜的是,好多家长会把事情看成"有"和"无"的二元世界,他们没有领会孩子在"全有"和"全无"的连线上的某一个点,那个点代表了他目前的发展水平。进入小学前发展水平越低的孩子,在小学之初,越需要父母亲的陪伴。对发展水平低的孩子与发展水平高的孩子,父母的陪伴方式和内容当然是不一样的。

教育是培养自信的过程,是对所有孩子说的。

第一种做好了充分准备进入小学的孩子,找到自信的过程比较容易;第二种进入小学前发展水平比较低的孩子,找到自信的过程比较困难,而且在群体的脚步声中,他们会遭遇到更多曲折和挑战,谁来帮他们一把呢?有人说,老师们应该帮助孩子获得自信。如果我们能够客观地观察生活中所发生的事情,我们可以发现,老师们已经很努力,并且承担了很多超出他们岗位职能之外的事情。可能受内心愿望的影响,好多家长尽管嘴上不说,内心里身不由己对学校教育和老师工作下了一个非理性的基本假设作为前提——他们以为,学校教育和老师的工作就是为了每一个孩子都可以成为上清华北大的优秀人才。暂且不说对人才观念的认知误差,单就学校教育的本质来说,这个心理误会可真的大了。九年义务教育,是基础读写和学习能力的教育,学校教育的基本假设是每一个孩子都有可能掌握社会生活所需要的基础读写和学习能力,它是一个个人能力的区间。如果老师认为自己班内的每一个学生未来都是要上清华北大的,并且为之而努力,这显然是伪科学的、非理性的、也是对学生不公平的。而家长们未必这么想,就一个家庭来说,我们当然希望孩子是那个最优秀群体的一员。所以,学校的目标是普世和均衡教育,中间自然有学习能力高低差异,随着年龄增长,在整个社会教育和学习体系中,孩子们会有不同的适合他们的机会。

而家庭的目标是超越别人,那当然可以,也是对的。但家长不能以这个目标来衡量和要求学校,甚至情不自禁对老师提出苛责。家长们要看到学校教育已经在尽可能丰富的层面上满足不同层次学生的学习需求,其基准线是学生整体学业水平;也要看到老师们为了帮基础水平低的孩子补上缺损,承担了额外的工作,甚至不少老师为此贡献了自己的工作外时间和精力。家长真正要做的是，家庭可以为孩子做什么，家庭如何可以帮助孩子在学校中实现自我超越，创造卓越。这中间机遇和风险同时存在。

第一，帮助孩子准备学习。

孩子进入小学阶段学习的准备基础有高低，决定了孩子的学习效能。构筑充分高人一等的学习基础，其机遇来自0—6岁的家庭养育和教育质量，也有部分来自遗传的先天禀赋。父母们在0—3岁早期养育和3—6岁家园融合的学龄前教育过程中，无所作为自然不好，舍本逐末的错误行为更加不好。第三章《爱的种子》，就是指在早期家庭养育中，父母给孩子精神世界种下一颗怎样的种子。

这个时期分为两个阶段，0—3岁为一个阶段，我们叫它早期养育，其基本法则不能违反。违反那些基本法则的父母，不是不爱孩子，通常是以爱的名义实施了不正确的早期训练。我们称之为错误的养育方式。

3—6岁是第二个阶段，从家庭养育角度讲，这个时期最好称之为"家园融合学龄前教育"——家庭养育和幼儿园教育相融合的学龄前教育。这个时期，孩子们由原本单一的家庭中"亲子关系基本环境"升级为"亲子关系"加"社会关系"的环境形态。在幼儿园，是个体与个体的关系、个体与团体的关系、是有组织的正式集体关系，孩子们的世界发生本质的变化。在这个三年的转型变化中，角色意识和行为能力得到比较完善的发展，在发展过程中完成良好的心理断乳，都是进入小学的基本准备。幼儿园小班、中班和大班，父母亲如何与幼儿园教育相融合，做好家庭早期教育，在第三章已经有所阐述。在这个阶段孩子们学习能力逐渐增强，他们对许多新鲜事物感兴趣，愿意学习和尝试；但是，他们的感兴趣可不是冲着任何一张证书去的，而是对这项活动本身感兴趣——带着好奇的兴趣，不是个人爱好的兴趣，他们真的是"兴致而来的趣味"。家庭教育的风险在于，对孩子的兴趣误判，原本有趣味的学习，变成有指标有目标的技能训练，而且很可能是专业化技能训练。这里就有一个区分：孩子很有兴致地领略专业化练习过程，可以；孩子没有兴致，苦唧唧地领教专业化训练，不可以。很多家长问该不该学、适不适合学……实际上答案在家长自己眼里，孩子自己心里，标准就是这个区分，前者可以划归机遇，后者应当归入风险。

第二，帮助孩子学会学习。

校园里存在着一个学习效能的金字塔形常态分布，处于金字塔最顶端的是"自主型学生",他们创造卓越、享受学习并且有很好的情商表现,往下依次是"进取型学生"、"机械型学生"、"被动型学生"和"厌学型学生",顾名思义就知道大体分别是怎样的状况。初入小学,孩子们大部分是机械型学生,他们还不知道什么叫学校学习,怎样算是好的课堂学习,怎样进行家庭作业,诸如此类的细微事情,实际上就是一个培养对学习的感觉的过程。用不了太久,他们的认知中,对学习两个字的实际含义变得具象化了。一个孩子感觉一回家先打开书包做作业,趁热打铁快速完成,然后再做别的事,是学习;他心中的学习是自己生活中要快速完成的事情。另一个孩子觉得:一回家先吃点东西,玩一下玩具(跟玩具分别一天了),然后吃晚饭,接着在父母的授意下做作业,做了之后给父母看,然后获得评价,这是学习;他心中的学习是一件他参与的重要的事情。这两种孩子对学习的内在感知是不一样的,实际上别人看到的是这两个孩子对学习的态度是不一样的。

几乎每一个家庭的孩子,其认知中都会有不一样的"学习"这个行为的含义。成年人以为学习就是学习,细加推敲,学习在不同人身上具有不一样的"生活画面"。你期望你的孩子心中"学习"是一种怎样的生活画面呢?这需要家长在孩子刚入学的那一天起,帮助孩子作出最合适的行为来选择生活画面。你不帮他选择,孩子自然会在家庭行为模式的影响下,顺着以往的快乐原则选择,他不是故意的,但他们确实把自己选择成了自己。这个过程的机遇和风险不言而喻。

第三,帮助孩子赢得学习。

学习中的成就感,并不是一定要靠考试分数的排名来获得的。现在学校已经淡化排名,主要是考虑到对部分排名落后学生的负面影响,实际上生活中的排名现象永远存在。小学一二年级的孩子,也已经体会到生活中的排名,一次作业下来,同桌打了一个五角星,自己没有得到五角星,孩子就羡慕同桌的五角星;反过来,同桌没有得到五角星,自己得到了五角星,孩子就很满意——是对自己的满意。将来他们才明白,这种满意叫成就感。随着年龄的增长,成就感会越加丰富起来,不仅仅是与人比较中获得成就感,实现目标也叫成就感,自我完善也叫成就感。无论怎样,成就感来自自我实现。

心理学研究发现,当人们某种需要获得满足之后,不是放弃这种需要,而是会加强这种需要。喜欢抽烟的人,抽一支满足了吧?不一会儿,又想抽一支；喜欢玩电脑游戏的人，玩了一下午了，满足了吧？晚上又想玩了。有些家长喜欢给孩子玩一会儿游戏，以换取孩子认真完成作业。最终他们都会失败：完成作业并没有建立起满足感，满足感建立在电脑游戏上；以后的事情是孩子尽可能潦草地完成作业，尽可能认真地玩电脑游戏。家长们以为这是孩子的问题，前来寻求心理疏导，实际这是他们自己造就的。当这些家长来咨询的时候，我特想说：你介意啥呢？这个世界那么多人"手游"不离身，一样在上班干活养家糊口，有些还房子比你多。一个孩子一边玩游戏，一边上学读书完成学业，最后也会有机会获得职业能力；将来成家就业，家里也还是有游戏，就像现在你在家里看电视一样正常。市面上不是还有个专门名词么，叫"玩家"么。（有句时髦的话不知是否这样说：我也是醉了。游戏是个产业，玩也成家，祖宗说的玩物丧志看来真是老古董了；将来，这个世界的政治、经济、军事和核武器交给这些正在游戏世界里成长为玩家的孩子，不知道会是怎样？）

　　家长们可能是想要孩子创造卓越学业成就，将来考入名门大校，未来成就惊世伟业，这个叫梦想。不能拿梦想的标杆来衡量当下的孩子。父母亲要从孩子的现状和实际出发，来衡量孩子当下的学习及其效能，并施以援手，孩子们可能在实际行动中体验到"我能行"的个人控制感和获得成果（父母积极关注和社会良好评价）的成就感。这种成就感提供人们个人满意的效果，孩子们需要这种个人满意来保持和发展他们的学习行为，充实和增强他们的学习动力。但孩子毕竟还小，有些事情做起来费劲，比如写字：原本写字只是一个初始的要求，一年级时，孩子受限制于手指肌肉的发育和握笔姿势等因素影响，写出来的字难看在情理之中，何况原本老师并不是作为练字在要求的，而是作为认字的辅助方法，并且逐步培养孩子们的写字能力。如果家长以必须把字形写得符合某个好看的程度为标准来要求孩子，并在练习的过程中采取"惩戒"措施——不少家长会反复用橡皮擦掉孩子的作业要求重写，甚至有些家长因为恼火而撕掉孩子作业本子——这样看起来家长很负责任，实际上他们可能正在损害孩子的学习积极性。这个度的把握非常重要，挑出几个写得明显难看的，手把手适度纠正，并赞赏孩子由此完成的学习过程。初入学校的孩子会觉得学习是一件自然而有意味的事情。

　　很多家长不会做这个援手，却热衷于做裁判来判定孩子的作业质量。我经常跟有些家长半开玩笑地说，作为成年人，会写几个字，并不值得在孩子面前耀武扬威,孩子不能对你生气,他只能对学习生气。在我这里家长都觉得听懂了,回家做的时候,还是老样子——这叫习性。自己习性难改,却要孩子如何如何地优秀,这是在我们身边经常发生的事情。所以,当你做了父母亲,孩子进入学校,你要明白不能让这么小的孩子独自面对学习这么重要的事情,在初入小学的头两年里,他们还需要父母亲提供必要的帮助。两年,也就两年时间,他们可以快速学会学习,甚至赢得学习——创造学习成就感;以后你直接施以援手的机会将越来越少,直到有一天孩子可以离开你去经营他们自己的人生。

第四,帮助孩子严谨学风。

小学一二年级时候,孩子们普遍需要父母施以援手,他们的回家作业通常也需要父母亲过目把关。好多父母把这个过目把关当作任务,以为是老师偷懒叫家长们代劳。实际上,这是符合这个年龄段孩子的比较合适的家庭学习方式,老师也期望在家长们的协助下,孩子们不仅学会学习,而且体会到学习的成就感。他们由此形成并保持对学习的良好感觉,他们就有可能更好面对以后的学习。

帮助孩子的同时,风险也存在,就是家长们担心孩子会养成学习依赖——他们习惯于依赖家长,以后怎么办?这里有一个最本质的区别,孩子们依赖于家长的什么?施以援手,不是替代,也不是强迫,更不是教导,而是陪伴——参与孩子的学习过程,孩子们在家长面前展示他们的学习过程,并因此获得家长的认可和赞赏,他们更乐于展示他们的学习过程。不断展示他们正确的行为,他们就形成了正确的行为习惯。压制和纠正错误行为,并不能换来正确行为。陪伴孩子的过程就是一个形成正确行为的过程,中间会有纠正失误的机会,那也是一个温和简单的过程,注意点不在错误行为上,而在展示其正确行为上。父母亲能否做好这一点,看一个关键指标——父母的情绪:如果父母经常处于生气和愤怒状态,他们只是在指责孩子的错误行为,孩子除了内疚和愤怒,没有收获感。一天到晚砸烂孩子的糟糕作品,却没有帮助孩子创造成功作品,其结果是不会再有作品。所以,给孩子的学习施以援手,其风险并不是形成依赖,而是父母的坏情绪所产生的负面影响力。

经过小学一二年级两年的学习,孩子们已经适应学习生活,并且具备了学习行为能力。三年级,孩子们开始由童年向少年,他们开始具备更强的自我认知能力，自我控制感和自我展示能力也快速增强。这个时候，父母亲要做的一件重要事情，是帮助和鼓励孩子自己为学习质量负责。最典型的家庭教育行为的改变是，家长不再帮助孩子检查作业质量，转而由孩子自己检查。鼓励孩子自己检查，鼓励孩子提高作业的一次成功率，是这个时期最重要的学习行为发展任务。让孩子自己检查并提高一次成功率，这将有助于孩子们为自己的学习质量负责，并形成严谨的学习风格。有家长问：怎么做呢？孩子不肯自己检查，怎么办？问这样问题的家长，多半之前两年没有做好，或者做歪了。父母不用刻意做这件事，在陪伴中很自然提出请孩子帮忙检查一下他自己的作业，你只管签名即可。"帮妈妈检查一下你的作业，检查好了我签名"跟"从今天开始，你自己检查作业，我只管签名"是两句完全不一样含义的语言。

无论怎样，三年级是一个分水岭，走向少年的孩子们倘若体会到学习中的自控能力和成就感，并且形成严谨学习风格，就站上了一个新的人生台阶。也有可能缺乏自我控制能力和成就感，在学习行为能力上处于停滞徘徊的状态，他们就有可能在接下来的时间里，逐渐走向另一条路：学习效能下降。

第五，帮助孩子学会选择。

小学阶段是童年走向少年的时期，孩子们喜欢在各个方向上找到赢的感觉。也是在这个阶段，父母亲可能为了让孩子赢得更多先机，鼓励、督促或要求孩子们学习其他技能，这些技能不外乎三类：书画艺术类、音乐舞蹈类、体育运动类。这当然好，但是要注意两点：一是不可贪多，什么都要学；二是不可贪名，学习为了考级和比赛而丢了乐趣。熏陶是一个过程，这个过程原本可以使孩子们享受到学习的乐趣，当变成为了另一场考试的时候，就失去了乐趣。

另一种需要家长们留意的是，心理学称之为"替代性满足"的心理过程：当我们在这一个方面遭遇挫折，我们会在另一个方面找到满意感，从而来替代前一个方面的失意。这种替代性满足，可以让我们为自己开脱，并接受自己，这对维护我们的自尊和自我满足是很重要的，否则我们可能活在自我怀疑中。但同时，也会有另一种隐忧——我们可能因此而放弃某一些方面，把它们列为自己人生中不重要的选项甚至是可以忽略的选项。这是一个合理化的过程，它同样可能发生在中小学生的学习过程中。当学业上的挑战带给孩子太多压力,他们可能产生对自己能力的怀疑,甚至产生对学习意义的怀疑。这个时候,如果在其他选项上孩子获得比较优势,替代性满足就会自然发生——我记忆不行,背文言文老是弄错;可是我跆拳道行——在班级里,这个孩子就拥有了心理上的群体归属地位。这样一来,他可以接受自己学业能力比别人差一点的事实。这个过程原本没有问题,可是父母亲却要求孩子在学业上必须赶超别人。父母的愿望和想法是好的,但是到了孩子身上,就存在着三种可能性:

可能性一,孩子会从跆拳道上学到自我控制和信心,转而对文化学习也找到自我控制和信心,虽然辛苦,但他会坚持。他的学业成绩也会提上来。前提是,他真的在跆拳道上获得了自我控制感和自信心,而不是虚假的自我安慰式的替代性满足。所以,我相信高明的跆拳道或是其他任何文体艺术类的老师,会在教学过程中帮助孩子体验生活道理,而不仅仅是传授技术。

可能性二,孩子并没有在跆拳道学习中获得自我控制和信心,面对父母提出的学业要求,他感觉到的是他聊以自慰的替代性满足也被撕裂。他可能会抗拒,并且对跆拳道也逐渐失去热情,开始转而寻求其他兴奋点——比如:换一种课外兴趣,或者沉迷于网络游戏。

可能性三,孩子在跆拳道上是可以找到自我控制和信心的,但是在文化课学习上很难找到,他开始放弃文化课学习,转而进一步关注于跆拳道。这原本也可以,就需要父母亲转变态度,孩子的未来在跆拳道上,如何?观察发现,绝大部分父母不同意或者不甘心,于是,家庭教育和亲子关系陷入纠葛状态。最终孩子把跆拳道也放弃,开始对自己不满意并放弃自我控制,对自己听之任之。也有父母能够做到支持孩子选择跆拳道,降低文化课要求,并且愿意一起努力。这个很可能是一条成功的道路。这个成功有两层含义,第一层含义是孩子可能在跆拳道事业上有所作为;第二层含义是孩子也可能在自我满意的过程中,在其他方面(包括文化课方面)获得新的可能性。这是一个培育的过程,父母亲能做的是支持和陪伴。

替代性满足是一个自然发生的心理过程,没有好坏之分。在孩子成长过程中,父母亲要帮助他们作出正确的选择。心理学研究还发现,当人们在较低层次获得满足之后,可能会朝追求较高层次的满足发展,也可能停留在较低层次;当人们在较高层次不能获得满足的时候,会转而求其次,回到较低层次来获得满足。退一步,海阔天空;进一步,世界更新。进退之间,包含着孩子的世界里将拥有什么样的自我体验。当然,这对成年人来说也是一样的。

第六,帮助孩子拓展视野。

到了小学后半期,孩子们的阅读能力得到了比较大的发展。阅读,可以拓展孩子们的视野,让他们对这个世界的认知更加具有宽度和深度。遗憾的是,我们确实看到,目前有太多的孩子被剥夺了这个机会,他们被局限在校园围墙和校外补课机构之间,他们的时间被反复操练的"作业任务"挤满——不少孩子感觉到学习味同嚼蜡,那仿佛是一场体力搏击。很多家长,花钱把孩子的时间卖给别人,然后埋怨学校不作为,却从不检讨自己。这真是一场苦命的人生博弈。

学习是一个厚积薄发的过程,阅读的习惯和大量阅读的积累,对孩子的好处会从当下一直延续到很远的未来。但阅读不是靠像布置作业一样要求孩子去做的,它是一个引导和养成的过程。首先,父母自己有没有阅读,家庭有没有读书行为?有一段时间,满世界批评指责中国人阅读量太少。确实,中国人多,不阅读的人是很多,但是阅读的人也很多;倒是那些批评指责自己国人的人可能未必是阅读的人,一个读书人是理解历史时期概念和文化发展概念的,是体谅和包容不阅读而辛苦劳作的同胞的,对吗?五千年了,中国人真的不阅读吗?要知道,在中国,四书五经和麻将老酒历来是可以放在同一张桌子上的,你选什么都可以。只是不要埋怨别人,更不要诬陷国家。所以,你想要孩子有阅读的习惯,体会到阅读的收获感,你自己可以先读起来的。

其次,阅读也是一个由浅入深逐步发展的过程,从学龄前的婴幼儿语言练习到学龄早期的阅读引导,再到青少年时代的自主阅读,这是一个连续体,通常是在父母的阅读陪伴下形成的。其阅读方式还包括讲故事、听广播、看电视,甚至也包括旅游参观。父母参与其中的阅读和讨论,对孩子帮助最大。从绘画本故事书的阅读,到经典文学作品的阅读,是一个养成过程,这个过程并不漫长,就十来年的光景。孩子们需要的是这种精神陪伴,这一点为人父母者要高度重视。

相比于那些因为缺少阅读而精神世界相对贫乏的学生,那些有良好阅读习惯和能力的学生,形成其他精神依赖成瘾行为的可能性要小很多,他们的思想和社会行为也更细腻,自我满意度更高。而那些阅读贫瘠的学生,可能容易思想和行为粗糙,或者被称为没有思想。当然,这里说的是一种比较容易发生的倾向,而不是绝对,因为生活中的反思和内省,一样可以提高个人思想和行为品质。

第七,帮助孩子正向理解。

校园生活免不了磕磕绊绊,老师既不是神仙也不是圣人,免不了也有疏忽的时候;同学更加不是木偶人,个个活蹦乱跳的,免不了有个冲撞的时候。当遭遇一些小挫折、小冤枉,父母怎么办?这对父母来说是一种智慧,要让孩子有阳光心态,就要让孩子关注阳光,而不是扮演受害者的角色。从小学到中学,随着孩子年龄的增长,对自己与周遭环境关系的理解,会成为他们自我感的一部分。世界里有更多阳光还是阴霾,取决于一贯以来的态度选项。

任课老师责怪学生"这么简单的也弄错,我讲了好多次,你都不上心啊?"顺手敲孩子一个脑门子,"不长记性!"这个虽然不能肯定是出于"信任和喜欢",但也确实构不成体罚学生。结果家长要跟老师算账,"你打我儿子干啥?"老师就会觉得索然无味。孩子喜欢老师,愿意帮老师撑个伞挡个太阳,他自己还觉得很骄傲呢。有人指责老师没有师德,叫小孩子为自己撑伞,世界就变得索然无味。有多少人习惯于用阴霾的眼光跟这个世界较劲?那么,这些人可要小心了,你们的孩子可能正生活在你的阴霾之下。帮助孩子正向理解生活中发生的人情俗事,是最自然不过的一件事情。对于好多家长来说,做到这个也很难,因为这也正是他们自己所缺乏的能力。

第八,帮助孩子理解自我。

随着年龄的增长,孩子们的社会自我逐渐形成,这个过程通常是身不由己的:社会比较、失败与成功的体验、性别角色、同龄社群关系、家庭归属感、地区文化影响、学习带来的认知变化、对周边环境乃至更宽阔的历史地理环境的认知等等,都逐渐使孩子意识到自己的社会属性,这种社会自我的感觉会变得清晰起来。他们开始给自己归类,并且表现出该类社会群体的行为特征。

当来自成都的三个小男生组成的 TF BOYS 粉墨登场的时候,校园里有好多粉丝欢呼雀跃,他们把自己归入一个群体。同时,在同一个校园里,另一批孩子把前者叫做"脑残粉",那是另一个群体。几乎每一个学生都能把自己归入某一种群体。这些群体具有某些典型性行为特征,看似边界模糊、概念模糊，实则真真实实地明确存在着，并且对群体中的个体产生比较深刻的影响。在一些孩子身上，这种影响甚至超过同时期父母亲对他们的影响。

跟孩子始终保持着沟通连接的父母亲，可以轻松发觉孩子把自己归属于怎样一个同龄社群或社会人群阶层。帮助孩子更好理解自我和社群以及更大范畴社会群体的关系，有利于他们体认自我角色感，孩子把自己放在哪一个社会阶层或群体角色，他的发展方向就在哪里。目光所及之处，就是他的社会自我安身立命之处，而起点就在脚下所站之处——家庭。在少年时代，跟孩子讲一讲家庭历史，是很有必要的，有利于孩子自我感更完整，形成和发展家庭使命感。

帮助孩子理解自我，包含对自我的接纳。不少孩子的主要挫折感来自因学业成绩而产生的社会比较，为此社会要求学校老师不公布成绩，言下之意别通过比较成绩来伤害孩子。这种认知简直粗鄙到了无知的境地。学校老师公布学习成绩，是对在座各位组成的一个群体近期学习效能的检视，目的是让每一位参与者观察和发现自己。造成伤害的不是公布成绩，而是对成绩高低的态度。谁对成绩高低的比较最在意呢？主要是父母，这种社会比较的取向毫无掩饰地写在父母的脸上。父母是否允许并接受自己孩子做个幸福的普通人而不是天才，这是关键。伤害来自不切实际的贪欲，而不是老师公布考试成绩。不允许老师公布考试成绩这种掩耳盗铃的做法是没有意义的，不仅缺乏专业态度，而且是对教育的粗暴干涉。学校，当然要对学生学习能力和学业水平进行检测和排摸，否则如何发现谁可以去研究航天发动机，谁适合去烘烤面包？至于社会对这两种职业持什么态度，难道应该由学校来回答吗？这种态度，就在每一个普通人心中，当然也在每一位父母亲的心中。你想要社会公平，就请你首先对社会公平，消除你的偏见；你想要孩子快乐学习，就请你首先接受孩子只是一个普通人，他的学业成就高低并不构成全家幸福与否的依据。我经常问一些咨询者：倘若你家孩子真的只是一个普通学生，未来也是一个普通劳动者，你们家就一辈子没有笑容了吗？这是多么不公平的人生！

学校学习，主要是文化学习，文化是人类这个物种独有的工具，个人的生存和发展当然要掌握这个工具；而教育除了掌握文化工具，还包括对文化内容的理解，对自己和别人关系的理解。人类最初的社会化发生在家庭里，家庭永远具有重要的教育责任和教育作用。用现代心理学诸多理论来研究对照,中国古代先贤对家庭教育的阐述是科学的。一部《弟子规》写得清清楚楚:总序"首孝弟 次谨信 泛爱众 而亲仁 有余力 则学文"——可惜的是,不少家庭为了"学文"顾不上"孝悌谨信",更谈不上什么"爱众"和"亲仁"了。现在不少人做传统文化经典诵读,在教孩子诵读《弟子规》,有用吗?基本有用,大体上是认识了一些汉字,知道了一些意思;但《弟子规》是家庭成员行为参考准则,做才是关键。那些生活实际中不做,而要求孩子背诵《弟子规》的说教者,其行为已经失"信"了。

所以,帮助孩子理解自我,还包括了对人际关系的体认。体认是从家庭开始的。孩子理解自己是家庭的一分子,并且乐意接受和做好这个家庭角色;进而理解自己是社会不同社群的一分子,并且乐意接受和做好那些社会角色。这样的孩子在成长过程中不缺力量,他们的力量由内而发。

第九,帮助孩子树立目标。

在九年义务教育阶段,我国中小学教育普遍实行的是平行班教学,少有分层教学。在一个平行班中,孩子们的学习能力和学业水平有高低快慢的差异,随着年级增长,这种差异日趋明显。学习能力和学业成绩在平行班中逐渐自然分层,是一个合理的正态分布。家长和孩子对这种正态分布的态度是不一样的。在一个班级里,学业成绩不高的孩子与学业成绩高的孩子很可能是好朋友,而有不少家长却把自己孩子跟别人区别看待,恨不得把人家拉下来换自己孩子上去。在这个上去下来之间的观念中,包含着孩子们不能接受的社会偏见。

每一个人都存在一个人生坐标,越走向成熟这个坐标越能清晰化。这个坐标横轴的左端是"身在何处?"即在环境中的现状,右端是"去往哪里?"即想要成为的样子;纵轴的下端是"我的弱项"即短处,上端是"我的强项"即长处。这个人生坐标与数学坐标的不同在于,它的原点是可以移动的——在人生坐标中,我们唯一能控制的变量是我们自己。最合理的选择是横坐标不断往下移动,让自己的弱项变小,强项变大;纵坐标向右移动,让自己在环境中的现状有更大选择区域而不断靠近理想。反过来,会比较糟糕:优势逐渐失去而颓势越加明显,目标渐行渐远而选择区域越加局促。前者越来越自信,后者越来越不自信。

帮助孩子树立目标,并不是把别人当作目标去超越。把别人当目标,这是谁都会做的简单粗俗的方法,实际上就是时刻提醒孩子"在排名",孩子可以抗拒这种排名,因为在他们心里可能真的认可那位目标同学确实比自己高出一筹,他们原本愿意欣赏自己朋友的,在父母亲的排名评优下面,他们变得无所适从,也可能变成羡慕嫉妒恨而失去了欣赏的能力。这种排位赛,把人生误解成"上位竞争",把我要成功变成我不允许别人成功;无论成功的还是不成功的,都缺乏自我满意度,这是很危险的。

帮助孩子树立目标,是自我超越,达成个人愿景。和孩子讨论完成一次比较满意考试与应对一场并不满意的考试的不同感觉,鼓励孩子创造自我满意。这个过程是可以细节化的,落到实处的。一张卷子下来,无论分数高低,可以和孩子讨论,里面有多少不同性质的丢分,接下来可以怎么做才有利于下次提高效能,这是鼓励孩子跟自己的感觉对话,寻找属于自己的那个突破口。这叫实现自我超越,只有落到实处的鼓励和建议是有效的,那些超越别人的口号和标杆,往往令人生厌或空洞无力。和孩子讨论,意味着父母要听取孩子意见和想法,不是单向灌输和教导;很多父母以虚假的民主讨论来行使权力压迫。这是一种比较精细化的区别,看起来细若游丝,实际上力量强大。

第十,帮助孩子青春自护。

当优美的音乐响起,你是否还固守枯竭的思维?当生命的春天绽放,怎么可能无动于衷?所以,青春期的孩子们很忙,他们一方面忙于应对学习,一方面忙于探索生命。那是一种生命的再次唤醒,孩子们开始知道并逐渐体验和形成性别差异带来的自我感。青春期原本是人生最美妙的阶段,却被说成了最恐惧困惑的时期。面对孩子青春期的到来,很多父母手足无措或者无所作为或者作为过头,实际上很多父母亲自己的焦虑,被翻译成孩子"青春期叛逆"。

如果父母能够帮助孩子收获青春期,这将是孩子人生一大幸事。如果能将青春期的好奇、冲动、能量与环境的对撞、冲突和妥协转换成思想,进而形成对自己行为的掌控和情绪的管理能力,孩子会拥有一个风清气爽的生命春天;如果青春期的好奇、冲动和能量变成一场与环境的抗争,行为受制于失控的情绪,那么孩子会经历一个暴风骤雨的青春期。关键在父母,而不是孩子。

随着青春期的到来,孩子们对社会问题和社会现象产生兴趣,好奇心和独立感的召唤可能驱使孩子们更愿意尝试社会探索，包括独自外出，独立参与社会活动，一个人行走在人群中而不用听从父母的安排，可以自由决定而不是跟随父母，这对他们来说是高满意度的事情，这些都是青春期所必要的成年早期演练。父母亲跟孩子的交流不能再是只有学习了，饭桌交谈内容可以放弃部分学习内容，增加更多社会内容，在谈论张三李四各种身边社会现象、社会形态的过程中，孩子学到他所必需的社会经验，我们把这个经验叫做"青春自护"——青春期孩子走出父母保护圈，走向社会的自我保护能力。

听取孩子对他所在同龄社群的评价，表达你作为成年人对孩子同龄社群的重视和支持，这是聪明父母肯定要做好的事情。这样，孩子不用带着对父母的内疚感逃离家庭来参与同龄社群活动——那是一种心理能量的消耗；相反，当孩子带着家庭的支持和可以获得的参谋意见参与同龄社群活动的时候，他们是投入并且自豪的，这是一种心理能量的增添。

关键在于，你是孩子信任的参谋吗？

第十一，帮助孩子自我调适。

不要自定假设，以为孩子的世界里只有读书，好像也应该只有读书。即便真的只有读书，孩子也会有因为读书而情绪状态起伏波动的时候。儿子电话里说，这次考试没有考好，做爸爸的是听到"没考好"还是"这次没考好"预示着爸爸接下来的回应水平。爸爸知道儿子最近以来的或者长时期以来的学业状态，知道儿子正走在哪个点上，所以，爸爸会听到"这次没考好"并且理解这句话所包含的诸多信息。所以，爸爸会从比较宽的视野来安慰儿子，启发儿子自我调适，这是可以传递力量的沟通。如果爸爸恐惧于未来或者对儿子有疑惑，他可能听到的是"没考好"，预示着可能会有另一番回应：质量好一些的说不要紧不要紧，质量差一些的婉转地指出儿子之前没有做好充分准备，质量再差一些的，当然是情绪性指责，然后自己饭也吃不下。

帮助孩子学会调适，需要父母亲自身的能量。好多父母亲因为担心顾虑或者贪求太多，试图控制未来，使得爱孩子成为一种能量消耗战而不是加油站。他们通常没有能力帮助孩子实现自我调适，或者提供了虚假的解决方案，甚至增加孩子的压力。这份能量的基础来自父母亲站对了位置，他们的人生姿态基本决定了他们爱的能量是消耗还是增加。

与之愈多己之愈有，这是爱这种能量的特别之处。

帮助孩子学会调适,不仅仅是调适其情绪问题,还包括学会调适自己的位置和方向,孩子懂得把自己放在同龄社群中一个比较合适的位置,他会比较舒服一点,并且能更加无虑地投入学习生活。但是如果父母或周边环境给予他的方向的起点高于这个位置太多,孩子就无法自在,他需要调适自己的人生姿态,才可以找到舒适感。这个时候,需要父母亲帮助一把:找到杠杆点,帮助孩子调整位置和方向。问题是,父母亲自己愿意调整方向吗?那个方向很可能是父母亲的要求,比如一定要考上某所示范性重点高中,否则就是失败。如果不能调好位置,你就无法帮到孩子。大部分情况下,淡化一下既定目标,着眼于脚下有什么,找到落地的感觉,孩子才会有比较高的意愿、责任和信心。那些反复强调目标,以既定目标为导向,用尽各种资源和方法推动孩子朝目标努力的做法,让孩子执拗于当下,不敢往前行动的可能性更高。

学会调适,是一个十分精细的自我修正过程。孩子们在处理学习与生活、效能与挑战、关系与距离、目标与现实、当下与未来等问题中得到锻炼和成长。家长要看到发生在孩子身上、孩子必须面对的这些问题情境,就有可能给孩子提供参谋意见和参考标杆,帮助孩子获得成长,走向成熟。

第十二,帮助孩子学会放弃。

随着年龄的增长,进入高中的孩子开始感觉到自己以往生活中,有些事情有些人有些机会,食之无味弃之可惜,也有一些事一些人一些机会越加有意义。这个年龄段学会放弃也很重要。把那些食之无味弃之可惜的人、事、物轻松放下,轻装上阵,对高中生非常重要。这种放下是不再执着于过去,而是着眼于未来的自由选择,由此他们开始体验到人生自主的意义。自主可以做这样的理解:自由选择和明确主张。人格心理学的研究早就发现,当人们真的获得自由,需要自己承担责任的时候,往往是焦虑的。这个焦虑水平的高低,标志着自主能力的高低。你想让孩子学会选择,敢于承担责任,获得更多自主性的满意感;还是想让孩子放弃选择,随波逐流,让环境承担决策责任,搜索追随者的安全感?这不是要举手表决的,而是通过生活实际,用行为做出的选择。

帮助孩子学会放弃,是支持孩子学会自主的重要路径。放弃什么呢?除了放弃一些"鸡肋"事情,把自己从时间消耗中解放出来,由被时间控制转为控制时间;还要学会放弃一些造成自我妨碍的情绪因子,走出被情绪控制的陷阱。

　　第一种放弃比较好理解，也比较容易做到。比如放弃未必一定要坚持的某项课外兴趣班学习，放弃一些未必一定要参加的竞赛，放弃看起来很有意义的粉丝团活动，放弃看起来不可错失的某某一对一学科辅导……放弃并不意味着丢弃，而是让生活换一种样子：放弃课外兴趣班学习，孩子不学钢琴了，不等于要丢失钢琴了，不是为了考级，生活中也可以尝试着自己弹一首曲子的。大部分孩子学钢琴，不是为了成为钢琴家，也不是为了成为考级家对吧？那么是为了什么呢？放弃粉丝团活动，并不等于不能欣赏歌曲了，做粉丝团是为了什么呢？牺牲自己成就别人应该有更丰厚的内涵，不是吗？帮助孩子做出对自己正确的选择，把时间掌握在自己手里，对他们十分重要，尤其进入高中阶段以后。

　　第二种放弃不大好理解，也不容易做到。我们的行为经常受情绪的左右，而情绪来自我们的认知，认知在一定程度上又来自对行为的解释。这是一个怪圈，被圈在里面的人好像在陷阱里兜兜转。比如：一个孩子因为不愿意被认为某同学跟他一样，他可能会刻意放弃部分自我，寻求新的行为方式，以表明我跟他不一样。这个行为过程可能充满挑战并且隐藏危机，因为他要放弃的部分，可能正是他自己成功的部分，新的行为方式未必带来好的结果，于是他就掉入了自我消耗的行为陷阱中。这个陷阱是由情绪挖的——绝大部分人不愿意某个人跟自己一个样子，那是一种被侵犯和情感强奸。在学生中，发生这种事情的概率并不小，会严重干扰孩子的学习。为了摆脱这种感觉，当事人必须赶走对方或者自己改换路径，这仿佛是受自然法则支配的行为反应。这种自动的反应未经理性审判，是消耗能量的受自我安全感策略支配的情绪性表达。只有经过理性审判，重新认知对方的行为方式及其与自己的相似与不相似，往往能发现事情的另一面，这个另一面可能就是真相——对方只是想跟上你的步伐，从别人那里取得经验是他的习惯，也是他的成功经验；对方跟自己只是相似而不是一样，别人说一样，只是自以为是的恭维或调侃。在这个真相基础上，还可以讨论另一个真相——双方的边界关系和所在群体与环境的边界关系，决定了双方是共赢关系，而不是对立关系。当认知发生了这些变化，情绪就会变得积极起来，行为就是真正自主的，而不是情绪性的反应。在这个过程中，孩子学会了放弃执着，放下情绪妨碍。

第十三，帮助孩子学会担当。

光有放下还不够，人生还需要拿起一些东西的。到了高中，这个道理会越加明白。青年学生们要学会担当，这个担当包含了对这个道理的体会。

中国人的生命情感被浓缩在这句话中：格物致知诚意正其心，修身齐家治国平天下。"格物致知"是孩子们正在身体力行的学习，"诚意正其心"是父母亲正在陪伴他们成长的；"格物致知诚意正其心"的意义和目的是"修身齐家治国平天下"，就是为自己担当，为家庭担当，为社会担当，为国家、民族和人类担当。这是一种人生情怀和格局的选择。如果以前年龄还小而不用考虑，到了高中是要好好考虑一下的——为了什么而读书？

这是一个包容的时代，为了什么而读书都可以。为了找工作而读书，天经地义，没人质疑你。为了兴趣爱好而读书，有个性，没人嘲笑你。为了实现自我价值而读书，有气质，没人打压你。为中华之崛起而读书，有胸怀，没人反对你；但是可能会有人质疑、笑话或者打压你，——你还敢吗？

这是一个伟大的时代，历史上每一个伟大的时代都需要有伟大的子民来叩响历史的钟声，那是人类文明的福音。积极心理学的研究发现，幸福的根基来自赋予目标以意义感。我们要想帮孩子找到艰苦读书的幸福感，就要帮助孩子找到创造学业成绩的意义感——是修身、齐家、治国，还是平天下呢？能不能找到，可能多半取决于为人父母者自己心中那杆秤能拎起什么。

## 二、成长陷阱

当我说这是个伟大的时代，心中还是有一些隐忧的，太多的年轻人在蹉跎他们的岁月，太多的中小学生在厌学的塔底挣扎。他们中有很大一部分不是故意的，而是下意识地成了今天的自己。心理学研究发现，在孩子们成长过程中，存在着一些陷阱。所谓陷阱，就是被伪装的路径，一旦陷进去，想出来就困难了。

【避免掉入成长的陷阱】

我在《心理疏导技术和运用》一书中用一个章节介绍过"成长的陷阱"，这里再择要阐述一下。

**成长陷阱一，习得性无助**

前文介绍的马丁·塞里格曼(Martin Selignan)著名的实验，被试小狗的表现尽管在实验者的预见之中，但是其习得性无助的程度还是令人诧异。在学习过程中，不少孩子会遭遇试验中第二组小狗类似的体验。这种失去了控制感的体验使得他们放弃学业要求和停止学习行为。

另一项研究验证了学习障碍与习得性无助之间的关系，它增进了我们对儿童学习过程的了解。在此研究中，研究者比较了有学习障碍的三年级学生与正常三年级学生完成阅读任务的情况，阅读使用的材料高出这些学生的阅读能力。两组被试在完成阅读任务时均告失败。然而，有学习障碍的学生比正常学生更难从失败的压力中恢复过来。

把塞里格曼的理论应用于该结果，其重要的一点是要认识到：学生经历失败后所产生的应激可能导致更进一步的失败，并使他们索性放弃和停止尝试，换句话说，就是习得了无助感。但是人类不是小狗狗，习得性无助的孩子们并不一定会愁眉苦脸、低头抑郁，他们更多是这样的：

低成就动机——他们往往不能给自己确立恰当的目标，学习时漫不经心，遇到困难时往往自暴自弃。他们对于失败的恐惧远远大于成功的希望，因而不再指望自己成功。

低自我概念——他们态度消极，对学习毫无兴趣；与同伴相处大多自卑多疑。可能认为自己不受欢迎，因而与同伴的关系日渐疏远。

低自我效能感——对自己完成学习任务的能力持怀疑和不确定的态度，因而倾向于制定较低的学习目标以避免获得失败的体验。他们想得更多的是活动的失败，因而将心理资源主要投注于活动中可能出现的失误。遇到挫折时，他们往往没有自信心，不加努力便会放弃。还可能由于怀疑自己的能力，经常体验到强烈的焦虑，身心健康也受到损害。

消极的定势——他们认定自己永远是一个失败者，无论怎样努力也无济于事。他们还往往固执己见，不能吸收别人的意见和建议，并以消极的方式重复不变地对待学习问题。

情绪失调——表现为烦躁、冷淡、绝望、颓丧、害怕、退缩、被动，陷入抑郁状态，情感上心灰意懒、自暴自弃、害怕学业失败，并由此产生焦虑和其他消极情感从而在行为上逃避学习。

教育是一个培养自信的过程，所以为了预防和矫正习得性无助，父母亲

和其他教育者,可以重视以下几点意见:

积极评价孩子——培养孩子自控信念。成人的评价在孩子心目中所占地位不言而喻,他们的情感和态度都会成为孩子自我评价的重要依据。因此,在评价孩子的学习成绩时,成人就应注意控制自己的言行,以客观、关心、鼓励和帮助的态度来对待,不应只注重与其他孩子的横向比较,而应关注孩子自身的进步,对他们的积极行为、正常努力和学习进程中的表现作出及时的反馈,使孩子感到自己的行为是能够对环境产生影响的,从而感到自己是有力量的。

创设良好环境——营造和谐家庭关系、师生关系和伙伴关系。有心理学家认为:孩子只有在心理上感到安全时,才不会有因失败而受惩罚的恐惧,才不会退缩而敢于尝试学习。为此,成人应积极创设良好学习氛围,使他们在学习活动中增强自信心和成就感,从而有效缓解习得性无助孩子的心理压力,有力抵制习得性无助现象的恣意蔓延。

引导正确归因——习得性无助的孩子客观上存在着归因障碍,但只要通过一定形式的有效训练,就可以帮助他们克服归因困难,形成积极的归因方式。为此,成人应当创设一定的情境,使孩子在这一情境中学习并获得成功或失败的体验。成人也可以呈现一些学习活动中的成败事例,要求孩子讨论和分析成败原因。纠正孩子"我是一个没有能力的人"的归因;同时,应花更大力气改善他们的认知策略,提高他们解决实际问题的能力,并在训练中,对孩子的每一点进步都给予积极的鼓励,从而更好地保持孩子的自尊和自信。

保证爱的持续——当孩子的学业处于长期不良状态时,就可能导致其智力品质的弱化,形成习得性无助。这类孩子常常形成错误的认知解释风格:认为失败是永久的(将失败归因为能力而不是努力)、弥漫的(他们所做的每一件事都会失败)。这些认知障碍看似可怕,但更可怕的是成人、家长面对这些孩子时的爱的削弱和消失(如从初期的发现问题,热心扶持,到收效不大,产生困惑,最终否定自己的行为,放弃努力)。有鉴于此,成人只有树立正确理念,充分认识到学习真正促进孩子在原有能力和基础上有明显的进步,才能避免学习障碍的孩子形成习得性无助的可能性。

**成长陷阱二,僵固式思维**

心理学研究者给一些小孩出了难题,观察他们应对难题的策略。观察发现,随着难度的增加,很多孩子急得满头大汗,最后在难题的折磨下束手无策举起了白旗,并且对自己不能解决问题作出解释。有一些孩子则不在乎问题难度,他们喜欢挑战,并且不在乎自己答错。这些孩子对于自己答错的,迫切希望知道正确答案,并继续迎接挑战。他们好像懂得人类的品质是可以通过后天努力不断提高的,无论答对答错,这正是他们在做的事情——使自己变得越来越聪明。他们不但没有在失败的打击下气馁,甚至压根儿没觉得自己失败了,相反,他们认为自己是在学习。

这是两种不一样的孩子,他们表现出的是两种不一样的思维发展路径,他们会变成两种不一样的思维模式拥有者,前者叫"僵固式思维模式",后者叫"成长式思维模式"。

僵固式思维模式确信自己的性格品质无法改变,会人为地制造出"需要不断证明自己"的紧张状态。你能体会:如果你的智力有限、性格固定、道德品质不变,那么你最好能够证明它们恰到好处在你的身上,因为你完全不能接受看上去你缺少这些最基本的品质。不少人从小就受到这种思维模式的影响,把这种思维模式深深地烙印在心里,为此时刻准备着维护可怜的自尊不受伤害。就像手里抓着一把牌,他们总是试图说服自己和他人,他们手里抓的是一把好牌,而内心却担心被人发现自己手里只是一把臭牌。中国古人说"怕者无为也",在不断试图证明自己有一把好牌的过程中,他们的世界变得越来越狭小。

对于那些具有僵固式思维模式的人来说,失败已经从一个行为(我失败了)转变为一个定义(我是个失败者)。僵固式思维模式者不会在失败中吸取教训、挽救败局。相反,他们会通过一些方式来挽回自尊心——例如,他们会去找那些比他们表现更糟糕的人,或者把失败推到别人身上,或为自己找借口。失败让他们沮丧,并更加"对事情听之任之",而不采取行动解决问题。

那些具有成长式思维模式的学生,越是觉得沮丧,就越会采取行动解决问题,他们越会确保自己完成学校的功课,越想把握好自己的生活。越觉得糟糕,他们的行动越快。

在僵固式思维模式者看来,只有那些存在不足的人才需要付出努力,付出努力,是对自己能力的质疑。所以,他们往往不敢投入努力。他们关注结果旨在证明自己,通常是收集一大堆"证据",却在原地踏步。

而在成长式思维模式者看来，即便天才也需要努力付出才能取得成就，付出努力，是达成目标的必经之路。所以，他们更加愿意投入努力。他们关注结果旨在实现目标，乐此不疲，不计得失，却在不停进步。

和僵固式思维模式不同，成长式思维模式者手里这把牌无论大小，都是走向成功的起点。这种成长式思维模式的基本观念就是，你的基本品质可以通过努力不断培养和提高。尽管人们在任何方面都可能存在不同——包括遗传资质，但每个人都能够通过实践和体验得到改变和成长。虽然这种思维模式并不能让每个人都成为爱因斯坦或贝多芬，但是它确实让你的未来发生不可估量的发展和成就可能。"相信个人品质可以发展提高"的信念能够创造出学习的激情，当你能变得更优秀的时候，为什么还要浪费时间重复证明自己原本有多出色呢？为何隐藏自己的缺陷而不是坦诚面对勇于改善呢？为何苦苦追寻已无须证实的事实，而不尝试那些可以锻炼自己的事情呢？不断超越自己，即使在逆境中也不放弃的激情，就是成长式思维模式的精髓。也正是这种思维模式，允许人们在人生最富挑战的时刻依然能够绽放自己。

成年人需要明白一件事情，具有僵固式思维模式的孩子往往并不是垂头丧气的孩子，观察发现，面对学习，他们更多的可能性是这样的：

拖延，钟情于次要的事情，而拖延重要的事情；

装扮，把自己装扮成在另一个领域中的天赋者；

抱怨，抱怨环境的负面效应，抱怨应试教育让自己受害无穷；

指责，通过指责别人来逃避自己的责任；

偏见，对相比自己有优势的人群持偏见态度，用读书无用论来自我安慰。

前面讲过，失败不是成功之母，成功才是成功之母。成功是一种习惯，人生需要创造而不是证明。为了预防和矫正孩子掉入僵固式思维模式的陷阱，父母亲需要注意：

首先，需要转变观念——不要做个孩子成长过程中的评判者，而要做个陪伴者。陪伴者是和孩子有高度心理连接的，他们知道学业成绩的背后，是孩子的成长旅程，这个过程也家长有自己的份额。

其次，需要改变对努力的理解——与其说努力不如说投入。心理学家研究发现，那些具有较高学业和工作成就的人，是能够高度投入，具有专注力的人。孩童时期,家庭成年人如果能够在陪伴过程中,鼓励孩子的专注力,让他们养成投入的习惯,比起在碰到困难时要求孩子加倍努力,要有效得多。比起努力,投入要有趣得多,可以这样来理解:带着满足感的努力,叫做投入。

再者,需要正确使用欣赏和激励——欣赏并激励创造成果的过程,而不是成果;对于成果抱持欣慰和庆幸的态度更好。

当然,父母亲自己也要想想自己是否就是一个僵固式思维模式的人呢。

**成长陷阱三,不能分离的爱**

法国精神分析学家克洛德·阿尔莫(Claude Halmos)的著作《光有爱还不够》,阐述了常见的父母之爱的局限性和父母应当帮助孩子构建自我。

先说说"光有爱还不够"。

他们的父母都是爱孩子的,但是问题依然层出不穷。光有爱确实还不够。几乎没有人在做父母之前接受过"怎样做父母"的教育,父母对于子女的爱是在自然状态下发生并发展的。自然状态下的父母、祖父母本身带着自己鲜明的人格特质和隐藏在特质背后的爱的能力差异。家长带着自己儿童时期父母之爱的烙印,这些烙印原本无所谓好坏,但是当他们被释放到新的父母子女关系中时,就有了对年轻一代成长来说起正面与负面作用的区别,好坏高低就显现出来了。上海玉佛寺照诚法师曾感慨地说"让爱变成暖流",我们或许难以体认菩萨之爱的暖流,但是我们应该让孩子沐浴在父母之爱的暖流下面。那么,首先就要检查,父母所释放出来的爱,都是爱的阳光吗?

能检验父母之爱是否是阳光的标尺,就是克洛德·阿尔莫(Claude Halmos)的著作中的观点:"父母之爱,为了分离的爱。"父母爱孩子,不是把孩子看成自己的物品。占有不是爱,控制也不是爱,为了爱的欢乐而纵容更不是爱。父母之爱孩子,是为了分离——为了孩子可以逐渐分离,渐行渐远直至独立于这个世界,担当起他自己世界的主权和责任,为这个世界创造幸福。所以,父母之爱,在于教育。教育孩子的过程也是自我成长的过程。可惜很多人不了解,特别是在当今中国经济社会快速变化的时期,很多家长觉得我只要爱孩子就不会错,——享受天伦之乐的过程和外延被曲解和扩大,而教育被局限在"读书"两个字上。

把教育压缩成"为适应社会而读书"这一项功能，其后果不仅仅降低了教育的意义，同时也扭曲了教育的内容。确实，成倍增长的知识总量和知识社会所要求个体具备的生存能力，要求儿童在步入成年之前必须学会更多东西。但这与重视儿童的心理成长并不矛盾，关键在于儿童是如何体验"学习"的。教育远远不是让儿童适应社会生活的一种简单技术，而是儿童成长的主要载体，是儿童"心理成长"的基本支柱。教育孩子，使孩子"人性化"，同时包括两方面的工作：

第一，帮助孩子发现他是谁，他喜欢什么，他想要什么；帮助他发展自己的潜力，塑造自己的生命和个性。

第二，教给他人类生存规则，使其在实现上述事情的同时，将自己的个性更好地融入到社会中。

在帮助孩子构建自我的过程中，光有爱还不够，其实是说"爱不能替代教育"。这个问题存在争议，因为在中国人眼里，一个不会教育好孩子的父母亲的爱不是真的爱。那么，我们就这样来理解，真爱是必须包含有效的教育在内的。可喜的是，我们几千年传统文化父母之爱子女，原本就是包含了教育的，这种做人的教育发展到了非常细致的程度。结合心理学来讲，爱的教育是存在标准的。

这里说的教育标准，意思是在孩子生命中的每个阶段，都存在一些有利于其成长的条件，也存在影响甚至阻止孩子健康成长的条件。勾画出一个对所有人都适用的框架轮廓，在这个框架内，个人的每一种欲望都能得到表露，每一种独特的个性都能得到发展。在这里，我们要强调一个克洛德·阿尔莫所强调的"象征性阉割"概念，它贯穿于人格发展的不同阶段。

第一，象征性阉割割掉的是盲从于本能的需求。精神分析学派的最基本概念是关于人的"本我、自我和超我"，象征性阉割，是指控制来自本能的快乐需求，让本能的需求听从理性的安排。这是孩子由"小动物"成长为"人"的转型。吃奶让孩子很快乐，一直把快乐停滞在吃奶的阶段，孩子就体会不到放下奶嘴开口说话的快乐。缠着父母被宠溺着的孩子很快乐，但是一直停留在这一层的快乐，就会失去独立和社会活动所带来的自尊成就的快乐，孩子会因此而遭遇气馁，被宠溺的快乐最终也成了不快乐。研究发现，没有一个发育迟滞的儿童是快乐的，这就是事实。简单地说，必须在生命发展的转型时期，阻隔低层次快乐来源，获取高层次快乐，这叫象征性阉割,其实也可以理解为心理断乳。

第二,象征性阉割不是苦行,而是寻求另一种快乐,确切说应该是一种快乐教育。也就是我在前面章节中提到的"快乐阶梯"。那些发育迟缓的儿童不快乐,只有当他们在做到超越了自己的迟缓时才会变得开心快乐起来。很多父母因为他们自身的原因(不自知的原因)而把"感情借口"当成"爱"孩子。这样的父母孩子关系,通常会把孩子固着在某一个幼稚的时期,爱成了一种束缚和伤害。

第三,象征性阉割并不一定自然发生,更多需要父母行动令其发生。一个立即满足于本能冲动的孩子,需要由父母亲让他明白:你想了解金鱼的身体结构,这很不错。但你不能因此就把它从鱼缸里捞出来、把它切成两半看它肚子里有什么。它会很疼,会因此而死去,家中的鱼缸会失去美丽,养金鱼的爸爸会因此而内疚和生气……如果你愿意,我们可以一起看这本关于金鱼的书,我们一起来了解更多关于金鱼的秘密。这个过程,既不是一种外在训练,也不是文化教育,而是一种真正意义上的内在改变。它需要父母亲启发和指引。

与此同时,象征性阉割给孩子提供了升华的可能。所谓升华,就是使用既被社会认可,又要求开动智力参与其中的方式来满足自己的冲动。这是儿童智力发展的关键。我们可以看到,那么多问题青少年表现出"不会思考、目光短浅、只看到眼前的快乐"的问题症状,都是因为没有经历过象征性阉割。他们是凭着直觉长大的:"这使我快乐,我想要,我就要得到,我就去做",并且形成了和这种方式一样的思考方式。他们永远只靠简单的思想生活,甚至会出现思想短路。这种思维方式,或者更确切地说这种无思维的方式,使他们成了知识社会里的"野蛮人"。

问题是父母们怎么了解自己呢?他们基本上是在身不由己地做着父母。所以,需要警醒的是:父母追求成为怎样的人,孩子也跟着成为怎样的人。除非有所觉悟并采取调适性行为,否则生命的轨迹将一路延续下去。这就是众人口中常说的命运。

**成长陷阱四,爱的纠葛**

家,是心所在的地方;有时候,爱的纠葛,可能导致家是心所困的地方。教育成长心理疏导有必要了解和熟悉海灵格的家庭排列思想,即便不学会它,也要知道一些海灵格"家庭内的秩序"的基本内容。因为,这不是海灵格先生创造发明出来的,而是原本就存在于宇宙生命真相中的规律,用中国文化来表达,就是"道"。海灵格先生以其敏锐的智慧和无我的境界,看见并运用了这种道的力量,来帮助人们。

这种爱的纠葛,威力隐秘而强大,本书第一章中已有比较详细的描述。

**【避开或走出陷阱的几个基本原则】**

对那些已经掉入陷阱的孩子来说,父母在上面喊他出来,基本是徒劳的。孩子要是有能力出来早就自己出来了。最佳选择是父母亲跳下坑,跟孩子在一起,才可能发现坑里有什么,如何出来。这叫做陪伴。

很多家长喜欢学技巧,这个情况怎么办,那个情况怎么办。技巧是多变的、因人而异的,没有固定的到处适用的技巧,况且它还要适合使用者本人呢。我们要把握基本原则,我们再来总结一下这些基本原则:

第一,本书前面章节所有内容,都是为了防止孩子掉入成长陷阱;这些你做到了,孩子自然不会掉入陷阱里。

第二,学习不仅仅是学课本知识、做考试卷;学习也不是为了考试,尽管学习需要考试。生活本身就是一场学习,所以是在生活中陪伴孩子,不是在学业上指点江山,更不要乱点江山。

第三,以孩子为标杆来衡量和要求孩子,不是以你的欲望为标杆来衡量和要求孩子;前者叫用心,后者叫贪欲。

第四,陪伴孩子创造生活和学习中的小成就,让孩子体验到自我控制感和效能感,这是勇气和自信的源泉。

第五,夸奖和赞美孩子不要凭着主观愿望,不要没有依据地夸奖孩子的特质,而要赞美孩子具体所做的事情和行为本身。也不要挑挑拣拣,孩子哪个事情哪种行为做得好,就夸奖哪个事情哪种行为。

第六,快乐不是赠予的,也不是传递的,而是体验的。陪伴孩子拓展视野,在快乐阶梯上发现更多高一阶层的愉悦感,比辛辛苦苦的补课更重要。

第七,要想让孩子的心理能量集中于重要的选项,请创建一个和谐温馨的家庭人际氛围;否则,孩子一定会分心于爱的纠葛。因为,孩子更爱父母。

第五章

# 爱 的 协 奏

第五项修炼：学会并行

貌似最具活力的青年人深受自我独立和家庭依赖的矛盾冲突,尤其在家庭关系的转型上,也存在发展困扰,给家庭成长带来了挑战。

与父母并行中的孩子,才不需要向父母证明什么,因为父母已经看见了他们。与父母并行中的孩子,才可以获得清晰、坦然、安定,才有可能不耗费他们的心力来与父母周旋,才有可能将更多的心理能量用在他们的智慧、勇气和谋略上,他们就有发展得更好的机会。父母,就是孩子的土壤,这不是口号,而是现实。

相信大部分人发现,我们对高中生和大学生缺乏了解；这种缺乏表现为一种不确定性。父母们会身不由己掩盖这种不确定性带来的焦虑。

父母亲不确定孩子到底想要什么,不确定怎么更好教育指导他们,所以,大部分父母停留在把高中生当作初中生一样来看待和教育。他们的口头禅是——再怎么样,在父母眼里你永远是孩子——没有能力的父母亲把这句话作为挡箭牌,掩盖了自己的不确定和困惑。从高中一直到大学毕业,在这个时期的年轻人,他们的父母们有不少开始变得执拗起来；父母们通常不承认自己的执拗,反而责备孩子的青春期叛逆。

第二种父母可能采用的方式是,孩子已经长大了,我们没有办法了,随他去吧。这是一种因为更早的时候就已经面对孩子不确定性的行为延续,这些家长通常在孩子尚处于初中乃至小学的时候,就已经尝到了所谓叛逆的滋味,他们被迫接受了听之任之。

以上这两种家长大多数分别集中在普通高中和中职校。当然,普通高中和中职校学生的父母们并不都是如此,是相比之下这种情况占的比例要高一些。在一些示范性高中,也就是我们通常说的省市级重点高中,这些学生在初中时候因为学业优秀而汇聚到了一起。观察发现,在这些学校就读的高中生,他们的父母中有上述两种表现的相对要少一些,他们的父母大部分仍然具备陪伴孩子的能力。在上一个章节中,我说的十三个帮助,实际上也可以说是十三个陪伴,它们都要求父母在陪伴孩子发展的过程中去实现帮助;越到后面越困难,这无疑是一种能力,也是父母的一个自我成长过程。

最难的陪伴是在情感和思想方面。

不少老师也缺乏这种陪伴学生成长的能力;跟家长们相反,这些老师更加愿意选择"你们已经不是小孩子了,你们应该自己负责"的观点和方式,或责备家长们的溺爱来规避自己在另一个方向的听之任之。也有不少老师具备对这一个阶段年轻人的陪伴能力,他们以人生导师的角色在年轻人的发展中发挥着重要的影响力。我们说老师的能力,不仅仅是其个人能力的概念,而且是整个教育教学管理哲学和管理实务能力的综合体现。从这个角度来说,示范性高中和普通高中的区别之一就在于学校和老师是否具备这种能力,有多少老师具备这种能力;这大概也可以用示范性老师和普通老师来区分一下的。

不管怎样,作为家庭,我们的孩子无论是在怎样的学校里,聆听怎样的老师教学,他们都必须获得成长。作为父母,也要成长,才有可能关注到以下这些跟孩子(他们已经不是小孩子)并行的重要命题。

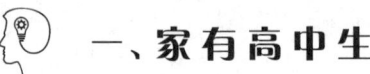 **一、家有高中生**

**【高中生的视野和自主意识】**

从高中到大学到大学毕业走出校园,这是一个男孩成为男人、女孩成为女人的成人化发展过程,这是一个模糊的分段,这是一个充满不确定因素的人生时期,这也是一个父母需要大力调试自己姿态的时期。孩子们已经不是孩子,他们正在走向成年,他们在学习、生活和交往中有了更多的自主意识和要求。他们的自主意识和要求,首先来自他们正在发展出的成人感。我们以公众认可的异性恋男性和女性为例:

很多研究者都相信,异性恋男性的成年期并不是像普通的生命发展一样会自动发生,而是必须被赢得或被证明;而在此之前,男性认同则会一直处于疑虑之中。成年早期便是一个期待这种证明的时期,这种期待来自年轻的男性本人、他们的家庭以及广大的社会。心理学的观察发现,异性恋男性的成年期以三种主要的否定方式进行了界定:一个成年男人不是一个男孩子,不是一个女人,也不是一个同性恋者。对这三个否定方式标准的偏离,都会被一个异性恋男性团体(通常也被女性团体)引以为耻和排斥而受到公开的责难。

异性恋男性的成年身份可以通过独立的行使功能(即在物理距离上和情感上与家庭分离)、对力量进行展示、冒险、喝酒、抽烟、愿意和其他男性打斗、约会以及向女性进行性展示来取得。这种对男性的预期在异性恋男性团体中是如此地普遍,以至于不被加以任何的审视而无法被意识到。它们就像被当成了事物的本质一般被接受了下来。异性恋男性之间通常不会讨论这些问题,因为担心这种讨论本身就隐含着对自己男性身份产生威胁的一种质疑。所以,在家庭生活或心理疏导中,年轻的男性有机会与家人或专业工作者公开地讨论这些话题,常常是很有用的,有利于他们对自己的男性身份发展出更积极的定义。

那么女性呢?

相信绝大部分人都赞同,在每一阶段里,女性比男性更多地活在"关系"之中。无论东方还是西方,多少年以来,女性都是从一个家庭加入到了另一个家庭。不过,最近几十年中,发生了变化。在中国,改革开放以来,尤其是城市化快速发展以来,很多女性就像男性一样,常常会在结婚之前离家独自居住。仿佛脱离了女性以关系为中心的时期——只能用仿佛这个词汇,没有统计数据表明她们到底有多少是离家独自居住;观察发现,至少在中国城市,年轻女性绝大部分是离家群体居住——她们还在关系中吗?

年轻的女性并不被期待和年轻的男性一样的独立和与家庭分离。她们也不会被期待以某种一致的方式来证明自己的成年期。他们被允许并且被期待保持联系性。不过,她们也更容易屈从于一种对家庭和朋友持续地承担义务的感受。有学者从成功女性的自传中提炼出一些共同的特点,这些特点帮助她们获得了成功。这些特点包括:有机会独自一人,有机会在不丧失"分离状态"的前提下和他人有亲密的关系,以及知道她们自己感受的能力。这也符合当前知识社会时代女性们的普遍要求,有志职业女性常常会期待她们可以通过一种策略来"拥有一切",即先追求事业,然后加上一个丈夫,之后再多一个孩子。她们并没有预计到在工作和家庭中做选择。异性恋女性步入婚姻,由成年早期到成年期,还会有一次转型,伴随着婚姻中的融合,她们必然面临家庭和工作的平衡,有些人甚至可能需要重新作出一个选择。

虽然社会对男性女性有不一样的预期,但就掌握人类文化的角度来说,男女并没有明显的区别。男生女生们在同一个教室里学同样的内容做同样的试题,这给了很多人一种误解,真的以为男生女生们在校园里就是而且也应该是读书和考试。从心理学角度来说,这只是他们需要面对的一个"官方问题",他们还需要面对"私人问题"——成人化。而这个"官方问题"和这个"私人问题"不可能截然分开,如果一个家长或老师跟他们说"不要想什么男孩女孩男人女人问题,只管抬头看黑板埋头做试题",那是粗暴而幼稚的。

无论出于学科理解还是个人心理成长,高中生都需要拓展他们的视野,从更广更深的层面来理解他们正在学习的知识和正在尝试的生活。家长如果有机会与孩子讨论社会问题、社会思潮、社会热点,聆听他们的感触、思考和探究,就会有机会与孩子建立共同语言,而且有利于孩子提高社会认知。

都知道"两耳不闻窗外事,埋头只读圣贤书"的时代已经过去。这句话有褒贬两种含义,但是没有人真正想过,即便在这句话所描述的古代社会,中华民族历代圣贤达人,哪一个是两耳不闻窗外事的?这只是后人偏知、偏见、偏信罢了。今天的知识青年,当然得"风声雨声读书声,声声入耳;家事国事天下事,事事关心"。高中学生,已经具备对生活和社会的质疑意识和能力;拓展他们的视野,有助于他们发现和形成自己的未来空间,有助于他们形成符合这个时代需求的人生哲学,有助于他们走向人才高地。家庭能够为这种拓展提供支持和帮助,是孩子、家庭和社会的福气,家庭如果不能提供这种支持,孩子们还是会在他们自身力量所能及的范畴内,努力拓展他们的视野。所以,这个阶段的家庭教育如果还只是停留在帮孩子物色补课机构,热衷于参加各种学科补习班,热衷于所谓的一对一提分辅导,孩子会觉得厌烦和劳累,激扬的青春可能变得暮霭沉沉。

题目当然要做,而且要做对;社会也要关注,而且要关注正确。到了高中时期,有一个问题是必须要考虑并找到答案的——为什么而读书?

无论是为就业谋生、为理想、为自我实现、为国家民族，只有走出学科、跨越校园，放在社会大背景的视野下，才可以找到明确、合理、信服的答案。让这个答案像一盏明灯驻扎在年轻人的心海中，他们就可以发挥出内在的力量，他们的自主意识才有了航标，有了基准点。

在这个时期，父母自身的思想意识，决定了与孩子交集的程度。不能否认，有不少父母已经没有这个能力与孩子产生思想交集。那就请在学习和提高自身的同时，做到尊重孩子、尊重老师、尊重学校。至少不要在孩子面前做一个只会抱怨的怨气筒。有些成年人，明明日子已经过得不错了，天天可以抽着烟喝着小老酒还不缺小麻将，仍然一天到晚张口就是抱怨。他们抱怨社会不公（没让他们获得更大的财富或权利），他们抱怨儿女不孝（没让他们更省心更有面子），他们抱怨兄弟姐妹不义（没让他们更顺心更省力），他们抱怨国家不强（没让日本人美国人闭嘴），他们抱怨房价太高（没让他们再多买一套房子），他们抱怨交通太拥堵（没让他们开车很畅通），他们抱怨老板小气（没有给他们发更高的工资）……他们当然也抱怨学校太差劲、老师太无能……诸如此类的抱怨中，他们的孩子在成长。真的很同情这些孩子，他们要冲破多大的阻力和障碍，成长为一个阳光的自己？为人父母者，请谨言慎行，你家中有孩子！

曾经有一段时间，市面上流行哈佛幸福课，实际上是关于积极心理学的。积极心理学的重要观念之一是"给予目标以意义感"，一个人没有人生目标，或者即便有目标而找不到目标的意义感，他的幸福能力就下降了很多——幸福能力是我新发明的一个词语，在我看来，幸福其实是一种能力。积极心理学研究者认为幸福指数基本是恒定的。这是对人格已经基本趋于稳定的成年人来说的，所以前面应该加上"成年人"三个字。即便是成年人，其人格还处于发展中，所以，还要加上"基本"两个字——成年人的幸福指数基本是恒定的，这就对了。

既然成年人的幸福指数基本是恒定的，也就说明依然存在着变化的可能，这是心理疏导可以发挥的空间。对于高中生来说，他们尚处于成年早期的预备期，他们正在形成他们日趋稳定的人格特质。这个形成过程是充满很多不确定因素的，把这些年轻人束缚在一个狭小的世界里对他们没有好处。他们自己也充满着突破小世界，走进大世界的冲动。学校鼓励学生参与社会实践，对高中生有60课时志愿者活动要求，也是出于这样的考虑。

家长们要顺应这个变化,鼓励和支持孩子走出家门、走出校门,走进社区、走向世界;同时,要与孩子讨论这些非学科类的社会学习。这中间当然也少不了讨论他们由男孩女孩变成男青年女青年的话题,这些话题将对他们由男青年女青年变成男人女人带来重要的作用。所谓讨论,是聆听和表达,而不是说服,更不是教导。很多家长凭一己之见,不愿意聆听孩子的真实感受,也不会多角度看问题,习惯于用虚假的讨论来说服和教导孩子。他们很快会失去孩子的信任,并且失去讨论的机会。他们通常把这种局面归罪于"青春期叛逆",然后不了了之或听之任之,在磕磕碰碰中过掉了岁月。

**【学会与社群关系中的孩子并行】**

进入高中,孩子注意力在多大程度上从父母身上移开被同伴群体吸引?学界没有科学统计数据。不过,几乎每一个父母都能感受到这种注意力的迁移。对此,父母们的行动反应也是千差万别,其中不乏失望、抱怨和执拗抗拒的。

心理学研究发现,在青春期,孩子对于爱情和婚姻问题的认识有了更大的发展。这个并不需要刻意教授他们,生活中每天都在演绎着爱情和婚姻的故事,只是以前他们没有注意到,现在他们注意到了;更何况在互联网时代,这些公开透明的知识,孩子们只要注意到了,当然就发展了这一方面的认知。学校也有相关心理和生理教育课程。大部分青少年十分清楚自己该如何表现,或者浪漫,或者勇敢。无论浪漫还是勇敢,都是正确对待异性的行为。这些基于性发展的行为,通常只在他们的同伴群体中发生,他们在这方面基本一致地与家长拉开距离,集体保持缄默。

然而,也确实存在一些年轻人在步入这个阶段以后,暴露出一些行为问题:他们有的在性问题上显得非常羞怯,这些问题通常与他们早些年的生活有密切关系。如果一个青少年对异性表现出非常消极的态度,我们只要了解一下他过去的生活,就会发现他在儿童时期可能非常好斗,父母对其他子女的偏爱或者对他的关注太缺乏,可能会使他感到十分沮丧。结果,他认为自己应该一往无前,并开始变得自高自大,拒绝一切与感情有关的事情。

也有不少这个年龄段的年轻人向往离家居住。这是由于他们不满于家里的情况,因此试图寻找机会与家庭断离。即便那些住在家里的孩子身上也同样表现出离家倾向,只不过这些孩子的向往没有那么强烈。他们会利用一些机会早点离家或者晚点回家,或者夜不归宿(夜间外出有更大的诱惑力)。总之,在家里处处受到约束和看管,总是不自由。因此,他们没有表现自我的机会,也没有发现错误的机会。要知道,青春期也是孩子们开始表现自我的危险期。不让他们有机会表现,不行;听之任之让他们莽撞地表现,也不行。这对于大多数父母亲来说,确实是一种挑战。所以,高中生住校读书,是一件好事情;可惜,不少父母把这件好事情给做砸了,或者黄掉了。

与之前相比,许多高中的孩子会更加强烈地感到自己突然失去了他人的赞扬和关注。之前,家长老师都把他们当孩子看,所以,盯得牢牢的,还用未来鼓励他们。现在,仿佛这些都变成了他们自己的事情。实际上,这种变化是双向的,不仅父母老师确实意识到他们已经是大孩子了,对他们的态度不会像以前一样;另一方面,他们的自主意识自我发展,也让他们不再像过去一样了。高中生,一方面发展了自己,一方面对发展了的自己有一种陌生感;他们需要一个适应新环境和自我调适的过程。在这个过程中,他们正向着成年发展。能够让这个成长的过程,过得清晰而不困惑、自在而稳定的年轻人真是有福气;这样有福气和幸运的年轻人,可能比大部分人想象的要少。

相反,这个过程中纠结和出错的年轻人倒也不在少数。我们会发现,有些女孩子会在青春期表现出对女性角色的厌恶,她们喜欢模仿男孩子。这些女孩子解释说,如果她们不模仿这些行为,就不会有男孩子对她们感兴趣。如果我们对青春期女孩子的这些情况进行分析就会发现,即使在早些年,这些女孩子也从未对自己的女性角色感到满意过。但是这种厌恶始终潜伏着,直到青春期才明显地表现出来。所以,认真观察青春期女孩子的这种行为是非常必要对的,从中我们可以看到她们将如何对待自己未来的性别角色。

对于青春期的男孩子来说,那些聪明、勇敢和自信的男性角色会大受欢迎。然而,也有些男孩子没有勇气直面自己的问题,不认为自己能够成为真正的、完善的男人(这也跟他们认为的男人标准有关)。如果他们过去在男性角色教育上存在着某种缺陷或不足,那么,这种缺陷就会在青春期表现出来。他们脂粉气十足,行为举止像个女孩,甚至模仿女孩子卖弄风情、忸怩作态等行为。

和这种女性化类似,另一些男孩子会表现得极端男性化,他们将男性的行为特征以极端的恶习展示出来。他们会酗酒、抽烟、纵欲、打架斗殴,有时候甚至只是为了表现和炫耀他们的男子气概而犯罪。这些极端化的恶习常常表现在那些渴望优越感、渴望成为领袖和渴望令人刮目相看的男孩子身上。虽然从表面上看,这种男孩子咄咄逼人、充满野心,但实际上,他们的内心往往比较脆弱。相关研究发现,他们总是寻求一种简单而快捷的生活,总是想不劳而获或者一劳永逸。这种人看上去积极主动,其实缺乏勇气,这恰恰是犯罪的孩子所具有的特征。

要想避免青春期的孩子们产生诸如此类的问题,一种最佳的方式就是培养友谊。孩子应该结交良师益友,家庭成员之间应该彼此信任。事实上,只有那些一直给孩子鼓励并成为其朋友的父母和老师,才能继续对处于青春期的孩子加以引导。除他们之外,任何想提供指导的人都会遭到这些孩子的拒绝——看起来孩子们拒绝了你,实际上他们可能拒绝了另一个自己。

另外值得注意的一点是,任何一个青春期的孩子都无法逃避这样一个考验:他们觉得必须做点什么,才能让人们不再把自己当作一个孩子。这种想法是非常危险的,当我们认为我们一定要证明点什么的时候,我们很可能会走得太远,做得太过。青春期孩子的情形当然也是这样。这的确是青春期的孩子所犯的最有趣的一个毛病。解决这一问题的办法就是向他们说明并指出,他们向我们做出这种证明是没有必要的,我们也不需要这种证明。

有些青春期的女孩会过分夸大对男性的喜爱之情,甚至达到为男性痴狂的程度(现在可能还有了一条新通路——成为明星的狂热粉丝)。这种女孩总是和父母吵个不停,总是感到自己受到了压制(或许这是真实的情况)。为了激怒母亲,她们会随便与男人搭上关系,她们看到母亲为此而大发脾气的样子就会感到十分开心。不少因为和父母发生争吵,或者父亲过分严厉而离家出走的女孩,还会和男性发生初次性关系。具有讽刺意味的是,这些望女成凤的父母正是由于对女儿监管过严而使她们成为"掉入自我发展陷阱的坏女孩"。错误不在于这些女孩,而在于她们的父母,不仅没有使自己的女儿为她们必然要经历的情境做好充分的准备,而且起了反向的作用。这些父母,既缺乏心理学的相关知识,又弄丢了为人父母最本真最质朴的爱的能力。他们不是一点不懂,他们通常被一些错误的、片面的知识或见解左右,或者被一种被打扮成理想的贪欲所迷惑。用佛教语言来说,这是所知障。

在我看来,一知半解比不知更糟糕。因为一知半解者通常自以为是,且自我蒙蔽。知道自己可能一知半解,我们就会变得谦虚起来。谦虚的最直接表现就是愿意听别人说话,当然也包括听我们的孩子说话。只有我们愿意并且有能力聆听孩子说话,我们才有可能获得一个机会——与日趋紧密于同龄社群关系的孩子并行前进。并行中的父母和孩子,才有可能建立起合适紧密度的关系,才有可能看到彼此,并且相互促进。与父母并行中的孩子,才不需要向父母证明什么,因为父母已经看见了他们。与父母并行中的孩子,才可以获得清晰、坦然、安定,才有可能不耗费他们的心力来与父母周旋,才有可能将更多的心理能量用在他们的智慧、勇气和谋略上,他们就有发展得更好的机会。父母,就是孩子的土壤,这不是口号,而是现实。

现在,摆在我们面前的是我们要做一块怎样的土壤。我的建议是,学一点中国哲学,学一点心理疏导都是有好处的;做好自己的社会身份,行使好自己的社会职能,也是有好处的。这有助于父母的自我发展,有助于父母改善土壤性质,提高土壤肥力。

**【帮助孩子架设理想与现实的桥梁】**

孩子到了高中的父母普遍已经比较明显地感觉到孩子正在寻求的独立感。现在我们已经理解这种独立感对孩子们的成长是重要的和必要的,尽管对父母亲来说这可能是一个挑战。即便如此,父母们还是得一面消化这种挑战,一面为孩子提供他们需要的支持。帮助孩子架设理想与现实的桥梁,确实是这个阶段另一件重要的事情。当寻求独立感与架设桥梁不相匹配甚至产生矛盾的时候,孩子们可能会归罪于"架设桥梁"工作——因为这仿佛是以父母为代表的社会对他们提出的要求。他们可能放弃作出选择,采取听之任之的态度来"叛逆",并以此获得独立感。这显然是冒失甚至危险的方式,因为高中生必然要面对一次选择:高考读大学或其他职业院校,学什么专业、将来从事哪个行业?

关于未来专业选择和职业发展的选项,是看得见的有形的选择;年轻人还需要有一个包含了自我认知在内的对未来个人发展的内部选择,这个选择是他们形成自我概念的一部分。我是一个教师、我是一个医生、我是一个企业家、我是一个产业工人、我是一名学者……诸如此类的关于自我的一部分,是我们把自己选择成了自己。那么,高中生架设这座理想与现实之间的桥梁无疑是重要的,也是必需的。

为什么说这种选择是架设理想与现实之间的桥梁呢?

高中生的理想和现实分两个层面来理解。第一个层面的意思是对当下的理想化诉求,当下的学习生活,大部分高中生是觉得不理想的,他们既不喜欢成堆的作业、考卷和日复一日的课堂,又不能拒绝。大部分高中生期望教育改革,一直改到他们觉得满意为止,实际上满意的到底是咋样,大家都还不是很明白,有可能永远不会是满意的。这需要高中生们在理想的学习生活与现实的学习生活之间假设一座心理桥梁,提高自己的行为能力。这在一定程度上需要父母给予支持帮助,否则孩子们只能独自面对。

当孩子们说讨厌学习的时候,他们只是讨厌不如人意的学习方式,而不是真的讨厌学习。这是成年人尤其是父母和老师要引起警觉的。当教育环境容易让孩子们产生厌倦或逃避的不良体验的时候,一方面教育需要改革,另一方面,家庭需要具备包容能力,家庭要成为缓解和消化这种不良体验的心理能量加油站。对理想化学习方式的诉求和对现实的不满意,是一对孪生需求,它们同时在起作用——面对自己的不满,大部分人选择抱怨和发怒——这是最不伤害别人,并基本可以保住体面的方式。这种方式会消耗他们的心理能量,孩子们自然而然把注意焦点转向被抱怨的人、事、物,并以此让自己的低效能合理化。

学生小倩是一所示范性高中的一年级学生,学期中间的那场考试,她得了班级第一名的成绩。后半学期,却多次出现逃课在校园外,与日明显的逃学行为引发父母焦虑,带小倩去心理诊断。医生根据其自述症状,认为是双相情感障碍。在我的疏导中发现,小倩的自述是有夸张成分的,医生被迷惑了,她不是双向情感障碍,尽管从症状描述来看是基本符合的。诊断过程本身具有暗示性,自从被诊断为双向情感障碍,小倩更有理由逃课了。

心理疏导中发现,小倩是被班级中其他女生们那种被她称为"矫揉做作的脱单行为"给边缘化了。毋庸置疑,到了这个年龄,女生们开始注意到她们的价值,不仅仅在学业成绩上,至少还有很大一部分在女性化的指标上,这些指标包括了"相貌""性感""妩媚""吸引力"等关键词汇。当班内尤其是同寝室女生们个个脱单,进入恋爱季节,埋头读书相貌普通(实际上她只是还不会打扮自己)的小倩被边缘化了,边缘化的方式是受到莫名其妙的来自同性和异性同学的冷嘲热讽、善意提醒、刻意炫耀、窃窃私语、活动避开等诸如此类微妙的群体排挤。小倩开始对自己怀疑和否定(惶恐不安的否定),同时又对排挤她的人群心怀恨意;莫名的惆怅和愤怒接踵而至,她无力自拔,又不能分辨。这个时候,她需要一股力量的支持,这股力量原本可以来自家庭、来自另一个强大的属于她的力量。父母离异的她,生命中缺乏这样一股足以支持她的力量。小倩败下阵来——与其说她在逃学,不如说她在逃人——她要逃离那些让她失去能量的人们,那一面面哈哈镜。而医生的诊断自有其道理,又无益于解决问题,相反让小倩更加惶恐不安、自我否定。

  高中生的理想和现实的第二个层面的意思,是说对于未来的遐想和对当下的自己的认知,以及它们之间的衔接;这个衔接可能是明朗的,也可能是模糊的,或者是割裂的。没有人做过统计,在我们的身边哪一种学生占的比例更多;但是每一个家庭,是可以感知到自己家里的这位年轻人处于哪一种状态的。

  那些能从现实看见理想的高中生,相比之下学习动力更足一些,能较少受到生活琐事的侵扰而比较专注于学业;越是模糊甚至找不到链接的高中生,在学习中会有更多抱怨,比较容易受到生活琐事的侵扰,找不到与未来的链接。面对不可知的优先选项,年轻人除非麻木地只陶醉于知识和题海,否则内心的不安定感时时浮上来,为了消融这种不安定感,他们身不由己扩大了生活琐事的重要性,找来一些似是而非的重要活动,把大量时间耗费在这些次要事项上。他们的父母眼睁睁地看着孩子变得陌生、叛逆甚至面目全非,却束手无策。

  那些能够与孩子并行,愿意听取孩子们世界故事的父母,就有比较大的机会和可能性,来帮助孩子架设理想与现实的桥梁。已经是高中生的孩子,他们对学科兴趣和能力倾向性,已经有相当大的自我觉知能力;但他们对于自己的学科兴趣和能力倾向性与职业发展之间的关系,以及未来踏入社会不同职业领域的长短兴衰不了解,对职业和个人、职业和社会、社会和个人的关系缺乏认识,父母与孩子讨论这些话题,这对孩子们是有益的。

## 二、迎接新成年人

**【大学生的社会自我和社会意识】**

自我有生理属性和社会属性,男性和女性不仅仅指生理上的差异,还包括丰富的社会属性的差异,作为自我的社会属性,这个时期可能是从男孩女孩向男人女人发展的一个重要时期,这个过程并非一帆风顺。与学业竞争相胶着,作为青春期的一部分,从高中到大学,年轻人有一种重新塑造自我的人生体验。大学生的社会自我和社会意识得到进一步的发展,开始形成相对稳定的自我——只能说相对稳定,因为自我还在发展,要真正稳定和成熟,那是以后的事情——从这个角度来看,也可以说,进入大学(或已经成为劳动者)的年轻人开始形成并重视差异化的自我。

从传统的观点来看,西方文化看自我是作为一个个体心理存在的,而东方文化看自我是作为一个社会存在的。在当今世界,这两种观点的代表可以是美国和中国,中美之间的竞争最终是分道扬镳还是相互融合,可能要从两国民众的心理世界开始。实际上,每一个人都是个体和社会存在的融合体;美国人强调了个体存在,所以,他们要面对的是孤独;中国人强调了社会存在,所以,我们要面对的是束缚。但是,你会发现,最近以来,中国社会正在发生的悄然变化是"我们越来越感受到个体意识和个人价值",年轻人越来越期望摆脱束缚,我们正在吸收和消化开放带来的精神产品。那么美国呢?他们可能也在学习,这场学习旷日持久。

作为一个社会人,而不仅仅是自然人,大学生们之前埋头读书高考,中小学时期绝大部分时间在文化课的学习和补充学习以及题海练习中度过。他们真的没有太多的时间去参与别的社会活动,也没有太多关注别人的体验——他们关注自己那一些学科知识的难题解答都来不及。进入大学,世界发生了很大变化,他们开始有比较大自由空间的社会交往,在种种碰撞中学会社会交往。这个过程并不容易,大学生普遍存在四个方面的社会交往困惑:

第一,人际交往中容易失去自我或以自我为中心。学生们反映大学就像一个小社会,困惑于怎样才能处理好广泛的人际关系,包括与室友关系、与同学关系、与老师和辅导员关系、与父母关系、恋爱关系以及参与社会实践的其他诸如老板、客户等关系。仿佛没有标准答案或参考标准给他们,孩子们发现这不是像以往那样翻开书本就可以学到的。处理这些关系必然牵涉到自我的位置——自己的性格特征、思维模式、行为方式在处理这些关系中起了决定性的作用。学生们在关系实践中重新审视自己,试图找到答案。有些人会彻底迷失自我,按照别人要求的行动着;也有些人凡事都以自我为中心,不愿意改变。这是两种极端,每个成长中的年轻人都在这两个极端的连线上。

在广泛的社会交往中年轻人逐渐找到关系中的自我的位置,物以类聚人以群分,这个位置其实也就是他们拥有了一个怎样的个人社会关系圈,这个他们在乎和在乎他们的人际圈,基本决定了他们关于自我的部分认知。可以用一个比较时尚的词语来描述:我的世界。我的世界还会发生变化,但至少在这一段时期,在他们进入婚姻重回家庭之前,这个"我的世界"对每个年轻人影响深刻;无论他们是在大学里还是街头上还是工厂里。

这个时期,如果父母还有能力和机会与即将成年的孩子们探讨细节化、具体化的社会交往话题,无疑是成功的父母,并且对孩子是十分有益的。他们实际上迫切需要获得成年人最中肯和无私的指导,这种指导最佳来源是父母师长。可惜的是,很多父母和他们的孩子在经历青春期的时候,已经失去了这份链接,变得彼此隔阂,抱怨代替了真实交流;而老师们,仿佛无暇顾及那么多、无力涉及那么深。年轻人大多数在跌跌撞撞中互相琢磨,在互联网世界中寻找参考答案,逐渐成形。

这种在社会交往中逐渐确立自我的过程,不是从大学才开始的,只是在大学时期表现得更加突出,之前可能被繁重的作业掩盖了(至少在中国基本是这样)。掩盖不等于不存在。事实上从中小学时代起,就已经存在并且深刻地影响着孩子们的学业——影响着他们的自我感觉和应对繁重学习任务的能力。心理学研究发现:所有那些对取得高学业成就而言必不可少的技能,都和情绪智力脱不了关系,包括好奇心、自信心、目的性、自我控制、联系性、协作性以及沟通性。孩子的知识面或是早熟的阅读能力并不能够预测学业上的成功,真正有效的是那些社会和情感维度的因素:是否有自信,是否充满兴趣,是否知道哪些行为是被期待的并能够克制自己犯错的冲动,是否能够耐心等待,是否能够听从指示,是否能够向老师求助,是否能够在和其他孩子的关系中表达自己的需要。几乎所有在学校中表现欠佳的孩子，无论他们的认知能力水平如何，在情绪智力的这些因素上都会有某种程度的欠缺。令人遗憾的是，太多的家长致力于知识灌输和学科训练而疏忽了"孩子的世界"，甚至因此了导致亲子关系也陷入僵局。

这可能是个全球性的问题，人类知识总量的增加和全球化的政治经济，使得那些想要出人头地的人们，必须要学会更多，成为地球村的"巡游"村民。但是，真的不是每个人都有必要具备这种巡游能力的，绝大部分人只要有机会去旅游就可以了。有心理学研究报告称：在情绪能力上发现了显著的全球性下滑，这一下降是如此严重，以至于对世界上所有儿童来说，这似乎成了为现代生活而不得不付出的代价。

研究认为，欠缺情绪能力和无法建立关系会导致：

偏见和自我卷入——在个体层面和社会层面都缺乏对他人的关注；

攻击和犯罪行为——缺乏共情的能力，自我控制能力差（比如大学校园里发生的马加爵案，还有投毒案、弑母案）；

抑郁和学业上的低成就——如上所述，是很普遍的现象了；

成瘾行为——尝试让自我平静下来和自我慰藉（网络游戏帮了很大的忙）。

心理学研究报告称面对此种趋势，一种解决方法是：帮助家庭和学校意识到一个儿童的发展和教育必须包括"那些必不可少的人类能力，例如自我意识、自控能力、共情、倾听的艺术、平息矛盾冲突以及协作的能力"。为了改变我们的世界，我们必须把重点放在儿童期和青春期上，因为这两个阶段是奠定必要情感习惯的关键期，这些习惯一旦养成，将支配我们一生。在成年期出于补救目的后续学习，或是放弃原有习得的行为，都是一场治疗性的学习，那是长久而又困难重重的。大学时期，木将成舟，还来得及么？在这个最关键的青春期后期，我们还可以做什么，怎么做？值得每一个人关注、深思和积极行动。

第二，缺乏正确表达自己的勇气和能力。

在人际交往中，正确地表达自己很重要。有人疑问，这难道有什么困难吗？仔细想想，即便是一个成熟的成年人，是否也存在着在某些场合或某个人面前，说的话自己也不知所云？正确地表达自己，意味着这是体现了自己真实意愿的表达，不是不知所以、不明事理的随声附和，更不是受情绪控制的宣泄，或者仅仅是敷衍了事的交际辞令。在大多数情况下，人们并没有真正明确表达自己的意思。大学生把目光从书本转向周遭世界，他们不少人发现自己缺乏正确表达的勇气和能力。

女生小周今年读大一，开学才两个月，害怕在学校里的生活，想要休学；自己感觉快到崩溃边缘。在妈妈陪同下来寻求咨询。同寝室六个女生，原本可以是一个小团体，因为她们要在一起学习和生活；没过多久，变成三个对三个。三人一组分成两组，搞卫生互相轮换，去食堂吃饭三人一组，去自习室三人一组，当然内部话题多于外部话题。又过了一段时间，小周所在小组另两人说以后不陪她一起玩了，就变成了五对一。小周成了寝室里被排挤的边缘人，与她的相对关系融洽的同学在隔壁寝室，她就经常躲在隔壁寝室蹭时间。即便如此，她还是恐惧于这种关系状态。

她甚至不知道该如何向同寝室的另外五个人说话，她只能像个多余的人悄悄地来、悄悄地走，来了就躲床上不下来（她睡上铺），不参与她们的话题。谁都可以想象这是一种煎熬。另一件令小周难受的是，当这么紧张的时候，她就一定要去小便，没多少甚至没有尿量，她也要去。她尽力克制自己不要去，怕影响别人，但是很难克制。小周说很害怕自己有了强迫症。

小周坦言她并不怕孤独，怕的是怎么与她们相处。她需要学会正确表达自己，以使自己可以在这种氛围中保持自我，并在坚守中等待事情的转机——同寝室那帮女孩子中有挑头的，小周比那个人优秀一些，这种人际小伎俩，并不会维持太久。倘若小周真的自我否定、变得越来越糟糕，事情可能就朝向另一个我们谁都不愿意看到的不良局面发展；倘若小周能够保持住自己，逐渐显示出另一种力量来，事情就会发生转机，五人同盟也会瓦解。

她对于接下来怎么过日子很担心：

关于做值日卫生，另外两个明确不带她了，怎么做？其实很简单——明确"我只管做好一天的值日卫生，其他的你们去分配"，小周不知该怎么说——那就想好了，当背书一样说给五人中的某一个人听就可以。

自己到了床上，又想小便怎么办？那就临睡前去一次，别的时间看书，转移注意力；我让小周看我送给她的书——关于心理学的，我编写的书，签了名的——别的同学没有这样的书；对她来说，可以在那一刻增加自我价值感。

有一位好朋友在隔壁寝室，她们那个寝室都对她比较友好，但是一直待在人家那里总也不合适,怎么办?显然不合适,小周自己注意到了这不合适,就是真的不合适,一直这个样子,那边也会开始嫌弃。所以,小周要学会的是独处,在寝室外的公开场合,与另外寝室的同学一起活动,会比较好。鼓励小周做出了一个决定,去图书馆;很多学生不读书,她可以去读书。

很多同学不读书,她去读书,小周的这个决定是正确的。用不了太长的时间,小周就能适应那里的读书生活,而且在图书馆她可能结识另一拨同学。与人相处,正确表达自己的真实想法和意愿,与社交礼仪交际辞令一样重要。它可以帮助人们找到自我、维护自我,又避免麻烦、远离纠纷;顺畅人际关系。

第三,缺乏解决矛盾冲突和作出选择的能力。

大学生缺乏解决矛盾和做出选择的能力,这听起来有点不可思议;在与不同学生的交谈中,确实发现存在这种情况,虽然不能说普遍存在,但这也是大学生中一种比较常见的自我发展困扰。就像案例中的小周,当她处于同学关系矛盾纠葛中的时候,已经不知该如何表达,倘若没有机会获得疏导,当真的进一步处于矛盾冲突状态时,她就不知所措了。通常情况下,她会选择逃离——以放弃正常学习甚至放弃学业的代价,来逃离可怕的矛盾冲突。

一旦选择逃离,对个体的心理发展负面影响是很大的;她会深深地失去自信,并且会选择另一些行为来掩盖不自信。人们为了掩盖自卑所"发明"出的行为很丰富:那些成瘾行为,那些表演性行为,那些强迫性行为,那些自暴自弃、自我沉沦、自甘堕落等,都源出于此。包括自私自利、以自我为中心,也与此有关。

我们要明白一件事情,那些出现诸如此类自我掩饰性行为的年轻人,他们自己并不承认这些行为是糟糕的。所谓自暴自弃、自我沉沦、自甘堕落,在他们看来是顽固不化者对他们的偏见——难道KTV中通宵派对就是自我沉沦吗?那里有多少人间情感你知道吗?难道就你那样天天守在家里捣鼓那一亩三分地,就是人生吗?自己土鳖还对我指手画脚!——他们可能会以这样的方式来知觉到自我肯定和维护其自尊。如果大学生往这个方向发展了,相信其父母不能接受。但是社会是个生态系统,你所不能接受的东西偏偏永远存在。怎么办呢?

与其耿耿于怀,不如寻根溯源。

我们要从大学生们反映出的这种"解决矛盾冲突和作出选择的能力缺乏"现象中去寻找原因,施以援手,帮助年轻人发展出这种能力。年轻人缺乏这种能力,是在之前的成长过程中经常被剥夺发展这种能力的机会。仔细想想,当今社会有多少为人父母者,为了考试分数和升学机会,花钱把孩子的时间卖给了别人?孩子们有能力在围绕他们的各种力量纠葛中杀出重围吗?他们什么时候被允许表达真实意愿?他们还有自己的真实意愿吗?面对身边各种推来撞去的力量,他们有过作出选择的机会吗?他们能作出自己的选择吗?如果都没有,我们凭什么要求他们进入大学之后一夜之间具备了这些看起来是大学生应该具备的能力呢?进入大学以后,又是谁在帮助这些看起来已经长大了的孩子们学会这种能力?去问问大学辅导员们,他们的困惑和辛苦又是什么呢?

心理疏导理论区别于心理咨询的一个重要标志是,心理疏导是有价值观引导的。心理疏导理论认为,不仅要寻根溯源,更要在不同的领域建立科学的教育和支持行为。尤其是家庭,早一些的时候,父母有必要注意自身行为是否剥夺了孩子这种自主能力的培养和发展。到了大学这个阶段,可以把这种支持融合进大学生辅导员工作方法中,也可以提供社会化的专业支持服务,还需要提供给大学生参照解决矛盾冲突和做出正确选择的价值标尺。

第四,缺少对社会礼仪和街头文化的了解。

以前《弟子规》有明确的社会礼仪,节选其中两段:

| 或饮食 | 或坐走 | 长者先 | 幼者后 |
| 长呼人 | 即代叫 | 人不在 | 己即到 |
| 称尊长 | 勿呼名 | 对尊长 | 勿见能 |
| 路遇长 | 疾趋揖 | 长无言 | 退恭立 |
| 骑下马 | 乘下车 | 过犹待 | 百步余 |
| 长者立 | 幼勿坐 | 长者坐 | 命乃坐 |
| 尊长前 | 声要低 | 低不闻 | 却非宜 |
| 进必趋 | 退必迟 | 问起对 | 视勿移 |
| 事诸父 | 如事父 | 事诸兄 | 如事兄 |

这一段内容可以用一句话来概括,叫在社交往中要"长幼有序,谦恭有道"。这难道不也是商务交往中的基本礼仪吗?有多少年轻人在意?

| | | | |
|---|---|---|---|
| 凡出言 | 信为先 | 诈与妄 | 奚可焉 |
| 话说多 | 不如少 | 惟其是 | 勿佞巧 |
| 奸巧语 | 秽污词 | 市井气 | 切戒之 |
| 见未真 | 勿轻言 | 知未的 | 勿轻传 |
| 事非宜 | 勿轻诺 | 苟轻诺 | 进退错 |
| 凡道字 | 重且舒 | 勿急疾 | 勿模糊 |

这一段节选自《弟子规》中的"信",也用一句话来概括,在社会交往中做到"说话有轻重,做事能进退"。这难道不是最受欢迎的为人处世吗?现在很多人教孩子读《弟子规》、背诵《弟子规》、默写《弟子规》,他们自己的行为是否符合《弟子规》,才是真正的教育。子曰:道千乘之国,敬事而信,节用而爱人,使民以时。上不敬,则下慢;上不信,则下疑;下慢而疑,事不力。社会礼仪是上行下效得来的,不是靠背书默写得来的。

大学生对这些的缺失,并不是因为他们不会学习,而是因为他们还没有学习,而是因为他们在以往的成长过程中,主要的学习是刷题目,生活并不给予他们这方面太多的机会,或者把它给暂时忽略了。这些主要来自父母,家庭原本是践行《弟子规》最好的场所,被家长忽略了;太多的父母只盯着孩子的考试成绩,呼来唤去的补课和训练。

之所以把大学称为象牙塔,一方面当然指那里是文化高地,另一方面也包含那里不是市井之地的意思,没有市井之气。如今,大学普及率很高,大学生走出校门还是得回到市井之间生存和发展。在那个没有象牙塔的地方,确实有不少大学生会感到手足无措;当然也有大学生,还没有走出校园,已经走进市井之间,他们的社会适应能力要强得多。

西方有心理工作者调查发现,被邪教组织吸收去的年轻人,来自中产阶层家庭的居多,因为他们有机会读书,同时他们既缺乏高层家庭中成长的孩子所具有的警惕性和社会支持资源,又缺乏底层平民家庭中成长的孩子所具有的街头生活经验和辨识自卫能力。大学生在以往的成长过程中,有不少只是匆匆走过街头或者只是坐在车内经过街头,他们没有在街头文化中感受和发现的锻炼。造成学营销的不知道街头百姓想什么,搞管理的不知道街头矛盾是什么,甚至不知道自己走在街头是什么人。

最好是带领大学生成长的老师们,要鼓励和引导年轻人走出书本、走向街头,再走回校园、走进书本;如此往复中,大学生的知识是活的,他们的思想是活的,他们是活在真实世界中的。

**【过好喧闹与宁静并存的大学生活】**

闭上眼睛想象一下,在一个学生礼堂,你问"你觉得大学是一个喧闹地方,同意的请举手",会超过有半数人甚至大部分人举手;你问大学是个宁静的地方,估计举手的人就少了。如果你再问"你觉得大学是一个既喧闹又宁静的地方",估计举手的人数就又增加了。确实,大学阶段既可以很喧闹,可以很宁静;看你自己想要什么,生活就给你什么。

说喧闹,是因为大学生们忙于各种社团活动、各种社会活动、各种私人和官方的社交活动。寒暑假原本就比中小学长,加上短暂的学习周期中还有这么多非学科类或者非学习类的活动,好多学生晕头转向;一回头考试时间到了,又走马观花、临时抱佛脚应对考试;再一转身,毕业到了,开始焦急地寻找实习、寻找工作。用人单位问他们学了些啥,他们说"我们学的还只是基础知识"。

说宁静,是因为大学里还有另一番景象,他们出没于图书馆、教室、自习室,他们基本保持了中小学时候的学习节奏;每天盘算着学习计划和学术体验。他们也经常迷惑和犹豫在出去进来的交叉口,在喧闹的大学里找到宁静,需要抵挡一些诱惑,但也不能关起门来读书。这真是一种考验。

所以说大学也是江湖。江湖很乱:风景秀丽的水面上从不安静,喧闹的水面鱼虾欢腾、龟鳖冒泡。江湖很深:喧闹的水面下安静而深邃,却是潮流不息,鱼龙混居。那些能在喧闹与宁静间找到自在的年轻人,非比寻常,堪称大气之才;假以时日,或许终成大器。

几个学生帮我认真归纳了他们所观察到的普通高校学生成长困惑的现象,我汇总分析下来发现了"自主性"这个关键词,整理出以下五个方面22条。

(一) 在学业上缺乏自主学习

1. 缺乏处理学习与其他活动关系的经验,没有对学习进行有效管理;
2. 所学不深、不切合自己,没有对整个大学阶段进行有效学习规划;
3. 对个人学习能力缺乏自信,自我怀疑和否定;
4. 缺少有质量的阅读,阅读迷茫;

5. 既缺乏官方引导,又没有家庭指导,同龄社群则同病相怜。

(二) 在实践上缺乏自主行动

1. 人际交往中容易失去自我或以自我为中心;
2. 缺乏正确表达自己的勇气和能力;
3. 缺乏解决矛盾冲突和做出选择的能力;
4. 缺少对社会礼仪和街头文化的了解。

(三) 在财务上缺乏自主管理

1. 在消费中体验自我,较多攀比和从众消费;
2. 缺乏个人财务管理意识和能力,纯粹消耗性支出;
3. 在社会兼职和埋头读书间游移徘徊,或者偏向极端;
4. 缺少勤工俭学的意识、勇气和能力。

(四) 在情感上缺乏自主控制

1. 面对学业、未来和环境诉求,容易产生精神压力;
2. 以消极放纵来掩盖自卑心理;
3. 人际关系失去安全感、归属感或控制感;
4. 对真实意愿缺乏理解,经常用情绪宣泄方式来表达诉求;
5. 对恋爱缺乏理解、勇气和能力。

(五) 在职业上缺乏自主规划

1. 人生发展与定位缺乏力量感和真实感;
2. 找不到在理想与现实之间的通道;
3. 对自己不了解,对就业环境和未来也不了解,职业发展迷茫;
4. 不愿受限于制度性安排,又不敢放手做自己。

并不是说大学生都存在所有这些问题,而是说这个群体中有一部分人存在其中的一部分问题,这是对比较普遍存在的问题的汇总分析。我是从一个心理工作者的角度,发现了学生们梳理出的困惑现象中存在一个核心的要素,就是"自主性"。自主不是以自我为中心,好多人误把自我为中心当成是自主的表现,实在是可惜可叹。

我认为还是用比较文艺性的语言来讲什么叫自主会比较好一些,比起心理学术语,大家更听得懂。自主的第一层意思,我自己是主人。谁的主人?自身的主人,自己所有人际关系的主人。这就意味着自主性强的人是有主人翁意识和能力的人。他们是负责任的而不是受害叫屈的,他们是能够照顾别人的而不是一味需要别人照顾的,他们有较强的成就动机而不是索取欲望。自主的第二层意思,我是主动的。这种主动性也是习得的,从很小的时候开始,在与环境互动的过程中,逐渐形成"主动""被动"或是"退缩"。所以,一个具有自主性的大学生是知道如何正确理解和表达自己的,知道如何正确理解和呼应别人的,知道如何更加客观而不是主观地看待问题和作出选择的。

喧闹与宁静并存的大学生活,是需要这种自主性,并且也是可以锻炼这种自主能力的。

### 【了解难以规划或可预见的职业生涯】

大学生有职业生涯指导课,这个指导课仿佛没有从中国实际出发,普遍感觉隔靴搔痒。对于大部分人来说,职业生涯确实难以规划,即便有了规划,计划还是赶不上变化。只有真正踏上工作岗位,逐渐找准自己的职业位置,逐渐适应并有所成就感或收获感,或者逐渐转移了注意力,年轻人变成成年人,逐渐成熟之后,回头看看职业路径,或许会前路更加清晰起来。换个角度来看职业生涯,我们可以找到一条最基本的路线——你的职业心态。职业心态不同于职场心态,职场心态往往指你在职场中的人际态度、工作态度,职业心态还包括你的价值观、你的人生姿态。纵观身边的人、事、物,我们可以用两个词汇来描述职业心态:与白马争英雄、与秋虫斗方略。与白马争英雄,是说其注意力集中在出人头地、赢得名利;与秋虫斗方略,是说注意力集中在与人斡旋、保全利益。

我们还是用比较文艺性的描述来概括一下职业心态,随着人生不同阶段和不一样的生命体验,我们的职业心态会发生一个有趣的变化。

走出校园,进入职场,职场新人比较普遍的职业心态是"想与白马争英雄,怕与秋虫斗方略"。年轻人人人有梦想,尤其在成年早期那一段离开父母尚未成家的独立期,他们很想做一番事业,抱着激情来"闯荡江湖",个个想与白马争英雄。不用多久,他们中的很多人终于发现"江湖不是那个样子",他们被秋虫泛滥的职场明争暗斗弄得灰心丧气,他们害怕与秋虫斗方略。所以,他们叫职场新人。倘若一个企业一个组织,能够做到员工不用与秋虫斗方略,而是与春蝉和鸣,大概是年轻人很向往的职业场所。

第二种职业心态,可以叫做"敢与白马争英雄,乐与秋虫斗方略",很显然,他们已经走过适应期,并且成为聚焦点,他们也是青年阶段,他们可以冠上一个昵称"职场新锐"。职场新锐们可能血气方刚,变成洪流中的一分子,凭借着一股潜藏暗流的力量冲、冲、冲。他们分布在不同职业层面,从高级写字楼的办公桌前键盘如飞,到街头房产中介门前口号震天。

用心理学的术语来说,无论职场新人还是职场新锐,年轻人们正在体验和形成新的社会自我,他们可能深陷社会偏见,但他们一样在体验个人效能感,无论个人效能感高低如何,他们都会自我展示(以自己希望别人看见的样子展示在别人面前)。这是一个必然的过程,这个过程比我们想象的要复杂。经历这一段生命时期,他们成年了。成年后的人们会有新的职业心态。

第三种职业心态,可以叫做"不与白马争英雄,善与秋虫斗方略"。顾名思义,大家都明白,他们是职场老手——他们已经知道如何上下左右应对,知道如何保全自身利益,知道如何维持安定团结;他们不会掉链子,他们也不会做超出预期的贡献。他们可能失去了曾经作为职场新锐的机会,或者曾经也是职场新锐却后续乏力。但是他们知道如何与职场新锐相处,他们更知道自己与职场精英的区别。在他们看来,工作只是一份工作,生活还是那个生活;他们左右逢源、独善其身,他们的个人效能、价值感和成就感可能来自生活的其他方面,他们"在意着我的在意,牵挂着我的牵挂"。职场老手,也可以称为职场老人。

第四种职业心态叫做"能与白马争英雄,善与秋虫斗方略",人们喜欢把他们称作"职场精英"。在职场精英们看来,工作就是生活,生活就是工作;这有两种含义,一种是"努力工作或者工作努力",另一种是"投入工作或工作投入"——这可不是玩文字游戏,"努力工作"和"投入工作"是工作态度,"工作努力"和"工作投入"是工作状态,它们基本决定了"工作效能"。同样是职场精英,工作效能高低差异巨大,除了技术水平,关键差异还在于态度。能与白马争英雄,未必一定挣来英雄,但他们确实善与秋虫斗方略,在一些工作场合,他们既是职场精英,又是群体中最大的秋虫(他们的老板会比较辛苦)。

职场老人和职场精英是两种不一样生存法则的人群,每一个年轻人走出校园踏入职场,在若干年之后,他们终究会成为其中的一分子。如果说职场新人和职场新锐是职业生涯发展的第一级,那么职场老人和职场精英是第二级,大部分人在第二级就停止了发展,而且他们的能量用来应对和创造生活已经差不多平衡了。绝大部分人的人生使命在家庭中,人到中年,做好生命繁衍和更迭,并在这个过程中感受到更多幸福,已经很不错了。

少数人有可能做到第五种"善与白马争英雄,不与秋虫斗方略"的职业心态。他们有可能在某个范围或领域内成为白马,具有影响力和感召力,能够创造价值。他们能体验自我满意的"实现自我价值感",他们的高度决定了他们既不会也无须再与秋虫方略。他们找到了"使命感",为使命感而工作。这是一个到达"职业成就"的阶层,他们通常可以在职业称谓后面加上一个"家"字。

第六种职业心态则是一种人生成就了,称之为"不与白马争英雄,不与秋虫斗方略"。很有意思,这有点返璞归真的感觉。大概有两种人,一种是由第五种职业心态发展而来,他们觉悟了;一种在更早的时候就觉悟了。这两种人的社会能量级不一样,但是都可以做到"淡泊名利、与人为善,没有抱怨、乐于担当"。

第五种职业心态通常属于那些事业影响范围比较大的人,他们有机会"治国平天下";即便你没有机会治国平天下,只是"修身齐家"也一样可以做到第六种职业心态。其实每个人都有可能做到"不与白马争英雄,不与秋虫斗方略",安心工作、舒心度日;做不到既不与白马争英雄也不与秋虫斗方略,安心工作舒心度日的人们,其障碍往往在自己身上。拥有这个第三级的职业心态,个人修为其实已经超出普通人一截。他们可能是这样的人:勇敢而不粗糙;自信而不逞强;聪明而不尖巧;大度而不松弛;舒张而不慵懒;厚道而不木讷。

职业发展有太多的不确定因素和机缘巧合,但其根结在于"职业心态"。跟大学生们讲如何规划职业生涯,不如跟他们说说职业心态。以前还小,应对考试也忙;现在大了,可以好好考虑和推敲一下古圣先贤说的这句话:格物致知诚意正其心,修身齐家治国平天下。这句话可以说浓缩了人生意义、人生过程和人生境界。即便一生只为"齐家",也得"修身",何况"治国平天下"。职业生涯规划基本属于"治国平天下"的范畴;对绝大部分人来说,确实一生只为"齐家",做好了就是对国家对天下的贡献。大学生们尚处于"格物致知诚意正其心"的时期,也是修身的关键时期;安下心来"好好学习,天天向上"是正道——向书本学、向老师学、向同学学、向社会学,才可能真的"天天向上"——当年毛主席说"好好学习,天天向上"可不是说埋头死读书,天下有几人能比得上他的学习和实践能力?

**【青年人要面对的自我发展任务】**

青年时期是个模糊的时期,也可以叫做从青春期后期到成年早期的一个特殊阶段,这是一个步入成年的转型时期。可以分成两个阶段:第一个是青春期后期到成年早期初期,第二个是成年早期后期。这两个阶段的心理发展特征是不一样的,它首先是个恋爱季节,同时又是一个走向成年的剧烈变化的时期,这种变化对青年个人和他们的家庭影响重大。青年人需要交出一份完整的成长答卷。

恋爱可能是青年人感觉自己结束少年时期变成青年人的一种标志。这是一个过程,从青春期时候对异性感兴趣,到建立比较私密关系,到发展成两性关系,最终成为婚姻伴侣关系,这个过程其实充满不确定性。这个本质上是自我发展的一部分,没法从课本上学,只能在现实生活中体验和成长;能在这方面得到帮助和提点的年轻人,当然是幸运的(本书第二章"爱的共舞")。在这个时期,除了恋爱,青年人还要面临其他一些容易被社会疏忽的发展任务。

第一,学会工作。

在成年早期的初期,年轻人最主要的任务之一就是学会如何工作。这需要年轻人对别人愿意付钱的工作培养兴趣。这看起来是显而易见的事情,但并不意味着这种兴趣就可以自动地形成。许多青少年的兴趣必须经过巨大的转换才能成为一份工作或一份职业。而这一转换通常只有通过尝试和"犯错误"才能够完成,并且还包含了大量的失望、重新定位和重新尝试。如果一份能够赚取薪水的兴趣得到了发展,年轻人就会有以极大的专注和强度投入工作的能力;如果他们不能够找到这样一种兴趣,他们就有可能会去从事只是为了钱而对他们没有意义的工作。这一个过程可能会包含了许多错误的起步，而对年轻人来说，这些经历可能会让他们的头脑变得清醒，而他们的家庭则可能会为这个过程伤透脑筋。

第二，自我专注。

对于年轻人来讲，这段时期有机会可以暂时脱离家庭承诺关系，变得自由起来。这段相对独处的时间，他们可能会更多的专注于自我。在生活技能和个人成熟的意义上，他们都在努力地发展自己，尽管他们的活动并不会有太多金钱的回报，也或许不会给任何人带来什么帮助。但他们可能在一段时间内乐此不疲。

第三，理想主义。

因为没有太多的生活经验，许多年轻人会用价值观来指导自己。他们觉得，可以通过按照理念来生活，摒弃个人利益来解决问题。他们也常常感到自己十分有力量，觉得可以很轻易地就避免那些年长的人所犯的错误。这是一种傲慢，这种傲慢在发展个人权威的道路上，却是一个必要的有助于走向成熟的阶段，而真正意义上的个人权威恐怕是在中年时期才可以企及的东西。

年轻人所意识到的价值观可能会和他们的父母有较大差异，无论正确与否，他们一般不会在这个时期内轻易放弃。如果他们仍然在经济上接受父母资助的话，那么，在他们内心不得不容忍一种道德困境——即有一个他们价值观上不认可或相反对的资助者。依赖于自己的价值观反对者，让年轻人的感觉很不爽。

第四，人生导师。

这个时期，年轻人对他们的父母和父母的盟友们多少带有些公开的鄙夷，但是道德上的单纯却让他们能够对一两个他们所敬仰的"老师"理想化。这个"老师"可以是现实意义上的"学业老师"，也可以是生活中的"人生师傅"。这种和一个人生导师之间的个人关系是十分重要的，它可以在家庭沉浸和自我界定之间架起一座桥梁，可以作为一种在不丧失骄傲情况下进行大量学习的方式。年轻人身边有没有这样一位举足轻重的人生导师，有怎样的一位生活师傅，对他们的发展起着巨大的影响。有时候，这位人生导师只是说了几句话，却<u>丝丝入耳</u>，让年轻人终生难忘。

什么样的人会成为年轻人的人生导师呢？什么样的人都有可能。如果"人生导师"出于自己的利益而利用了这段关系，那么这种带有朝拜意味的关系会有其危险性的一面。有些年轻人特别容易匍匐在邪教领导人和帮派老大脚下,正是如此一种关系使然。邪教和帮派群体给了这些年轻人一个理想化的兴奋点,道德上的单纯性和被强化的社交认同,可以减轻年轻人困扰于丧失意义、失去方向和孤独的恐惧感。这种理想化的能力也是一种个体发展上的成就,即便在某种程度上年轻人会过高估计了他们的导师,这种关系依然会这样发生。

第五,从"自我专注"到"家庭主人"。

就像是青春期后期一样,成年早期之初也有夸大自我能力、理想主义、理想化、高强度的工作以及使用关系来界定自我的特征。这些渐渐地会被一种更现实的成就感、更复杂并以情境为基础的道德观、对幻想的觉醒、关于工作的兴趣以及对家庭的渴望所代替。这个过程重要的是,人们能够将他们的情感投注从成年早期之初对一个幻想中的"完美之爱",转移到一个在此时此刻能够自由地确立关系并且准备好确立关系的真人上面。这种对爱的转换是十分困难的,它需要的是智慧,并且常常会留下缺憾。它需要年轻人舍弃一个珍贵的理想中某些成分以换取一个现实的人生。

随着现实主义取代了对自我能力的夸大,年轻人或许能够真正地享受某些梦想变成现实的乐趣;他们可能也会体验到一种失落感,因为对许多可能性的幻想只有屈指可数的几个成了现实。当年轻人意识到成年早期之初那种"做好准备"的时期已经结束了,他们还可能会体验到一种"时光不再"的新感觉。

第六,人生导师的幻灭。

青春期后期成年早期之初的人生导师,在很多年轻人生命中并不占据太久的时间,成年早期的后期,可能是个体对人生导师的幻想破灭的时期。正如理想化的能力是一种成就一样,用现实的眼光来看待自己的人生导师,是一种进一步的成就。随着"找到了答案"的兴奋体验的消退,这种幻灭的体验可能会让人觉得非常沮丧。年轻人可能会觉得他们的人生导师欺骗了自己,因而会在强烈的失望中结束这段关系。或者他们也可能会渐渐远离自己的人生导师,对他们的人格魅力失去了兴趣。

随着人生导师的幻灭,年轻人有可能会重新看到自己的父母。对此,借用马克·吐温的话便是,在 18 岁的时候,年轻人可能觉得自己的父母是世界上最无知的人,在 25 岁的时候,他们可能会很惊讶地发现,父母在这么短短的几年中竟然学会了那么多的东西。

**【青年人向成年转型期的矛盾冲突】**

青年人既习惯于以往对父母的依赖,又被这种依赖关系束缚,极力想挣脱以获得自主。这对矛盾的背后隐藏着父母和年轻人双方的问题,双方都没有找到建立起和以往不一样的成人之间关系的感觉,这对于双方都是一个挑战。这个家庭成长过程中"悬而不决"的问题,会比较严重地影响青年人发展,很多青年人以脱离家庭来逃避这个挑战。

曾经有个接受心理疏导的大学毕业生,因为就业问题和父母对抗,行为过激。她这样描述自己的愤怒——有一股力量要爆发出来,就想把衣服都撑破撕烂发泄出来——这恰恰是没有力量的表现。那次咨询谈话,我跟当事人讨论了力量的真相。

我说:"当你关心别人、付出爱的时候,你是有力量的;倘若只是想要从别人那里获得支持和帮助来找到力量,这种力量是假的,并不存在。就像你自己,希望自己在走向社会成为一个独立成年人的时候,可以有更多的选择和自主能力,你不想做老师,另有追求。这些要靠自己内在的使命感和责任心去完成,如果把希望寄托于父母理解并且主动到位地支持你,不现实。因为父母亲能做的,是他们最大的能力所能做到的——帮助你去做老师。你一方面依赖于父母的援助,一方面又不满意于自己的缺失。仿佛这样一来,自我就没了。不是这样呢,自己也不知道怎样才好。所以心中窝着一团火要发出来,这种发泄不是力量。那天你情绪大爆发之后,晚上我给你短信,我是想要提醒你注意自己的情绪。你回复我的短信让我觉得你有力量——你说'嗯,好的,你也早点休息吧,今天大家都累了'——收到这个短信的时候,我收到了你对于我的关心,这一刻我感觉到你的力量。"

当事人终于恍然大悟——"哦……我好像明白了。你是说,我只关注自己,不关心别人的时候,我的力量是发泄,所以我会那样子。"

"对的!说老实话哦,你有没有觉得,你爸爸妈妈其实真的不容易,你又不关心他们内心的害怕,可以说,他们这段时间处于极度恐惧之中。"

"好像是的,我知道,可是我又不能冲别人发作,谁叫他们是我爸妈呢……唉……"

"是啊,当你这么想的时候,你自己的力量就消失了。力量来自自我责任感,你觉得你为自己做了什么,为了心中的梦想,你为自己做了什么?"

她长吁一口气,笑了。这个笑,笑得很诡异——因为她自己说过,偷懒,不负责任。她就想要别人帮她安顿好,安顿得不称心,还要发脾气。

……

这个案例透射出一个我们大多数人忽视的问题。家庭中新成年人的出现,意味着家庭心理结构发生重要变化。为人父母者,曾经的成功经验和行为方式,如今可能成了阻碍家庭和谐的因素。美国人把这一转型叫做"年轻人的离家独立"。这一时期,家庭面临的主要转型问题是年轻人的成年,表现在:一是相对原生家庭而言进行的自我分离;二是发展同龄人之间的亲密关系;三是在工作和经济独立方面确立自我。无论东西方文化,这个转型过程都存在。只是,西方个体主义文化相对于东方集体主义文化来说,这个转型更容易完成。案例中这位年轻人的家庭碰到了这三个问题中的两个,她在寻求工作和经济独立方面自我确认遭遇困扰,同时,她在争取"自我分离"方面也困难重重。作为一个新成年人的出现,她需要一个破茧的过程,破茧的过程取决于原生家庭所编织的是怎样一个茧。

独立,是这个时期家庭面临的主要成长挑战。事物都有两面性,这个转型太容易,失去家庭的有效支持和安全保障,是美国人遇到的问题。这个转型太艰涩,家庭支持和保障变成束缚,是中国人遇到的问题。

如何帮助家庭完成这个转型,解决青年人独立和依赖冲突的矛盾?

其实这个问题的解决方案,中国老祖宗早就有成熟经验,几千年来它呵护了多少中国家庭的幸福和睦和社会的安定团结!只可惜,被我们弄丢了!现在是该捡回来的时候了!中国传统文化对于此问题的解决是"一套方案",而不是"一个办法"。这套方案,从父母还没有成为父母的时候就已经开始。中国传统家庭伦理和生活礼仪中已经有了成熟可行的行为规则。《弟子规》已经把这套行为规则做了详尽的整理归纳,每个中国人都应该好好学习和践行老祖宗的《弟子规》。"为人子"做好了,到他们"为人父母"时也能做好。当然,知其然,学《弟子规》就可以,要知其所以然,就该系统地学习中国传统文化。

家庭是一个整体,中国传统文化关于家庭中年轻人的成长,不是说分离,而是说独立。独立的年轻人,表示他们可以为家庭担当一面,以至于光宗耀祖为社会担当一面。中国式的家庭成长周期,不是从"年轻人从原生家庭中分离出去"为开端,而是从"年轻人在家庭中独立担当"为开端。所以,年轻人的问题也是年长者的问题。通常年长者创造的家风好,年轻一代更会学有所成,循着榜样的足迹继续前行承担家庭责任,并且在年长者的辅助下越走越好。这是中国传统文化的家庭成长之第一步:年轻人开始成年成为家庭的生产力量,可以概括为"承家继业"。

家庭原本不是年轻人的茧。家庭曾经并且继续在庇护着他们,那他们为什么一定要挣脱这个无形的茧呢？这跟年轻人在成长过程中所形成的认知有关,认知和生活实际之间存在落差,这种落差在互联网时代成长起来的当代学生身上更是明显。他们一方面离不开对家庭的依赖,一方面又极力想摆脱家庭的"束缚"。大家都眼睛朝外看着"寻找机会",却没有往里面看去"找回生活"。我们经常看到这样的情况:一家三口都是好人,勤劳本分的劳动者和聪明好学的年轻人。可是好人也不幸福,因为他们不认识自己。他们都被悬在空中,找不到落地的安定感、踏实感和归属感。

首先,就父母来说。要明白自己长期以来以为行之有效的管理孩子的办法,其实是打了很大折扣的。只是因为孩子不愿意或者不能够于折扣处和父母翻盘。所以,亲子关系一直在打折中前进。直至孩子已经不是孩子,而是成年人的时候,脆弱的折扣环节终将崩盘。所以,当子女长大成年的时候,为人父母者要尊重子女的成年。和一个成年人应该怎么相处,我们多的是社会经验,此刻,要运用到你的子女身上。这件事情中不习惯的是父母,父母一旦"降低了身份",找到和成年子女交流的感觉,就会发现,这个年轻的成年人是自己的延续,没有任何生分。子女转而会成为家庭的重要支持力量。反之,子女则很可能会变成逃逸或阻滞的力量。

父母想方设法替儿女着想,又没有能力和儿女以成年人的方式沟通。引发儿女不满之后,更加担心对方情绪不敢主动沟通。于是双方在两个频道上较劲,很辛苦却未见成效,乃至越演越烈,到了信息中断的地步。这样一种父母和子女的互动情况,就像一个漩涡,越陷越深。起初,只是很小的事情,生活中点滴小事逐渐让人适应成一种固定的模式,最终在人生重大事件上得以爆发。这种模式叫做讨好,爱显然不是讨好。

其次,成长意味着自我发现和反省的能力。年轻人普遍缺乏这个能力,这是我们现行教育体系的缺陷。很多年轻人很容易对父母说"不",却不知道怎样对父母说"是"。他们内外矛盾、心口不一。心里有自己很多不确定的主见和意愿,却不知道正确表达他们的想法,也不愿意倾听年长者的意见。自以为是地拒绝了很多来自爱他们的人的意见。偏见导致他们生活不如所愿而不自知。

同时,当一个年轻人长大成人,要有一种行为与意识相统一的成年人角色感。去尝试新的人与人沟通方式,去不断熟练成年人的相处关系,成长就自然发生。倘若用孩子的行为方式去表现成年人的意识(这很容易发生在与父母长辈的相处中),年轻的成年人注定要交出一定的学费,经历一番痛苦的转型体验。

让独立的年轻人回家,而不是离家。这是中国文化背景下家庭疗法的关键,也是中国式家庭生命周期的第一步——承家继业的独立年轻人。

# 第六章

# 爱 的 炼 炉

> 第六项修炼：学会和谐
> 中年人的后起飞或者叫二次起飞，是人生的黄金时期，也是家庭成长的核心能量。有些人却停滞了成长，甚至从此沉沦不起。

在整个家庭成长周期中，中年一代起着决定性的作用。中年人是家庭的顶梁柱，中年人崛起的程度，决定着家庭成长的能力。也正因为如此，中年人也是家庭成长周期中承担最大压力的角色，这是一个充满危机的个人生命时期。在心理学发展早期，心理研究并不关注中年，因为在20世纪初这个平均寿命只有49岁的时代，除了卫生和战争因素，人类的中年时期显然也不够突出，在完成生命繁衍之后，人们快速进入老年。而现在，人类的平均寿命已经达到76岁，中年时期占整个生命周期的二十年至二十五年，甚至更长。关注中年时期，是当代心理学发展的特点之一。

中国古代圣贤孔子说自己"四十而不惑，五十而知天命，六十而耳顺"（从这一点来看，似乎中国古代的平均寿命至少与现代人类平均寿命相当），孔子的中年时期是在不断提升的，现代心理学称之为"中年的后起飞"阶段，也叫"人生第二次飞跃"。孔子没有说心理学，但他说的都是心理学范畴的事情（包括了情感、思想、态度和行为）。从2 500年前开始，中国人的中年时期已经受到足够关注。这一讲，我们不妨通过比较中西方的观点和关注的焦点来理解中年的危机和成长，这可能更符合中国人实际。

##  一、传统心理学对中年人的研究和中国的情形

### （一）空巢综合征

和其他很多舶来品一样，"空巢综合征"其实只是20世纪中期西方社会的一个概念，最近几年来被传入中国老百姓的话题中，煞有介事。这个概念勾勒出了人们对中年的印象——随着子女的成人，中年女性生儿育女的角色已经不复存在，她们要么在空荡荡的房子里大发牢骚，要么狂热地开始尝试过自己的生活；男人们和自己欲求不满的妻子缺乏交流，只要愿意的话，总是能抓住青春的尾巴，恣意纵情一番；基于这样的分歧，婚姻满意度在这一时期跌入最低谷。

这样戏剧化的情节也许可以成为一个好的电影剧本，但并不符合现实。西方心理学研究发现：首先，相比仍然和子女住在一起的同龄人，送走子女的中年夫妇报告了更高的享受生活程度和更为幸福的婚姻。其次，女性预料到并且能够接受子女们离去，而且比男性适应得更好。女性普遍宣称她们的中年生活质量比以往任何时候都高。第三，男性在中年阶段经历了一个重新评估自己的过程，大多数人会觉得自己的人际关系能力以及与家庭成员接触的兴趣都有所增加。

越来越多的研究推翻了以抑郁的女性、情感疏离的男性工作狂以及低谷婚姻为标志的中年刻板概念，因此，所谓的"空巢综合征"在现在看来根本是无关紧要的。面对这些有违直觉感受的研究成果，我们必须要真正理解中年起飞的含义。起飞只是许许多多必须在中年完成的任务之一，和让子女起飞一样，中年任务首先在于重新安排家庭角色，其他在这一时期完成的任务还有：送走子女，夫妇重新成为"一对配偶"；与已经成年的子女建立成年关系；接受因子女婚姻和生育而到来的家庭新成员；解决与自己父母的问题，为他们养老送终。与此同时，我们还要看到，与"时下流行"的对中年的消极刻板印象和误解不同，现实情况是大多数中年人身体还很健康，自我感觉年轻而充满活力，并且为生活中出现更多选择机会而感到兴奋。

心理学研究至此才发现，中年人并非像所说的那样为每况愈下的健康

状况和精力忧心忡忡,或者因即将到来的死亡而郁郁寡欢。中年人是可以起飞并且有力量飞翔的。

**【中国的情形】**

与西方社会学和心理学研究不一样,自古以来,中国人的生活中并没有给"空巢综合征"留下什么空间。中国几千年来家庭生活方式,并没有子女成年离家的现象存在,即便有,那也只是暂时离家求学和工作,而且这种求学和工作,本质上是家庭计划的一部分。中国文化是家的文化,所以中国式家庭生命周期中,中年人所面对的成长问题和西方是有很大差别的。中国人不仅没有真正"空巢"空间,而且短暂的"空巢"时期,也被深深的"牵挂"所填满。中年人肩负着教育辅助家庭中年轻的成年人和照顾年长的成年人的使命,中国家庭生命周期中的中年人需要个人能力和责任的成长。中年人的成长成功与否,基本决定了家庭成长的质量。不少中国家庭中年人已经停滞了成长,他们变得无所事事、哀怨认命,甚至变得不负责任、利令智昏而导致家庭遭遇重大挫折。所以,对中国的中年人来说,需要关注的问题不是"空巢综合征",而是"停滞成长综合征"。

老邱年近50,第一任妻子因车祸而去世。他的第二任妻子比他年龄小了很多,今年还不到30岁,他们的孩子还小,不满2周岁。前妻所生的孩子已经长大成人,大学即将毕业。大儿子不愿意和他一起生活,独自在外生存。老邱父母和前任妻子岳父母四位老人都批判老邱没有照顾好大儿子,不愿意参与他的家庭事务;大儿子又不买他的账,认为老邱很固执,所以宁愿独自在外生活。现任妻子的父母也认为老邱对他们女儿关心不够。老邱觉得自己的家庭处于散乱状态,他无力捏合起来,感到自己的生活空间很局促。

在单位里,老邱是一个警惕的人,他的能量耗费在人际关系中,他的眼睛一直盯着高层而忽视下属。他带领的部门始终无法真正在业绩上有所突破。他没有理解到应该是下属让他出成绩,他也没有理解到带领好下属远远比讨好上级重要,他更没有理解到自己是个领导者,领导者的基本要素是担当和负责任,他压根儿没有想到自己一直在"表现负责任"而不是"实践负责任",一直在"怕输"而不是"想赢",他的工作只是为了获得别人认同而不是创造价值。

老邱要从他自身的内在恐惧和生命情感中去寻找答案，而这个过程，他自己完成不了。

中年人成长最大的障碍是习惯了的自己，这个习惯了的自己既是多年以来的自我保护伞，又是多年以来的自我妨碍。倘若没有主动学习的意愿，可能需要等待生活中挑战性事件的发生来引发身不由己的改变。在我们身边，有不少成年人陷入痛苦的迷惘之中，还有很多人陷入麻木的境遇中，也有不少人能够成功跨越生命的中期，获得更大程度上的自我成长。这个分水岭是你是否拥有真正意义上的学习。

## （二）中年危机

按照大众媒体的描述，跨入中年的女性，绝经期会带给她们身体变化，这个变化令人难受而担忧，同时失去生育能力会触发女性对死亡的关注和产生丧失感，从而可能导致抑郁。实际上，心理学研究发现，尽管女性们的确要经历身体的变化并会产生不适和丧失感，但大多数女性在月经停止后感受到的是解脱。近期研究表明，大多数女性能够预见到并欣然接受绝经期的到来，平静地对待这一转变。尽管会有75%的绝经期女性的确受到了由于体内荷尔蒙分泌失调所造成的身体变化不适或困扰，但这些不适和困扰并没有给女性带来更多的适应困难，90%的更年期女性报告没有明显体验到与绝经有关的愤怒、焦虑、抑郁或神经过敏等变化。

研究者发现，与那些将绝经期看作是一段压抑时光的刻板印象相反，很多女性实际上觉得它是改变和成长的催化剂。她们认为自己变得更为坚定、自信、充满活力，在性方面也更加自由。心理学界将这一现象称为"绝经后的激情"，被定义为"当女性无须再照顾子女的时候，随之而释放的创造力和精力"。当然，绝经期不是造成"绝经后激情"的身体原因，而是提供给了女性们体验自由的条件和寻求改变的机遇。

和女性们进入后起飞阶段所体验的激情不同，男人们对死亡的体验是一个漫长的内部过程。到了不惑之年，男性开始体验到一系列逐渐发生的身体变化，但功能并没有明显的降低。然而，这些变化很难视而不见，如谢顶、啤酒肚和皱纹。研究者指出，每个男人都得哀悼并且接受自己心目中那个年轻英雄的死亡，随后经历重新评估的过程，他将此看作是所有男人在40多岁时候的常规任务。然而，根据流行的中年危机（这个词是给男人们设计的)的定义,这一过程是创伤性的。那些感觉到自己废弃了梦想而一无所获的男士们容易给自己提出了如下建议:放弃工作,跳出婚姻,开始奢侈而无节制的狂欢以提升自尊。同样,研究表明绝大部分中年男士都是通过一个漫长而内省的过程来实现重新评估和发展的任务,而并非是一场见诸行动的急性危机。

**【中国的情形】**

中国传统文化是非常照顾男人的,在长期的允许一夫多妻的历史中,没有让中年危机给男人太多挑战,倒是给了女性一定的挑战。女性们因为更多关注与性别体征有关联的家庭地位而更在意绝经期的变化。在一夫多妻的大家庭里,这无疑是一种挑战。然而,中国传统文化的家庭伦理体系,是一种文化制度的保障。它保证了那个时期女性在家庭中的地位和功能可以不发生中年变故。至于男性在自身职业发展方面的中年危机,也没有想象中的那样严重。恰如诗句"不能入梦的来入诗"所描述的那样,中国文化的精髓在于它的既入世又出世的哲学性,而不是其他文化的宗教性。或许我们可以理解一下李白杜甫等古代著名诗人通过他们的作品所释放的信息,就知道中国人自我调适能力几乎是天生的。这值得研究推敲一番。所以,从文化角度来说,中国的中年男女都是幸运的。

但历史已经发生了一些重要的变化:

在天安门广场人民英雄纪念碑上,镌刻着毛泽东起草周恩来题写的碑文——

三年以来,在人民解放战争和人民革命中牺牲的人民英雄们永垂不朽!

三十年以来,在人民解放战争和人民革命中牺牲的人民英雄们永垂不朽!

由此上溯到一千八百四十年,从那时起,为了反对内外敌人,争取民族独立和人民自由幸福,在历次斗争中牺牲的人民英雄们永垂不朽!

碑文缩写了中国社会混沌黑暗的一百年历史,这一百年也可以理解为中国两千多年文化的震荡时期,这个震荡是外来"掠夺性"文化对中国"生态性"文化的冲击(这两个名词是我生造的,借以区别它们)。这种冲击历史上也发生过,但是"掠夺"只是"生态"的局部故事。中国人站得更高看得更远,中国文化经历的震荡期是一个先破后立的过程,痛苦的"破"已经过去,伟大的文化"复兴"正在悄然发生。

在中国大地上,毛泽东时代所发生的世界大事件,不仅仅是一个崭新的中国站立起来。同时发生的一件重大事件是中国人比西方人更快发生并完成"妇女解放运动"。它带来中国社会翻天覆地的变化,由此产生社会生产力的巨大释放。邓小平时代开启的世界独一无二的中国经济社会发展奇迹,有很大一部分功劳来自中国已经真正完成的妇女解放运动。全世界没有第二个国家和民族能在这么短时期内完成这么巨大的历史转身。今天的中年人一代,正是那个二次世界大战之后的"婴儿潮"的第二代。那个时代,中国人完成了文化破立的第一步,妇女获得全面解放,文化禁锢被抛弃。今天,当这些人步入中年,他们肩上又陡然出现一个文化复兴的重担,这真是一件奇妙的事情。所以,中国当今的中年一代是特殊的一代,他们不能像两千年以来的中国男人一样生活,也不能像他们的祖先那样幸免"中年危机"。无论男女,这一代(可能还包括前后一两代人)深陷中国特色"中年危机"。

中国特色的中年危机除了前面讲过的"停滞成长综合征",还有一种常见症状可以叫做"中年期叛逆"。仿佛是青春期叛逆没有过好,现在要重新过一遍一样,在快速变化的当今社会,一部分中年人表现出了类似青春期叛逆的"家庭出逃"行为症状。这些症状主要表现为:

1. 在家庭以外寻找和建立稳定的或临时的亲密关系,但同时又不愿意放弃婚姻,从中寻求精神刺激以体验自我存在和价值感。

2. 尽量少承担家庭责任,尤其在子女已经独立的时期,对来自配偶的家庭约束发起挑战。

3. 将大量时间精力耗费在社交活动上而轻视家庭生活,并将此理解成理所当然。

4. 放任个人成瘾行为,并希望获得家庭成员尤其是配偶的默许与包容。

  黄医生是一名在当地颇有名气的外科医生,其精湛的手术水平获得同行和病家赞许。妻子李姐温良贤淑,是个很有主见的政府工作者。他们的儿子已经就读知名高校。在外人看来,这是一个幸福安定的家庭。实际上他们的家庭生活并不幸福安定:黄医生从来不承担家庭事务责任,几乎80%的晚饭在外面吃,每天都有人请他吃饭,其中有病人家属、有以往病人家属、有一批熟知的老朋友、有经常性发生的业务交流和民间活动。李姐终于发现,其中和黄医生联系最紧密,经常在一起吃吃喝喝玩玩的是几个女性和她们的交际圈子,丈夫几乎总是和这个她或那个她在一起。为此李姐甚为生气,几次三番要求丈夫回归婚姻生活正常轨道。黄医生做不到,并且认为这是李姐一向以来的对他管束,他不愿意被妻子管束着,所以一如既往在外潇洒。丈夫的行为直接导致李姐与丈夫的异性朋友发生斗争碰撞,他们的婚姻终于到了貌合神离的危险时期。李姐寻求援助:如何挽救丈夫的叛逆行为?如果无法挽救,婚姻将如何发展?

李姐寻求援助的行为,实际上是已经站在了结束婚姻的起跑线上,只是她还没有下定决心往这个方向前行,这是她对自己的选择。作为中年人,现在黄医生和李姐都面临着一个重大选择——要一个怎样的后半生?

### (三) 两性差异

西方心理学研究发现,男性和女性在度过中年的时候步调不一致了。女性在起飞阶段以前就活跃起来了,一般大约在 40 岁左右。她们在距离子女真正离开家庭还有好几年的时候就已经盼着他们离开了——大多是被青春期子女的反叛和冲动激发的。在期盼的日子里,女性们开始构想自己的新生活。当子女独立生活之后,她们觉得外面的精彩世界正等着自己,她们兴冲冲地回到学校,从事新的工作,或回到之前的全职工作岗位。直到 50 多岁,她们仍旧在为自己崭新的或原先的工作、事业以及个人目标而奋斗。

与此同时,男人们在 40 多岁时,通常是子女们还在家里,就开始了非常缓慢的重新评估过程。触发这一过程的原因很可能是男人们注意到自己的妻子开始将目光转移到了家庭之外。但是,男人们仍然将主要的精力集中于事业。因为觉得自己还有最后一次获得成功的机会,他们可能会更多的投入工作。直到中年后期,一般在 50 多岁左右,他们对于工作在自己生命中的意义才会有另外的思考。在慎重评估自己的生活之后,他们渐渐地更为内省。对于某些人,这一过程是由身体的衰老表现所触发的;而对于另外一些人,则是某个特殊的事件担当了催化剂的角色——工作中获得提升或遭遇失败、退休、自己或家人生病或死亡等。不管什么原因,男性们开始探索自己的内心世界,发掘生活更为重要的价值。然而,通常直到起飞阶段的后半段,有时甚于到了 50 多岁或 60 岁的时候,男性注意力才从工作上有所转移。他们最终愿意放慢步伐,接受目前的地位和成就,即便这一地位和成就可能会与早年的梦想并不一致。同时,他们对婚姻关系以及之前压抑的兴趣有了更多的认识。他们的好胜心和攻击心会有所收敛而变得更愿意倾听和学习。

**【中国的情形】**

在西方生活中,可能确实存在如心理研究发现的那样,中年阶段的男性和女性分别以不同速度朝着各自的方向前行。当女性发展出自主性,并且走出家门的时候,男性开始要求更多的休闲和旅游时间,并且希望妻子也能加入其中。这些性别差异冲突经常让夫妻双方感到困惑和棘手,还有可能会导致婚姻的巨大变动,包括重新定义好丈夫和好妻子的标准。

在中国,情况有所不同。当今中国女性早已完成"妇女解放"或"女权运动",解放了的中国妇女既保持了持家角色,又广泛地参与社会就业,在中国社会基本不存在就业性别歧视,仅有的差异来自岗位特征对性别的要求。所以,中国家庭中的女性和男性一样,都是在参与社会建设的同时也建设着自己的家庭。他们的家庭和社会地位基本平等。来自性别差异和传统价值观念的影响,中年女性和男性对于家庭和事业的倾向可能恰好和西方心理研究结果相反。在中国,中年男性在子女独立的时期,更愿意并积极投身于职业和事业;女性则倾向于回归两人世界的婚姻发展中,并且他们将继续支持和关心他们的成年子女。

在家独立是中国新成年人与西方新成年人的重大区别,对于他们的父母来说,需要面对的挑战不是由子女离家独立带来的"空巢危机",而是子女在家独立和家庭人际变化带来的"成长危机"。前面案例中的黄医生在儿子已经成年,家庭即将面对新的发展转型的时期,仍然沉迷于自我颓废式的生活状态,本质上是一种成长的停滞。面对如此"不争气"的丈夫,妻子李姐痛苦万分,明显感觉到独立支撑的孤独和无助。因为黄医生李姐的家庭已经面临着儿子成家立业、老人年衰离去等一系列结构性变化。如果黄医生依旧叛逆逃离在家庭之外,不仅对家庭成长没有帮助,而且很可能会成为阻碍和消极因素。就像李姐所担心的——未来儿媳妇需要一个怎样的公公?未来姻亲家庭如何看待他们家庭?这些都是重要的不可逃避的事实。现在李姐所顾虑的就是这一条,她担心如果此时离婚,可能会给儿子即将到来的成家造成负面影响。

在中国中产阶层,姻亲对方的家庭和睦与完整,是"懂事"的年轻人选择婚姻对象的重要指标。李姐比黄医生要理智和负责任,她可能会选择斗争来迫使黄医生就范——至少行为表现要像个父亲和公公的样子;至于婚姻内部的两人关系,还不是第一考虑。哪怕处于婚内分居状态,李姐也要维护她对儿子和家庭未来发展的责任。这就是中国式的两性差异,中国女性更顾家;同样事业有成的顾家男人才是中国成功男人;无论男女,背弃了家庭的,都不是好丈夫或好妻子。

### (四) 中年婚姻

20世纪90年代,西方心理学关于中年婚姻的研究向我们展示了两种矛盾的情形:(1)中年阶段的婚姻最为幸福;(2)生命周期的三个离婚高峰中有两个发生在中年。

**【婚姻幸福的顶峰】**

对子女成年独立所带来的影响进行的研究表明,子女的离去对婚姻中夫妻双方总体幸福感都有好处。婚姻满意度在刚刚结婚后是第一个高峰,之后随着生养子女而下降。在子女们离去之后又达到另一个高峰,从而形成一条U形曲线。

为什么婚姻幸福会在中年起飞阶段有如此改善呢?

应激的减少以及家庭常规事务的简化显然是关键因素。夫妻们对子女的关注没有以前那么多了,因此可以思考并投注更多的精力在自己的婚姻上。在意识到时间的流逝以后,他们开始对婚姻关系有更多期望。与此同时,女性们将注意力放在家庭之外,在一定程度上也减轻了将婚姻作为子女离开之后满意来源的压力。同样,中年夫妇相濡以沫多年,在经历养育子女的风风雨雨之后,已经掌握了处理彼此关系的技巧。最后,婚姻的实质在中年阶段也会有所变化,浪漫关系逐渐表现为彼此之间的友谊、相伴、平等、宽容和兴趣的共享。

研究者还提出了子女成年独立与婚姻幸福之间呈正相关的两个条件。首先,子女起飞的时机很重要。过早或过晚父母仍旧会以子女为中心,怀疑自己作为家长是否称职,从而无法体验到婚姻状况的改善。其次,父母们必须同子女保持密切的联系,这样才能体会到幸福的提升。如果没有频繁的电话或面对面的接触，他们会觉得自己为人父母的角色已经中止，这样的感觉比子女在家时更糟糕。这两个条件表明，其他悬而未决的家庭成长问题会在这个阶段重新浮出水面。婚姻中的问题和冲突通常被乱哄哄的养育子女岁月所掩盖，当子女离开之后，它们又再一次出现。

**【中年离婚】**

另一批研究者则发现了中年时期是高离婚率时期。有时候空巢并不会使得婚姻更加牢固，多年以来，在对彼此的差异置之不理，而是掩盖自己的感受、彼此疏远或另觅新欢之后，一些夫妇们终于意识到所谓空巢实际上是自己空荡荡的婚姻。这些婚姻少了子女的存在确实无法维持，于是一些父母转向子女，将他们作为缓冲的工具，另一些则选择离婚。

有两个重要的因素影响着这种中年离异的发生。一个是家庭结构发生变化，在结束日复一日的照料子女职责之后，随之而来的是前所未有的自由。夫妻间在时间、财务以及情感方面有了新的选择，也为改变提供了机遇和资源。另一个是夫妻中一方或双方，因害怕同一个"陌生人"或者"敌人"一起度过余生而产生了离婚的动机。如果这些中年人意识到了生命"时不我待"的危机的话，这两个因素的作用就更加明显。

有意思的是，85%的离婚是由女性提出的（1995年Apter研究报告）。这是因为，现如今的女性比过去的女性有更高的受教育程度和更多的就业机会。有些时候，当女性开始意识到自己的独立并发展出了自己的能力时，她们可能不愿意再纠缠于一桩已经名存实亡的婚姻。决定结束一段让人不满意的婚姻所带来的权力感，增强了女性们的自信心和决断力。尽管一些女性会害怕孤独和财务危机，但是大多数女性在决定离婚之后体验到了一种解脱。不论多么恐惧，女性们很少后悔自己离婚的决定。

对婚姻的不同态度，也是中年男女步调不一致的特征之一。一些男性在经历了中年阶段的重新评估之后，对自己的婚姻有了更积极的评价，或者至少觉得维持下去比较好。另一些男人则决定重新寻求一段让人兴奋的浪漫关系来替代之前不满意的婚姻；那些中年停滞了成长的男人，逐渐意识到死亡的逼近，觉得寻求快乐的机会仅此一次时，更容易产生这种想法。

尽管中年时期是离婚高发时期，人们还是觉得结束一段历时已久的婚姻通常是耗时而且痛苦的。值得注意的是，如今的中年人在当初社会化的时候，离婚还没有那么普遍，因此可能会将此看作是个人的失败。对于女性来讲更是如此，因为她们倾向于将维系感情看作是自己的责任。

【离婚后的男女】

离婚是一系列的危机和幻灭过程，最初表现为困惑，一种"不知道我是谁"或者不再属于某个家庭或配偶的感觉。但是女性比男性恢复得更快一些，尤其是当女性提出离婚的时候，她们更能够将其作为个人成长的新起点。和我们的直觉判断不一样，心理学研究发现，尽管男人们可能有相对更高的收入和结识新欢的机会，离婚后女人们却比他们做得更好。离婚后的女人会发现自己更加独立，而离婚后的男人则会发现自己的依赖性。离异男性的较早死亡率是婚姻中男性的三倍，他们更容易因为压力而酗酒或自杀。相比之下，女性在离婚之后会经历广泛的心理成长，包括自尊、决断力和幽默能力的增长。这并不是因为中年离婚的女性会比男性有更多新的约会，实际上她们再婚可能也更低。而是因为女性们普遍对"只有找一个男人结婚、成为母亲才会获得快乐和完整"的假设发起挑战，她们逐渐认识到爱情不是一个女人生活的全部，而只是重要的一部分。

现实生活中，更多离异单身女性遭遇的可能是财务上的挑战，她们变得不敢再买东西，经济状况下降，而他们的前夫可能会有所好转。金钱应该是个相当现实的问题，那些能够在经济上独立的女性，会更容易完成这个转型。因此，财务独立能力，是女性获得独立的"最后一道防线"。

【中国的情形】

西方心理学关于中年婚姻的研究，对于中国人在婚姻关系中的相处之道确实有值得借鉴之处。不过，中国人婚姻中的男女还有其文化特性——中国人更多的是生活在家庭中而不是婚姻中。也就是说在中国人的生命情感里，婚姻关系隶属于家庭关系，夫妻两个人的事情只是家庭事情的一部分。很多情形下，夫妻两个的事情要让位于家庭事情。

在中国人家庭里，中年婚姻能够达到幸福的顶峰，是由于他们首先实现了家庭的和睦幸福。中年人自身成长达到成熟，家庭核心功能得以顺利转到他们手中，并且在他们的手中实现家庭更好成长。实现家庭幸福成长的中年人同时也实现他们婚姻的幸福。中国式中年婚姻里不能没有家庭成分。同样,那些面临离婚困境的中年婚姻,在他们的危机浮出水面、摆到桌面之前,家庭成长危机已经显现,他们的家庭已经为了包容危机婚姻而消耗太久。中年离婚,意味着亲情破损、家庭破碎。

尽管中国社会主张婚姻自由,也把离婚看成是社会文明进步的表现。但是在中国人生命情感的深处,依然把离婚看成是一种悲剧。婚期越久的离婚越被看成是悲剧而不能接受。在中国,青年离异较多被看成是个人波折而容易获得谅解;中年离异,则被看成是家庭悲剧而遭受非议;而老年离异,却被看成是人生笑话而招人摒弃。理解中国人的婚姻和家庭关系,有助于我们理解中国人中年婚姻的幸福含义。中年婚姻稳定是家庭幸福的基本表征,人们通过婚姻看到了个体对家庭的责任和贡献,看到个人的品行和操守。而责任、贡献、品行和操守是中国人对个人评价的重要指标,个人的社会评价又是中国人自我价值的重要组成部分。所以,我们可以看到人们对中年丧偶表示相当的同情和关心,但对中年离婚并没有太多的同情,而更多抱持议论。

### (五) 三明治一代

与老态龙钟的父母被送去养老院的景象相反,当今社会大多数老年人的身体和财务状况都足以独立地度过晚年。那些身体衰弱或患病的老人多由子女照料。随着人们寿命的延长,照料年迈父母的任务从 40 多岁推迟到了 50 多岁甚至更晚。而子女的养育期延长和离家独立年龄却被退后,中年人因此很可能需要同时照顾父母和子女——包括孙辈和返巢子女。处于这种角色之下的中年人被称为"三明治的一代"。所幸的是,当这一系统过载发生时,中年一代正达到能力、控制力以及处理压力能力的顶峰。

**【作为照料者】**

西方家庭心理研究者认为,中年照料者(尤其是女性照料者)是与应激相关疾病的高发人群,有时候被称为医疗系统的潜在病人,他们指出了中年照料者的几大问题:

1. 亲密感的变化:照料者接触到了被照料者的隐私,因此打破了代际之间的界限。

2. 权力和责任的变化:如今成为提供照顾和意见,而不是接受照顾和意见者的照料者,感觉自己像是父母们的父母。

3. 经济负担:在出现照顾父母所带来的经济负担的同时,中年人送走子女,开始从事新工作或继续上学。

4. 角色竞争:照料者同时还是父母、伴侣、员工、领导或学生。

5. 情感矛盾:照料者在向自己父母提供亲密的身体看护的时候会觉得尴尬或恼怒,同时也感到内疚并认为自己对此负有责任。因此,他们很难把握自己卷入的程度。

6. 面对自己的衰老和死亡。

【面对死亡】

应对父母的死亡,对中年人来说是很平常的事情。但是,平常并不意味着轻松。中年人的一些自我发展任务与他们要面对的丧亲之痛相关联,并且会对他们更好应对生命变故产生影响。

1. 接受自己的死亡:这被视作个人生命周期中的关键任务。中年人意识到自己如今是主事的一代,不能再向父母寻求指导。他们更为关注自己的健康,与从照料子女中解脱出来一样,对死亡的意识也是引发对生命重新评估的主要因素。

2. 家庭角色和责任的重新定义:中年人现在是一家之主。维持家庭之间的联系,持续家族传统仪式和价值,引导教育下一代等任务都落在了他们肩上。这一重新定义过程还包括在无须老一辈督促的情况下,主动解决兄弟姐妹间遗留的问题。

3. 自我知觉的变化:经历了丧亲之痛的中年人会变得自主,同时对别人更为尽责。这种自主性和情感联系的升华可以看作是中年成熟的标志。

无法从丧亲之痛中解脱出来,通常和以前未能解决的问题有关,如依赖感、责难、负罪感或矛盾的情绪。面对死亡的经历提供了一个重新解决这些问题的机会,这些遗留问题如果不在此时解决的话,仍会在将来某个时期再次显现。

【重新定义同成年子女的关系】

子女从家里搬出去是一码事,将他们看成是成年人并保持相对应的关系是另一码事,而年轻人将自己的父母看作有其自己的故事、生活以及顾虑的个体又是另一码事。如果发现他们的子女无论在家里或外面的世界表现得越来越独立，中年一代的父母们便会觉得自己的任务已经圆满完成，再不去追究自己之前教养过程中的过失。倘若年轻人没有什么未解决的主要问题，父母和子女就能够更好地以成人的方式相互支持。

心理学研究发现，亲子关系在子女离家后变得更加深厚和密切，父母经常将子女看作最亲密的朋友，尤其是当子女已经结婚生子之后。研究还发现，父母与子女的关系并不会因为后者搬出家去甚至结婚生子而自动转变为成人和成人的关系。以往未解决的情感问题和在亲密卷入程度上的差异，通常会使代际之间产生客气、恭敬的距离，而不是温暖和分享彼此生命的渴望。解决过去的问题是年轻一代主要的情感任务。父母会对这一过程带来帮助或造成阻碍，他们直接从管束青春期子女到如今向成年子女提供顾问式咨询的转变并不容易。父母将自己的位置从"上司"调整为"成年同伴"，不仅需要放手让子女离开，并且还要行使属于自己这一半的和成年子女之间的"成人对成人"关系。——这可能意味着停止或减少经济上的资助，接受子女在职业或择偶上的选择，从对子女生活上的命令化转变为建议化，维持一个灵活的、双向的联系模式，以及最重要的一点——愿意和子女进行开放式的讨论，无须再将父母真正的"担忧"在"孩子们"面前隐瞒起来，并且对子女的生活感兴趣但不要加以干涉。能否完成这个转身对中年人和他们的子女来说都是一种挑战。

**【家庭扩张】**

由于子女离家、年迈父母患病或者去世，中年可以看成是一个家庭规模收缩的阶段，但同时随着子女结婚和生育下一代，这也是一个家庭扩张的时期。中年人必须改变他们惯常的同子女之间的关系，并且学会接纳子女的配偶以及配偶家庭。如果子女们寻找的配偶与父母的民族、阶层、宗教价值等一致，或当家庭本身能够灵活和开放地对待差异的话，这一过程会顺畅很多。与之相反，如果子女们将选择婚姻伴侣作为对父母的挑衅或疏远，那么两个家庭"合二为一"就会有许多问题。这些困难实际上是以前未能解决的家庭问题造成的，有责任解决这些问题的应该是原生家庭的成员，而不是姻亲。

琼(54岁)和弗兰克(56岁)以他们亲密的意大利天主教家庭而自豪，但是儿子佩里(24岁)娶了凯西(24岁)，一个德国卫理公会派教徒。

对此琼和丈夫弗兰克感到很失望。尽管如此,琼还是保持每天打电话给佩里,准备丰盛的周末晚餐,但这对新人开始逐渐缺席。

　　当佩里和妻子凯西的家人一起度过了感恩节和圣诞夜后,危机出现了。琼对佩里大为恼怒,琼和弗兰克为这种疏远感到难过和困惑,并因此寻求心理咨询。咨询师将他们的困境放在了家庭生命周期阶段以及民族期望的背景下进行正常化以后,开始向夫妇俩"发难"——让他们重新关注自己的婚姻关系(正常的中年任务),并且建议他们再一次"结合"。咨询师告诫他们应该避免对佩里凯西这对年轻夫妇提要求或提出过往的不愉快,同时鼓励琼重新审视自己每天和儿子保持联系的愿望,以及对儿子婚姻的否认。这个过程对琼而言是极富挑战性的,直到后来弗兰克回忆起当初他们新婚时自己被琼的母亲看不起时的感受,情况才有所好转。

家庭的扩张不仅来自"媳妇凯西抢走了儿子佩里",还来自新生命的诞生,中年生活最重要的收获之一便是成为祖父母。

祖父母们称,看到自己的子女生养下一代,实在是一种难以描述的快乐。当全家重新举行生命周期仪式和庆典时,家庭认同感得到了巩固。社会心理学也没有忘记关注几个潜在的不和谐音符:

1. 如果祖父母离异了,会因谁被邀请参加家庭仪式问题产生冲突;如果他们又再婚了,谁才是"真正的祖父母"也会成为问题的来源。

2. 如果成年子女离异了,在监护权的协议中应该包括祖父母的探视权。当两代人之间关系不好,尤其是同子女配偶不和时,这一问题尤为重要。

3. 如果成年子女因药物依赖或患病等无力养育自己的子女时,祖父母们可能要重新披挂上阵,照料自己的孙子或孙女。

【中国的情形】

"三明治的一代"这个描述可能适用于西方人,他们比较关注中年人这种"三明治"的地位,因为那是一个让中年人体验到压力的地位。中国人在家庭里其实一直是处于三明治地位的。尤其是中年人这一代,如何做好三明治是凸显中年人在家庭中地位的基本功课。即便是完成了家庭核心功能代际转移,已经担当起了"当家人"职能的中年一代,在家庭生活中依然免不了遭受来自上一代的不同政见和干预朝政。同时,子女们也已经步入成年,俨然有他们自己的政见。如何统一家庭成员不同"政见",同心同德让每个人在合适的位置上和谐发展,是中年一代需要处理的重要问题。

处理好这个问题,不单单是中年人的责任,它是中国家庭成员共同的责任。在中国传统文化里有家庭成长"指导意见",简单说是"老人像老人,儿女像儿女,当家人像个当家人"。怎样才算像了,做得不像又会怎样呢?这个我们将在第六讲来探讨。

### (六)职业发展

作为中年人第二次飞跃,职业发展自然也是必须要考虑的重要选择,尤其是知识劳动者。市面上大部分企业的寿命要比它的劳动者的工作寿命短,而且对于大多数人来说,40年总是从事一种工作也实在是时间太长。他们的工作劲头逐渐退化,开始"在职养老",并最终成为他们自己和周围人的负担。也许体力劳动者在他们退休的时候真的退休了——他们干不动了;但是知识劳动者退休以后并没有"干不动"。因此,西方管理学者发现"自我管理"日益要求每个人都为自己的后半生作好准备。

管理大师彼得-德鲁克认为,关于后半生的问题有以下三种回答:

第一,开始第二种职业。典型的例子是美国企业中的管理人员,他们中的许多人到了45岁或48岁,等自己的孩子长大成人,养老金也有了着落以后,便流动到医院、大学或其他非营利性组织任职。在很多情况下,他们仍然干自己的老本行。

第二,发展"平行职业"。大量的在第一职业得心应手的人士,每周在主要职位上工作40—50小时,同时在其他组织再工作一定时间或者充当咨询顾问,为自己发展了"平行职业"。

第三,充当"社会企业家"。充当社会企业家的人士通常是一些第一职业非常成功的实业家、医生、咨询顾问和大学教授。他们热爱自己的本职工作,可是他们的本职工作已经对他们失去了挑战性。在许多条件下,虽然所花的时间越来越少,但他们仍然继续从事自己一贯的本职工作。同时,他们已经开始从事另一种通常是非营利性的活动。

**【中国的情形】**

西方人价值观念下的可能性,放到中国来事情可能完全不是那样。西方价值观倾向于崇尚单纯个人体验,中国人更倾向于崇尚家庭使命中的个人体验,所以中国人天生就担负着责任和使命。同样这三个后半生的问题,更多的中国人可能会这样回答:

第一,开始"第二种职业"。典型的是专业技术人员,他们继续干老本行。他们会通过各种途径兼职,为第二个雇主或临时客户提供服务挣钱,来更好发展他们的家庭成长计划。

第二,发展"平行职业"。大量在第一职业得心应手的人士,将会释放更多的私人时间和精力,充分运用其源自第一职业的社会资源发展第二职业,甚至可能发展自己的私人企业。这些人通常来自政府或社会管理机构以及大型企业。

第三,充当"社会企业家"。充当社会企业家的人士通常是在第一职业或专业领域非常成功的人士。他们热爱本职工作,他们找到了使本职工作进一步延伸的空间,在惠及更多服务对象的同时,积累着自己的精神和物质财富。

比较一下,我们就可以发现,中国人人人都是"老板",人人都有老板的思想,因为在家庭里,家长就是一个老板,他既要为家庭发展负责,也要为家庭成员个人负责。每一个中年人,不管愿不愿意、成熟不成熟,注定要担负起"老板"的角色。作为家庭这个"企业"的老板,中年人个人职业发展已经不是一个人的事情,它牵涉整个家庭计划。这是中年人的光荣也是中年人的压力,解决好自己的职业发展需要智慧、勇气和责任,这是中年能力的一部分,它需要中年人去努力实现人生的第二次起飞。

很多中年人的后起飞机会并没有转变为现实,他们在习以为常的工作和生活领域逐渐变得百无聊赖,继续从事他们的"例行公事",并扳着手指计算日子,直到退休为止。也就是说,不少中年人还没有到退休时候就已经开始"在职养老",他们对自己的后半生没有打算或者打算不加管理(中国人的麻将倒是既可以防范也可以助长这种风气)。这种"在职养老"的人生态度对组织和家庭都有危害。

命运眷顾有准备的人,管理后半生需要一个必备条件:在进入后半生之前早为后半生作好准备。一些"社会企业家"在自己原先的事业达到顶峰以前,早就已经开始了自己所选择的第二事业计划。"自我管理"之所以意味着知识劳动者要尽早发展自己的第二事业,还有一个原因是——没人能够奢望在漫长的岁月里不会遭遇生活或者工作方面的挫折。有一位能干的工程师到了42岁在公司里还没有获得晋升。有一位能干的学校女教师到了42岁才明白,一直留在这所她开始职业生涯的小学校里,即使自己具备了任职资格也永远成不了学校决策者。可是第二职业——而不是另外一种爱好——就会使情况截然不同。那位没有得到晋升的工程师现在才明白,他在自己的职位上不是很成功,但他从事的社区科普教育工作倒是相当成功,深受社区欢迎。而那位能干的女教师在朋友开设的家庭教育顾问公司里拥有一个受人尊敬的专家席位。

在知识社会里,我们希望人人都能获得成功。这显然是不大可能的事情,对于很多人来说最多是免于失败。可是,对于个人和他们的家庭来说,找到一个能使自己有所作为、与众不同,并成为"人物"的空间是一件相当重要的事情。这就意味着绝大部分期望如此的人必须找到一个第二空间,无论是第二种职业、平行职业,还是社会事业或者值得自己认真工作的外部事业。这些事业都能够提供先人一步、受人尊敬和取得成功的机会。

##  二、家庭成长的中流砥柱及其个人障碍

到了中年,人们才可能体会真正的性别差异,男性和女性进入中年之后,他们的性别差异性达到了顶点。而且这个时期,他们是家庭的中流砥柱,他们正在经历家庭生命周期的核心功能时期。这中间也包含了他们的婚姻关系的发展。这个时期的男女差异大大超乎一般人想象,男人通常只从男性角度去理解他们和伴侣的关系,而女性则从女性角度去理解他们的伴侣关系;那些能跳出自身局限看到更多可能性的人,通常就不是普通人了,他们可能是心理咨询师、心灵导师或者比较觉悟了的普通人。

### (一)家庭成长中的女性

大部分人都可以观察到,在一个女人的生活中,她总会需要串起许多生活的线头,需要在同一时间里应付很多事情,关注不同的声音和画面。正是她们构筑起的"小巢"成为所有其他家庭成员的家;正是她们照顾着一家老小,为他们做饭,操持家事;正是她们创造了所有的家庭传统和仪式,购买了

礼物,让生日和每逢佳节的庆祝活动得以进行;也正是她们去照料病人,为死去的亲人哭丧和哀悼他们的离去,同时还需要照顾其他悲伤的亲人。你会发现,她们仿佛就是家庭的全部细节。

这些图像无疑是女性的性别意识的主体部分,它们来自社会认知。从小到大,俨然天成。多少个世纪以来,这基本是女性的角色全部,但是最近一百年,人类世界所发生的一个重大变化是女性进入公共领域的概率不断增加,女性的性别角色面临一个充满矛盾的变化。她们到底主要是社会的还是家庭的?她们到底是性客体还是性主体?她们到底是领导者还是跟随者?她们是应该保持多少世纪以来的方式生活,还是向男性一样生活,还是应该有另一种新的生活,那是怎样一种生活?

尽管家庭成长周期中包括了男女双方,我们还是比较特意指出女性的变化,因为在绝大部分情况下,男性仿佛并不受婚姻影响而一如既往做着他们自己的男人角色,而女性,尤其是现代女性,基本都是面临着以婚姻为起点的个人角色转型问题。自从有了学校和上学机会,女性和男性几乎接受了一样的官方教育方式和内容,校园里所发生的男女性别差异来自社会认知。在女性结婚以前,除了来自生理性别差异,她们还没有真正感受到另一种性别差异;当她们步入婚姻,随后怀孕生孩子成为妈妈,女性在这个过程中需要一个转身,这可能是个魅力转身,也可能是个苦涩转身,因人而异。而她们的男人,那些曾经的追求者,大部分对此麻木不仁或者听之任之。有些女性在这个时期可能会经历从未有过的成长阵痛。众多案例表明,很多所谓产后抑郁症都来自与此有关的社会应激。

【女性和工作】

现如今,绝大多数女性,甚至是有着幼龄孩子的女性都必须工作。工作是女性自我感的一部分,从总体上说,女性工作对她们自己和她们的孩子都是积极的影响。一个鲜为人知却非常吸引人的研究提示:母亲的高成就水平要比父亲的高成就水平更能预测她们孩子的高成就水平。

然而,在这里我们要看到的一个问题是,如果不是夫妻双方都工作的话,现如今很多家庭会供不起房子养不起孩子。尽管在工作谋生上,男女并没有区别;但对于男性来说,家庭被视为能够为他们的工作表现提供支持和帮助,而女性则被认为工作是对家庭的一种剥夺和放弃。有些人认为,家庭是女性的避风港,实际上这对男性来说可能更合适,对女性来说,家庭很可能更是一种压力和负担;她们被称为贤内助,实际上她们要面对家庭生活和工作场合两方面对的压力,尤其在这个父权经济社会世界中,她们几乎不能逃脱被双重束缚的局面。尽管社会主流的信念一直认为女性应该属于家庭,她们应该对家庭生活负有责任。但是,是否参与工作已经被证明是决定女性心理健康水平的最重要的变量。没有工作被视为自我丧失,家庭没有建设好也被认为自我的失败,两头压力使得很多女性失去了快乐,她们很难为自己有工作而高兴,因而难以真正投入,她们也没有为自己做母亲做家庭主妇而工作,因而要走出家庭。这局面让她们感觉到缺乏支持,让她们无法选择自己的角色和安排自己的资源来应对她们的要求,这对她们的心理造成很大负担。

美国人的研究认为,职业女性最大的社会应激是性骚扰的问题,其次是来自各方面的让她们放弃工作重新回归家庭的压力;他们还发现,在养育子女的各个方面,现如今的男性比以往传统男性有了很大进步,并且他们还会为没有足够时间和孩子们在一起而烦恼;男性承担家务劳动的概率也有上升,但还是远远低于女性。他们认为,美国工薪阶层的真正问题在于,美国不像其他一些发达国家那样,愿意为所有的孩子提供高质量的托育服务。中国的情况要比美国好很多,尤其在沿海发达地区,特别是像上海这样已经有着男女共同承担家务共同养育孩子的社会风气的地方。中国女性的这种压力可能更多来自另一个途径:她们的家庭融入程度和家庭代际关系,中国俗语"十年媳妇熬成婆",一个"熬"字很可怕,却也入木三分。与此同时,她们还必须应对好工作。

所幸的是,心理学研究发现,尽管女性面临来自家庭和其他方面的压力,但是一个女性所扮演的角色越多,她的健康水平也越高。有工作的已婚父母有着最好的健康状况,而失业未婚又无子女的人健康状况则最差。有工作的女性比没有工作的女性更健康,危害女性的风险因素之一是没有工作。在面对应激的时候,多重角色可能会在认知层面上具有一定的缓冲作用。研究还发现,缺乏变通、收入低、福利差、无保障、时间不规律又缺乏控制感的工作可能会危害到一个人的健康;而拥有高质量的生活角色,即便是多个角色,也有助于保持健康,甚至促进健康。有着高权力、高地位的职业女性显而易见也享有更多优势。与工作相关的社会支持尤其会给女性的健康带来益处。作为家庭主妇的女性往往会知觉到更低的自尊水平和个人能力水平，甚至在对孩子的照顾和社会技能方面，她们对自己的评价也要低于那些有工作的母亲。

**【家庭中的女性】**

比较普遍的尴尬的局面是，孩子和老年人的身心健康可能是以牺牲中间一代女性的生活质量为代价的，这些中间一代的女性因为要照顾其他两代人而不堪重负，她们正是家庭中负担最重的一代人。与此同时，在不同的文化中，对这些人的工作期待不一样，她们自己对工作期待也不一样。在她们的生活当中，女性所经历的变化和不稳定性要比男性高得多；同时，因为她们在情感上会更多地卷入周围人的生活，她们也就更容易受到应激影响。女性们觉得自己要为更多的人负有责任，因此她们响应这些人际网络的程度也就越高。经常处于超载状态的女性遭遇疾病、离婚或失业等事件，会遭到更大的打击。这意味着她们的一方面来自人际网络，一方面来自她们自己在情感上对人际网络的响应。研究发现，女儿和父母的关系要比儿子们更近，她们看望父母的次数也更多；祖母和孙辈建立起亲密关系的可能性是祖父的两倍，普遍的情况是，只有当他们的妻子和孙辈的关系非常亲密的时候，祖父们才会参与进来。

家庭中的女性也可以说是夹缝中的女性，在传统上她们一直承担着照料整个家庭的工作，同时她们还要工作。男性在更大层面上是作为一个社会形象生活着，而女性要调和好自己的家庭形象和社会形象两种角色，实属不易。因"不完美的母亲"和"不完美的工作表现"而感到内疚或是向丈夫提出申述变成"不讲理的妻子"，的确是女性真实的情感，她们掉进了没有出路的迷魂阵中，而构筑这个迷魂阵的就是"由妻子照料生活细节"的男性们。在这个父权世界中，家庭主妇和职场女性两全其美是一件注定艰苦的事情。

心理疏导理论认为，在中国，假设女性可以比较客观地面对自己的选择，把自己交付给整个家庭，成为家庭协同力量中的一分子，她们的压力要轻得多。假设男性可以放弃一部分虚假的男性化行为，多一些家庭行为，成为妻子的主要支持力量，女性就有可能减轻压力，并且能真正成为贤内助而依然可以稳步步入职场。社会让女性发展出了多头整理头绪的能力来应对生活和工作角色，生活同时也要求给予女性关系支持，丈夫无疑是最重要关系支持力量。

**【女性和婚姻】**

通常说来,女性为婚姻所付出的代价远比男性要高;她们可能要放弃职业、朋友、住房、家庭,有的地方还要放弃姓氏。她们会去适应他们的生活。尽管男性在谈恋爱的时候愿意花时间和女性在一起,从而增加了女性所感受到的亲密感,但是在结婚以后,男性和他们妻子的谈话时间会逐渐减少。丈夫们会觉得在家里帮他们的妻子做家务,就应该算是关心她们的表现(仿佛如果没有结婚,他们是不需要家务活的),而性生活则应该算是和妻子有足够亲密感的表现。所以,很多男性面对女性寻求更多情感接触时,他们会对女性究竟想要什么感到迷惑不解。同时,女性会因为丈夫不能和自己有更多深入关系而备感挫折。

当理想的亲密不复存在,女性可能会对自己为婚姻所付出的代价而有挫败感,感觉到自己的价值丧失。婚姻中的男女对对方的满意度评价通常是女性低于男性,这可能是一个普遍原因。男性一般都会认为自己和伴侣在沟通状况、和父母的关系以及性关系都不错,而女性一般都认为在这些项目上存在问题。女性比男性更愿意承认婚姻中问题的存在,并且更加愿意承认自己对此所负有的责任,与此同时,她们也希望对方可以主动承认并担负起责任。

在两性社会化发展过程中,从成年早期开始,女性就被期待要接受调整自己以配合丈夫的发展,要接受她们和丈夫缺乏沟通,在需要时候找不到他们(因为男人有比照顾女人情绪更重要的事情——这个多少也让女性为自己的情感需求而内疚)的事实,以及要自己承担所有人际关系问题的事实。具有讽刺意味的是,尽管女性被认为比男性更需要依赖他人,能力也更差,她们却要在自己的婚姻缺乏情感支持的情况下独立行使一切功能——在情感上,女性可能很擅长自给自足。与此同时,男性却被理所当然地认为需要另一个人的情感支持,而这个人可能要为他而牺牲她自己的全部需要。

有没有发现,女性不得不去提升她们丈夫的自尊,而她们为自己寻求情感支持的时候,却被说成是"唠叨"。男性对婚姻的不满基本上会集中在妻子的过于唠叨和有过多的情感需求上,男人们普遍反映不堪承受女人们无休止的唠叨和需求;女性对婚姻的不满则会集中于丈夫缺乏情感响应和她们自己的那种被抛弃感之上,女人们普遍反映不堪忍受男人们的漠视和自大。

**【女性和她们的友谊】**

在整个生命周期中,友谊一直是女性一个极为重要的资源。从童年的最早时期开始,女孩们在友谊的经营上就比男孩们花费更多的精力。女孩们会根据它对人际关系的影响来评估一项活动,而男孩们则通常会把一项活动的重要性放在人际关系之前。在一生中,女性比男性会有更多的亲密朋友,但女性所拥有的这种人际关系却经常得不到更广大社会的承认。女性们的这种关系被称为私密、闺蜜;而若是同样的男性间的如此紧密关系,立刻会引起社会警觉——他们想干什么、会干什么?人们会觉得那是一种社会建设性力量或者破坏性力量的结盟。

社会通常把男性的友谊当回事,而不把女性的友谊当回事,因为前者是结盟,后者纯粹是关系。在传统的异性伴侣间,女性会被期待和他们丈夫的朋友的妻子结交,以促进她们丈夫的社会关系或生意联系,而不是以共同的兴趣和需要为基础来建立她们自己的友谊。在当今新经济时代,女性们发展和维持她们友谊的方式发生了比较大的变化,呈现更多的多样性。同质化小群体的趋势越来越普遍。但是,无论在传统范畴内还是新兴领域内,女性生命周期中友谊存在一个比较普遍的变化规律:在青春期到成年早期之间,女性和亲密女友之间友谊的重要程度是在不断下降的,因为女性在这个时期内会把注意力放在寻找伴侣和建立婚姻关系上,这个时期正是她们重要的转型发展时期。自此之后,友谊的重要程度随着生命周期的推进会呈不断上升的趋势。

有研究报告声称,在整个生命周期中,女性与女性之间的亲密友谊关系,比男性之间的友谊更为重要,其对生活满意度的重要性仅次于良好的健康状况。

(二) 老派男人和新派男人

与老派男人相比,新派男人更愿意多承担家务劳动,更愿意在床笫之外与他们的女人秀恩爱,更愿意在工作之外花时间陪伴他们的女人。可能与传统父权社会下的男人形象不一样。老派男人会觉得这是男性气质的退化,这是女性化倾向,是娘娘腔;而新派男人会觉得这是一种文明和进步。女性们可能在老派男人那里找到安全感,又讨厌他们的大男子主义;在新派男人那里找到自主感,又害怕他们的漂移风险。女性朋友希望自己的男人兼具老派和新派的优点——既安全可靠有力量,又勤勤恳恳为她们服务。

  这世界的某一个层面上,奶油小生和邋遢鸟叔大受女性追捧,这是否是对传统叛逆的一部分?人们试图通过否定传统中的对象,来否认自己对传统的感觉,就像人们害怕孤独,却否认黑夜一样。这可能不是女性迷茫,而是女性试图觉醒的努力。相对应的,男人们也有了"正妹"一说,是指那些在正确轨道上,有正面形象的美女妹子;正妹们好像又是受新老两派男人都喜欢的。这是否说明,无论新派男人、老派男人,或者正妹、迷妹,人们喜欢的是能够安全享受的美好。这不是人类贪心,而是人类文明进化的一部分。

  如果我不这样说一说,男人们通常是意识不到自己的性别是生命中的重要维度。只有当你意识到女性性别的时候,你也就意识到了她们对面的男性——你自己。因为这个世界基本是男性化的世界,仿佛历史和文明是男性创造的,一切都围绕男性和男性生活中的女性展开。女权主义、女性权利运动,本质上是女性们试图摆脱这种"男人生活中的女人"的角色,不然,在这个父权世界体系和顺序中,女性总觉得自己是个"冒牌货"——冒牌货的政治家、冒牌货的科学家、冒牌货的企业家、冒牌货的机械师、冒牌货的大厨师等。

  有比较多心理疏导实践的人基本有同感:心理疏导来访者以女性为主,男性来的要么是未成年人,要么是成年人过来说"帮我妻子看看""帮我儿子看看"……他们不觉得自己需要"看看"。要成年男性看看自己是一件比较困难的事情;而他们身边人的问题恰恰通常就是因为他们"不会看看自己"而造成的。对这些男人来讲,来咨询的目的其实就是字面意思"帮我看看"——借助咨询师,帮他看看他身边那些令他头疼的人到底哪里出了问题,以便于他解决问题。为此,他们愿意拿出一点他们的收入交到咨询师手里。咨询师,是向他们提供咨询意见的人,这是一场交易。除非这位咨询师有能力一刀砍中要害,直接插入他的痛处,他才有可能会老实下来配合咨询。这话说出来很难听——咨询师让那些自以为是的男人败下阵来,可能是你咨询成功的重要一步。

  不仅中国如此,西方也一样。这里引用一封被公开的信函:

亲爱的 Rosen 医生：

　　感谢您在刚过去的那个晚上接见了我和我的妻子。我猜想到现在这个时候,她已经打电话告诉你我们不会继续在你这儿做婚姻咨询了。你看上去是个非常热情而有同情心的人,(某人)对你评价很高。但是,我相信你对我们不会有什么帮助。

　　当你说我的妻子(我认为下面是你的原话)"处在劣势,并且没有权力"时,我不是很明白你这么说到底是什么意思。但是谁都能那么形容一个女人！如果你知道她能在一周内玩网球的时间比我一年里玩的还多,并且对这个真实的世界一无所知的话。

　　感谢你能抽出时间来见我们。随信附上这次会面的支票。

致

礼

　　很显然,写这封信的男人和他的妻子正在成为婚姻中的陌路人。他是个老派男人的典型代表,又是一个自以为是来访者的代表。他已经用尽量礼貌的方式展示了他的傲慢。这里也包含一些人们似乎习惯了的其实有重要信息的细节。他说"我的妻子"——男人基本都会说"我的妻子"而不是"我妻子"。一字之差有什么区别呢？男人的潜台词是"我所归附的妻子"；当然,女人也会说"我的丈夫",潜台词通常是"我所依附的丈夫"。

　　上述这封信中的夫妻两个,除非妻子能够理解自己的抑郁和愤怒是源于对丈夫的依赖,除非丈夫能够知道自己所体验到的无奈和挫折是因为他把自己的权力和特权视为一种负担,因此才会别无选择地更努力工作,否则他们的困境就不会有任何改变,甚至,挫折感可能会上升为挫败感,进而引发丈夫的攻击行为。当西方女权主义开始尝试改变女性问题的时候,中国女性未必步其后尘,中国女性也未必保持传统,中国女性一定有其自身的发展道路。同样,男性问题的首要是男性有没有感觉到男性问题,如果有,是什么呢？传统男性准则包括避免女性化,压抑情感的脆弱,鼓吹工作的头等地位,颂扬自力更生、侵略行为和刚毅果断,努力占据统治地位,将性客体化以及否定鄙视同性恋等。如果真的要改变这些男性准则,那是否要创造全新的男人呢？

　　心理学当然赞同男子气概的界定就像女性气质的界定一样,也是一种社会构建的产物。尽管在出生的时候,我们在生理意义上有着男女的性别之分，但是有关女性气质和男性气质的观念，是由社会和文化来决定的。当我们去界定什么是男性或男子气概的时候，我通常是以否定的形式来体现的——他不是女性、不是男孩子、不是同性恋。在做男人意味着什么这个问题上，男性和女性仿佛都知道的是：男子气概是需要被证明的，并且是需要不断地、不时地向自己和他人证明这一点的。这可能是男人身上所背负的最为沉重的负担之一。一个男人的心理生活可能是一种持续不断的斗争，不断努力在达成他自己心目中成为一名真正男人所需要达成的目标。从这个角度来理解，历史大概真的是被男性气质创造的。

### 【男性和权力】

这个世界是男性拥有特权的父权社会。不知是男性自己要来的还是女性主动送来的，男性特权俯拾即是。在心理疏导和家庭治疗中，经常会遭遇这种微妙的特权现象。举例来说，对不育夫妇的咨询中发现，即便生理原因出在男性身上，仍然是女性作出决策并采取行动。但是，没有丈夫的合作，她既不能使用丈夫的精子，也不能选择使用别人的精子。可以这样说，女性不是为自己生孩子，而是为男人生孩子，而且女性还必须为此负责。在无后这个问题上她背负的责任所带来的痛苦要比丈夫更大一些，所以妻子比丈夫更迫切想解决不孕问题。尽管如此，在这种情形下，丈夫通常会指责妻子拥有了所有的权利而令他无话可说；他便一口咬定："都是你想要个孩子……我已经不计较了，为什么你在这件事情上还那么别扭呢？"

对于许多男性来说，他们作为男性的自我认同感取决于他们在决策过程中保持特权的地位，所以，他们从来没想过甚至根本就意识不到，在婚姻系统中决策过程会基于男女双方平等的地位来达成。这一盲点是文化的产物，并且一而再、再而三地被社会文化所强化。这一盲点使得男性体验到一种加在他们身上的要求：一方面要求他们放弃特权创建平等亲密关系，一方面是继续要求他们承担男性身份所包含的过多责任。即使是某些在婚姻初始有着更为平等关系的夫妻，孩子降生则意味着两人的关系会倒退至传统的婚姻模式中。导致这种退行的因素很多，但其中一个主要原因是丈夫的男人信念——现在他的肩膀上落下了"现实世界"责任了（比如赚更多的钱），这就意味着他应该减少参与那些与生产要素不直接相关的事情，比如做家务和逛街。

男人很自然把家庭变成了"企业",而他俨然已经成为家庭这个企业的直接效益部门,女人是这个企业的管理辅助部门。那么,养育孩子当然是这个企业人力资源部门的事情了——在他们看来,这个部门会消耗很大的成本。为了企业有更好发展,男人们需要女人做好家庭的后勤保障部门、人事行政部门、财务管理部门。男人们就这样变得"可恶"了:这是一件很有风险的事情,当他们自己一手策划的家庭这个企业再遇阻力、效益挫折或者陷入困局,他们会怎样呢?心理学研究发现,攻击行为大多来自挫败感;挫折中的男人可能变得面目狰狞起来。令人很不痛快的是,男性害怕的并不是女性,而是在其他男性面前被羞辱,或者被更强大的男性踩在脚底;他们转而攻击比他们弱小对的对象(女人或孩子);由此,他们会招致那些认为比他们强大的男人更多的羞辱和踩在脚底。人生不堪,何出于此!但是根源在哪里呢,男人们?

### 【男性友谊和人际关系】

细加留意就能发现一个普遍现象是,男性很难建立和保持同性友谊,或是说很难沟通他们的情感问题和弱点。尽管有着所谓的兄弟情义、竞技活动和一同享受人生,对于男性而言,在成年期建立起深厚的友谊还是一件困难的事情。男性要求心理咨询要比女性少,来咨询的大多希望解决别人的问题(通常是他的女人和孩子),男性来访者中除了招惹麻烦者外,孤独者居多。如果说大多数的男性会把女性作为唯一的知己,把男性作为玩乐同伴而非在情感上提供支持的人,此话实则不假。有些男人说我有朋友啊,然后说出几个男人的名字,他们的妻子立刻反驳说,他很少和那些人交谈,甚至几个月几年都不和那些人联系。

假如友谊是包含着比较亲密关系的,那么男性发展友谊是比较困难的,因为如果不以性为目的的话,对亲密感的需求无疑是男性角色的亏损。如果你展现自己脆弱的一面,暴露自己的软弱,和别人分享自己在处理生活时所体验的种种不确定感,那么,保持你"一切尽在掌握"和"胜人一筹"的男人位置就很困难了。我们可以看见好多男性在自己能力范畴之外逞能斗狠,互相倾轧,只是为了证明自己立于不败。发展友谊远不如发展同盟关系更适合男性需求,或者说,男性的友谊其实更多属于同盟关系。同盟关系没有想象中那么牢固和紧密,它是以利益关联和互惠共赢为基础的;男人们今天跟这个同盟,明天跟那个结盟很正常,跟盟友翻脸也是常有的事。真正的友谊可能来自他们的少年时代,因为少年时代的友谊不在乎你的行或不行,男人们对少年伙伴普遍比较容易接受。

如此看来,由于男性生命中大部分的时间都充斥着证明自己的需求,他们的外在表现显然会成为掩饰其内心自卑和不安全感的面具。这可能比较容易解释为什么这些盔甲战士们会转而向女性寻求更亲密的关系,以及为什么这些友谊容易导致婚外情的发生。考虑到这个世界中权力和性别的关系如此密不可分,相比冒险和一个与自己匹敌的男性建立亲密关系,去冒险和一个女性走得更近无疑要安全得多。

男性对关系的需求远不如女性,关系还经常让他们头疼。在男性的整个生命周期中,他们的人际关系存在几个最主要的矛盾。

第一,成为一个成年男性时分化的任务。人类发展理论的学者在很长一段时间以来都认为,青春期男性的主要任务就是达到从他们的家庭(尤其是母亲身边)分离和建立一个完整的男性认同这个结果。这一情感上的分离,使得很多年轻男性在成年早期陷入困境。分化是一个渐进的过程,不能不前进,也不能跳崖式断裂与父母的情感援助联系。人们对父母情感援助的健康本质需求没有予以应有的重视;不仅如此,对于那些和他们的母亲仍在情感上保持联系的男性,社会常抱有一种鄙夷的态度,增加了男性的分化压力。这个时期,父亲的作用非常重要,如果一个年轻男性和他的父亲可以重新建立关系,获得的是真正的分化而不是分离,对他是具有重要意义的。可惜的是,这个时期的父亲,确实有不少正深陷自己的关系纠葛中或者游移在家庭之外而无力提供给儿子这样的机会。

第二,建立关系的任务。分化是在保持联结关系的同时拥有自主性,年轻男性一方面保持自己是原生家庭的一部分,一方面去创造一个新的家庭,可能是一个拥有不同价值观、目标和期望的家庭。在中国,年轻男性面对的情况可能更复杂:那些离开父母成家的是建立一个新家庭;那些没有离开父母或者只是名义上新婚夫妇独立居住的家庭,年轻男性还面临一个如何协调家庭新人际关系的任务,这是一件很有挑战性的事情。

在一个社会工作会议上,地方民政局领导说2016年离婚率飙升,有些年轻人刚结婚没几天就离了,很难理解这到底是怎么回事。从心理学角度来理解,其中有一部分与当代年轻人的家庭分化程度有关系。他们身处尚未实现分化的家庭情感纠葛中,试图通过婚姻来实现分化,不啻是对婚姻关系的严重破坏。当前这一代的父母们,正是经历了中国从计划经济到市场经济改革开放大变化的一代,这些父母有多大的抓住机遇应对变化能力,又有多大的强悍和自以为是,你都可以去想象。那么,面对自己从保温瓶里成长起来的独生子,他们该有多大的情感包裹能力,你也可以想象。年轻男性想破茧而出,着实辛苦!那些能顺利破茧出来实现成功分化的,首先是整个家庭的成功,其次是他个人的成功,他们确实是优秀的。

第三,指导和养育的任务。

成为一个女人的男人,是符合男性气质的重要组成部分,乃至是标志性指标。但是成为一个孩子的父亲,可能不是男性气质的重要组成部分了,乃至是对男性气质的损害——照顾孩子是男人的事情吗?人们发现,那些越是想要证明男性气质的父亲越会选择把孩子推给妻子。为人父,本是指以一种积极主动和亲密的方式参与子女的生活,但在太多的情况下,它被男性出于自己的目的简化为"高质量时间"的概念。他们在忙于"家庭企业"的市场竞争中,抽出一点业余时间来做一回父亲,并把这些短暂的高质量时间的作用夸大为父爱如山。事实上,如果不是亲身体验为孩子的欢乐和痛苦承担责任的话,那么任何高质量的时间都是达不成高质量的教养的,这通常会成为夫妻间矛盾的来源。

在为人父母的角色问题上,当代的父亲确实有不少陷入了"非此即彼"的僵局中。他们要么是放弃这种角色而将其留给他们的妻子,要么承担起这种角色最肤浅的一面(即所谓的高质量时间)。因为他们或许是相信自己没有这种能力,或许是过多的承担了现实世界的任务而没有时间再去承担这种角色,亦或者是他们没有意识到这种角色的意义和重要性。因此,临床或社区工作的任务是帮助夫妇把子女教养展望成一个共同的、平等的任务,在其中提供关爱和教育都是夫妻双方共同完成的事情,这里没有性别差异的问题,只有各有所长的区别。有一个好处是,更完美的婚姻关系之路,通常要途经一个共享的、平等分权的为人父母的过程,并且其中的双方都积极主动、相互尊重。

指导和养育的任务与男性气质之间本来没有矛盾,是男性对男性气质的定义和理解使之有了矛盾。这是个比较普遍对的现象。

第四,有青春期孩子家庭需要重新协商的任务。当孩子进入青春期,他们的父亲,这个家庭中正在成为最重要人物的男性,也可能面临一场对他自己生命的期中考试。当青少年摩拳擦掌地迎接萌芽的成年期,去评估刚刚被唤醒的性意识的边界,去探索对自我认同的想象的界限,去思考他们一路走来和将要去往的方向时,他们的父母都会惊讶的发现,自己竟然也会因此受到不小的影响。家庭生命周期的这个阶段可能会和一个男人的中年危机不期而遇。他们被夹在了多重关系中,他们的妻子则必须为他们承担更多,并且被认为理所应当。在这个阶段,有许多男性抓住了人生的中点修正了自己的道路,把注意力放在深化家庭纽带的机会上,他们制造休闲的良机,和家人在一起,并且与延伸家庭重新建立更好的关系,重新经营自己的婚姻,更加努力地花费更多时间和自己的孩子在一起。然而,也不能避免这个时期的男性开始面对自己时光逝去终有一死的事实,而去考虑是否要离开家庭,疏远妻子儿女,或是转入酒精、毒品和婚外情的怀抱。

在家庭成长心理疏导服务中,经常会看到某种家庭功能的不良。某个出现行为问题的青少年,他掩盖了其父亲身上所不被承认的发展问题,这些问题从更早时候一路发展而来,变成一股阻滞力量,抑或是中年危机。而他们的家庭会将这种问题正常化,仅仅把它看作是反映了男性的本质而被家庭所接受。这样看来,男性引以为傲的他的"家庭企业"可能在一种双重束缚中行使其功能:家庭成员必须为一个假装不存在的问题承担责任。

不仅如此,太多男性还把感知到的家庭问题归咎于家庭其他成员不明其心意而未能配合家庭的经营。一方面,他们知道在这个混乱不堪的世界里,放手让自己的孩子飞翔是一个大问题。对于那些把自己界定为家庭的保护者的父亲们来说,青少年所参与的冒险行为会让他们颇为不安,因此会引发他们过度的保护行为,从而束缚了本应该在理智许可范围内自由试验的孩子们。当孩子们试图挣脱这种过度保护,父亲们可能会横加指责甚至勃然大怒。另一方面,对父亲们来说,应付青春期子女与自己疏远,是一段痛苦的经历,因为他们并没有准备好去处理自己所体验到的那种对自己的拒绝。

种种不良体验,也提高了这个时期男性发生婚外情的风险,其背后的原因可能包括:对预见到的死亡的恐惧和一种对重获青春的渴望,容易使他们将情感连接的需要同性混淆起来;对他们处在青春期子女的体验让他们产生一种丧失感;自己对婚姻不满却又缺乏解决这个问题的能力,从而使得逃避要比协商调整来得容易；意识到自己已经不再是妻子和子女生活舞台的中心而感到孤独；另外，父权社会给他们提供了产生婚外情的诸多便利条件，使得不少出现了问题的男人试图重新感觉到自己是一个男人，就跟他们正处于青春期的儿子们一样。

## 第七章

# 爱 的 归 属

> 第七项修炼：学会欣赏
>
> 佛门常讲："破迷开悟，离苦得乐。"为达成此目的，佛教教学的方针是"破除迷信，启发真正智慧"，让我们有能力在现实环境里辨明真妄邪正是非，乃至于善恶利害。然后再帮助一切众生建立理智、大觉、奋发、进取、乐观、向上的慈悲济世的宇宙人生观。老年人经历了人生大半的历程，确实应当回顾反省，以更深的人生智慧来理解自己和这个世界，觉悟了，人生变得灿烂起来；觉悟了，面容变得慈祥起来；觉悟了，态度变得欣赏起来。这样的老人可以成就他人，可以称为登临人生峰顶的家庭成长高级顾问和导师，这就是佛。

进入 21 世纪以来，"二战"之后的婴儿潮一代正在跨入老年行列，社会的老龄化成为人口统计学上最主要的变化。低出生率、先进的医疗体系和寿命的延长，使得大部分西方国家老年人口的数量和比例日益增长。中国实行的计划生育也使得中国步入老年社会时期，这种情况在相对发达地区的城市群里更加突出。人们可能没有注意到的是随着老年人比例的上升，家庭也在老化，同时也变得更加多样化。医药科学的发展和更健康的生活方式，使更多人活到 80 岁、90 岁甚至 100 岁。老年正被重新划分为"老年早期"和"老年晚期"，前者是指 65 岁至 85 岁（也有观点认为以 80 岁为分界线更合适些）的人群，这些人大部分仍然健康而充满活力；后者是指超过 80 岁或 85 岁，最容易遭受疾病和残疾困扰的人群。

我母亲勤劳辛苦了几十年，年近 70 了。她说："以前是想怎么活法，现在开始要想怎么个死法——活要活得好，不容易；死也要死好，看来也不容易。"她决定重新回到学习时期,学习佛法来修为。我母亲就这么实践了,收效甚好。看着母亲慢慢变老,我内心充满留恋却不再害怕,因为她正在成功地变老。成功地变老,是每个人生命周期最后阶段都要面临的发展任务。这一章,我们将从"老年人的家庭和社会环境"、"老年人自身转型变化"和"如何成功变老"三个方面来探讨老年话题。

##  一、老年人的家庭和社会环境

**【家庭生命周期的延长和多样化趋势】**

随着社会的老龄化,家庭生命周期也逐渐延长并且越来越多样化。新技术延长了寿命,也拉长了死亡的过程。四世同堂甚至五世同堂的家庭正在增加,其平衡的家庭资源和每个成员的需求变得越发复杂。由于更少的青年人需要担负起更多的老年人,社会福利保障系统经受考验和威胁,从而可能引发更多的不安全感和代际之间的关系紧张。"老年早期"的退休人群,尽管他们的资源快速减少,但仍然需要照顾他们"老年晚期"的父母。生育的减少或者不生育,青年人口比例的减少加剧了家庭在对老年人照料和财政方面的压力。这些都给家庭带来了前所未有的压力,尤其在放弃了聚族而居的城市生活中。

同时,由于离异再婚、单身、不生育以及同性恋等原因造成的婚姻变化,带来老年家庭多样化趋势十分明显。一生两到三次婚姻,短期同居或单身生活变得越来越普遍,这造成晚年更加复杂的家庭生活网络。另外,和老龄化有关的家庭和社会时间进程也正在变得更加灵活。在一些人成为祖父母甚至曾祖父母的时候,另外一些人却刚刚成为父母。受孕技术的改进,让很多女性中年生育;一些再婚的男性,在其晚年可能与比他年轻许多的女性组成新的家庭。

针对社会多元化的转变,老年人的家庭正在发生剧烈变化。我们对于家庭的观念应该扩展至一个更长更多样化的生命周期。这种变化,是中国传统文化家庭伦理观念所不曾预料的。在城镇化快速发展而族群居住快速消退的今天,家庭不仅仅在提供照料方面变得更为重要,同时也是价值感、情感联结和晚年自尊的主要来源。

中国的特殊性——

在中国传统文化家庭伦理中,老年人不存在养老的担忧。几千年以来,中国人唯一要做的养老措施就是生个儿子,让子嗣继承家族血脉,同时聚族而居的中国人在家族中被养老送终。这是最符合人类生命情感本真的方式。为养老担忧,害怕老去,这是中国以往历史时期从未发生过的事情,但是在二十一世纪的今天,中国这块土地上,已经有不少家庭在为养老问题发愁。中国传统家庭养老的观念和方式,在新的历史时期需要有一个发展。这个发展路径是怎样的,可能会以怎样的形式表现出来?今天,从主要城市开始,全国各地在探索养老服务的方式。不论是机构养老还是居家养老,都离不开对老年人群的了解。

**【老年歧视和老年恐惧】**

从社会的角度来讲,我们还不能欣然地面对年老带来的挑战,也没有看到成熟带来的机遇。我们这种恐惧老年的文化,是用害怕和悲观的眼光将老化看成衰退的标志。人类发展过程的轨迹理论将生命早期描绘成上升的部分,人们的能力不断的提高,同时获得更多的成就;而将老年时期看成是绝对的退化、衰竭和丧失的过程,这条下坡路会一直走到死亡为止。社会对老年的刻板印象普遍是古板、僵化、衰弱和无趣,不仅没有什么用处而且是个大包袱。在一个崇尚年轻的社会中,我们紧紧抓住青春,试图重新体验青春;面对老化,我们不是恐惧就是否认。

生物医学的观点普遍将老年期病理化,集中于讨论疾病及其治疗。临床上有关老年的文献大量集中在论述疾病、残疾和功能衰退上,而忽略了成熟带来的正面改变。对于超过65岁的人群,心理健康方面的研究除了提示我们——他们在心理疾病上的易感性,尤其是脑部器质性的病变和功能紊乱(如抑郁、焦虑和妄想症状)之外,很少给予其他方面的关注。

西方对于家庭持悲观看法的人认为:大部分老年人没有家人,或者家人至多会和他们保持偶尔的、出于义务的接触;孩子成年以后并不关心他们的父母,而是把他们扔在各种福利机构里。也就是说,从中国人的眼光看去,这些老人其实已经失去了家庭。这种状况引起西方心理和社会学研究者的高度关注,他们发现对于大部分老年人来说,家庭关系在老年生活中仍然有重要的作用。与老年人应该生活在老年社区和养老机构中的刻板印象相反的是,那些被家人所爱的老人在家庭中得到了最多的照顾、心理支持和社会交往机会。在美国,尽管大部分老年人和他们的成年子女更愿意分开居住,但是他们仍然保持频繁的联系以及相互间的情感交流和支持,这种方式被描述为"远距离亲密"。研究发现:社会接触和支持与长寿有很高的相关。那些经常有朋友和家人拜访并且保持着相对稳定和多样化人际关系网络的老年人,比起那些拥有较少亲属和社会资源的老年人来活得更长。

对老年人和他们家庭负面的刻板印象导致临床实践者也抱有悲观的假设:他们没有年轻人有趣,对于治疗的投资很少而且也固执地难以改变。在临床上,对老年人的治疗总是以照顾和管理而非真正意义上的治疗为目标,功能性的问题可能被认为是老化和衰退所伴随的自然而然不可逆转的后果。临床工作者会和善地拍拍他们的手,给他们开点药,或者期待他们能够适应那些为年轻人设置的项目。到20世纪末,学界有关老年人和晚年家庭的文献数量非常少,最近十年稍微多了些,马上又被全球化的经济衰退声音覆盖。在人人担心失业的时候,谁还会去关心研究"正常的老去"呢?这是一种对老年人的刻板歧视和恐惧,由此我们可以更加相信,心理学界津津乐道的家庭治疗所关注的仍然是"长大成人"的问题而非"成功老化"的问题。

*中国的特殊性——*

中国的情况恰恰相反,强劲的经济增长奇迹,给了中国人民一个繁荣的生活景象,老年人得到从政府到民间的广泛重视。倒是学术界晚了一步,在这方面的关注和研究,至今还停留在生物学和医疗层面。上海市第十三五发展规划中提出要倡导"积极老龄化"理念,这是一个全新的表述。在为老养老服务中,要秉承积极老龄化的理念,需要服务者具备足够的心理学知识。

积极老龄化理念突破了对老年人群的刻板认知。

对老年人的刻板印象,还带来老年人"被边缘化"倾向。随着退休的到来,年龄的增长,老年人自然而然退出了社会功能核心领域。不少老年人逐渐感觉到被社会所不重视。人们目光所聚的社会热点中,鲜有关于老年人的话题,老年人仿佛被一种无形的力量边缘化了。有很大一部分老年人开始怀疑自己的价值感,其中有不少老年人为了求证自己的价值感,一直在和社会做不懈的抗衡，实际上是在和自己抗衡，这实在得不偿失。遗憾的是，即便在家庭里，老年人也存在被边缘化的危机。这是一个庞大的被有意无意逐渐边缘化的人群，对他们来说，真正的适应困难不仅有生理上的功能退化和生活料理上的重新安排，更在于适应"被边缘化"所带来的心理变化。

##  二、老年期的转型和挑战

西方关于家庭成长的心理学研究对老年期的转型和挑战颇为关注，他们发现对处于主流文化的大多数家庭来说，孩子离家独立标志着中年和老年阶段关系模式的开始。

卢斯（66岁）是被他的妻子玛利亚带来求诊的，他的问题是退休后滥用酒精。他们42岁的儿子鲁尔同他们住在一起，并且从来没有离开过家。由于卢斯长时间在外，母亲玛利亚和儿子鲁尔之间建立起了长久而亲密的关系，这对卢斯和玛利亚的婚姻造成了慢性的伤害。卢斯的退休打破了这个平衡，卢斯现在整天待在家里，感觉自己像是一个不受欢迎的闯入者。负担家计本来是卢斯自尊的来源，失去工作让他感到没有价值，无法与儿子竞争妻子玛利亚的感情，而这个阶段又恰恰是他最需要妻子陪伴的时期。饮酒成了他竞争的一种方式，借着酒劲儿发泄他的愤怒。为了保护儿子，妻子玛利亚表现得更加偏向儿子。

在这个美国家庭案例中，当退休破坏了关系系统的时候，多年以来形成的平衡模式便成了一个功能失调的三角关系。相类似的情况如果发生在中国，绝不会成为一个问题。中国"卢斯"绝不会因为这个家庭原因而酗酒，也绝不会和儿子竞争与玛利亚的关系，倒是可能会与玛利亚竞争和儿子的关系；而且这种竞争只是为了证明"我比你更受儿子欢迎""我比你更懂儿子"。但是，这并不说明中国家庭中老年人不存在转型期问题，以下一些心理学研究对我们一样有用。

**【退休】**

美国研究者发现：退休对个人和夫妻来说都是一个里程碑式的事件，

双方也都需要做出重大调整。对于退休人员,尤其是这个社会中的男性来说,退休意味着有意义的工作、创造力和关系的丧失,而这些恰恰是传统文化中男性自我认同感和自尊最为核心的来源。退休是自愿的还是被迫的会影响之后的调整过程。经济上之主角角色的丧失以及收入的减少会带来很大的压力。退休以后,居住地也常常会改变,而这会增加他们的孤独感以及进一步失去与附近家庭、邻居和社区的联系。

在西方传统婚姻里,丈夫的退休所带来的社会地位和社交网络的丧失常常使夫妻双方都很难适应,那些曾经因为多次工作调动而离开亲属或者社交圈子的夫妇,适应起来会更加困难。另一个挑战源于退休后丈夫向家庭的回归,从而引发角色期望、相处时间和互动的质量都需要改变。如果丈夫试图掌管家中的一切事务,妻子便会有被取而代之或被牵着鼻子走的感觉;但是,如果丈夫在退休后认为自己已经赚足了休闲时光,因此仍然将所有家务事情推给妻子的话,就会引发妻子愤怒的情绪。

### 中国的特殊性——

中国的情况有所不同,中国人以前是聚族而居,现在依然以家庭为核心。临近退休的中年后期家庭成员是家庭核心功能一代,通常夫妻双方共同承担着家庭主事的职能。丈夫多参与家中事务很受妻子的欢迎。而且在通常情况下,家庭分工也有内外之别,凡是涉及家庭对外事宜的丈夫主持更多一些,凡是属于家庭内部事务的妻子主持更多一些。只能用更多一些和更少一些来描述一个模糊的范畴,而不能清晰的予以划分,这也符合中国人的生活哲学。不仅如此,退休的同时,也意味着家庭核心功能一代的退休,以自己退休为临界点,中国父母开始把家庭核心功能转移给子女一代,他们正开始步入中年黄金时期。这个辅助的转移期大概有五年左右的时间,在这个时间,妻子也更欢迎丈夫交出权力,回归后勤保障者身份的角色,而这个角色长期以来可能是由妻子扮演的,现在这位妻子有了一个可能不大听话的帮手,他们有很多家庭任务要完成,包括协助养育第三代。

为了更好适应退休后的生活,夫妻双方必须重新"协商"两人之间的关系,以达到新的平衡。一旦开放的渠道建立,夫妻之间便能够分享需求和忧虑;而随着双方各自或者一同重新组织生活,探索新的兴趣,满意度和价值感便会上升,两者之间的关系也会更加融洽。

**【成为祖父母】**

感觉到自我不是通过自己的行为而是通过自己孩子的行为经历了一次转变,这是一种超乎寻常的感觉——成为祖父母让人们的生活重新开始。首先,它满足了通过养育后代来达成永生的愿望,因而帮助人们更好接受死亡。同时,成为祖父母也会唤醒人们养育孩子的经历,这些回忆和其他一些新的观点能够帮助人们接受他们的生活。

作为一个系统性的转换,成为祖父母转变了代际之间的关系。当子女成为父母,他们开始理解了作为家长的挑战,于是对自己父母的经历会有更多共情。这是他们和自己的父母重新确立关系、治愈早期创伤的机会。

祖父母和孙辈之间可以享受一种特殊的联接关系,这种关系里面不包含责任、义务和亲子之间经常有的矛盾。通俗的说法认为,祖孙间之所以能够融洽相处,是因为他们有共同的"敌人"。但是如果孩子陷在了父母和祖父母之间矛盾的三角关系当中,那么就会出现问题:

> 案例:
>
> 父母的去世加上自己新近离婚,32岁的莎林带着她8岁的儿子比利搬去跟她的母亲一起居住,以便更好利用仅有的资源。这个家庭寻求咨询的原因是莎林觉得儿子表现不好而且不尊重她。在第一次咨询时,比利请他的外祖母帮他脱掉鞋子。外祖母很快主导了讨论而莎林则显得被动无助。比利坐在她俩中间时不时地看看外祖母的眼色。每当莎林和她的母亲开始争论,比利就试图把注意力集中到自己身上。莎林试图让他安静下来却没有用,但只要外祖母一挑眉毛,比利就立刻变得很乖。
>
> 外祖母说同时照顾"两个孩子"给她添了很多麻烦。而莎林则认为母亲总是批评她所有的事情都做得"不对",忽略她试图承担责任的努力。而事实上莎林只是没有采用"母亲的方式"而已。咨询师和她们一起讨论了在外祖父由于突发心脏病去世后,外祖母体会到的丧失感以及对自己将来生活的不知所措,而帮助女儿照顾比利正好填补了这个空白。治疗首先聚焦在家庭的丧失、死亡和离婚上。随后,注意力转向帮助他们建立平衡的关系,以便莎林更好地承担母亲的责任去照顾比

利,同时外祖母从一家之主的角色如何转变成一个受尊敬的老人。莎林愿意尊重她母亲在家居上的习惯,她母亲也愿意尊重莎林的教养方式并且支持她作为家长对孩子的指导。

大多数老年人因为自己还不需要太多的照顾而感到轻松,但他们试图继续成为一个"有用的人而不是累赘"的期望常常受到阻挠。子女一代可能不会意识到,正是他们压在老年人肩膀上的责任让他们年迈的父母"左右不是人"——不要妨碍别人;不要溺爱孩子;不要坚持己见;不要把手伸得太长……由于人的寿命越来越长,不仅祖父母的数量大大增加,还有很多人会成为曾祖父母。这使得四代甚至五代同堂的情况并不鲜见,家庭成长就得面对更为复杂的局面。

成为祖父母,能够丰富晚年的生活,帮助子女一代,同时还能增进代际之间的联系。同时我们还需要注意到,这个祖父母、父母和孩子的三角关系存在另一种发展可能性,尤其在中国,我们经常会发现一些陈旧家庭繁衍观念导致的祖孙辈联合排挤父母一辈现象。

案例:

顾小孩今年14岁,他的叔叔来寻求心理咨询师帮忙解决他们家的青春期叛逆问题。暑期,顾小孩的爸爸因为工厂让电而休息在家,所以紧盯着儿子要如何如何做好作业,并且如何如何不能玩电脑游戏。顾小孩出走到了河边,拿起电话打给奶奶,说:"你来给我好好管管你的大儿子,要是他今天不来这里请我回去,我就再也不回去了。"顾小孩的叔叔认为这个孩子青春期叛逆实在厉害,担心哥哥和侄子父子俩的关系一直僵下去,侄子会更加叛逆,所以希望咨询师出面解决问题。心理咨询师反问了顾小孩叔叔一句话:"你不要先做青春期叛逆的判断,你家侄子用这种方式来威胁长辈。不是他天生会如此,是问别人学来的。是谁教会了他这样?"

经过咨询访谈,发现:原来顾小孩的爸爸是招赘入门的女婿,在顾小孩外公外婆的心里,这个女婿招进来是为了完成他们家的繁衍问题,这个孙子是自己真正的血脉。在顾小孩家庭里,中年的父亲并没有得到家庭应有的尊重和行使应有的权力。顾先生的侄子发展成一个高度自我中心没有家庭伦理观念和孝心的"叛逆"年轻人,是这个畸形家庭结构的产物。所以,顾小孩不是青春期叛逆,而是高度自我中心的人格特征。改变他并不容易。

**【慢性疾病和家庭看护】**

在 21 世纪的头二十年里,需要长期看护的老人将快速提高一倍。在 20 世纪 70 年代,50 岁至 64 岁年龄段的人群中,每 100 个人中能够有 21 个人看护一个 85 岁以上的老人,到 2030 年只有 6 个人看护一个 85 岁以上的老年人,代际之间的比例关系,将会让老年看护更为吃紧。随着家庭规模的缩小,能够提供看护的孩子或者是兄弟姐妹越来越少。由于人们倾向于晚婚晚育(中国实行计划生育),中年人需要在照顾孩子的同时还得照顾他们的父母、祖父母和其他亲属。人们将面临孩子教育费用和老年医疗费用的双重负担。退休后,尽管自身的健康和其他资源正在减少,却仍然要承担起照顾更加脆弱的年迈父母的责任。需要同时照顾几个老年家庭成员的概率正在显著增加。养老正在成为家庭重大任务,很多家庭将面临巨大考验,尤其是中年后女性,传统习俗给予她们更多家庭照料的任务。

随着社会的老龄化,慢性疾病患者快速增加,而且功能受损的老年人可以比以前活得更长。同时,医疗指导的缺乏使家庭成员在看护老人方面体验更多困惑、挫败和无助感。一些慢性疾病的症状对于家庭极具破坏性,例如睡眠障碍、大小便失禁、妄想和攻击性行为。当所有的问题超出家庭所能控制的范围,以致整个家庭痛苦不堪时,可能会出现遗弃和虐待老人等社会问题。

家庭最难以应付的疾病是痴呆和渐进性脑功能紊乱。这其中 60％ 为阿尔斯海默症(也翻译成阿兹海默症),它已经成为我们这个时代最令人恐惧的疾病。十分之一的 65 岁以上老人以及接近一半的 85 岁以上老人受其影响。由于认知上的退化被认为是自然的衰老过程,阿尔斯海默症常会被误诊。这种疾病的衰退过程可能持续几年到二十年不等,因此可能成为家庭心理和经济上的长期负担。这种疾病的患者在心理和生理功能上都会受到损伤,记忆力逐渐减退、失去方向感、判断力受损,最后失去对身体的各种功能的控制。阿尔斯海默症的患者会重复地问相同的问题,忘记别人告诉他的话,忘记自己准备好的饭菜。他们很容易迷路,不知道自己住在什么地方。由于记忆力和判断力受损,他们会忘记烧开水的水壶、正在照看的孩子,或者会做出糊涂的财政上的决定。他们会认不出家里人,把他们与其他人或者某些去世很久的人混淆,这点对照顾他们的亲人来说尤为痛苦。

鉴于治疗措施的有限,日常看护成为处理此类疾病患者的主要手段。比起那些远离熟悉的环境在各种机构中接受大剂量药物治疗的患者,在家中受到看护,服用小剂量药物或者不服药而注意饮食的患者,其衰退要更为缓慢。社区日间看护机构能够部分地减轻家庭负担;家庭心理教育和支持网络能够帮助他们更好地应对压力、困惑;与疾病有关的实用信息和指导手册能够降低看护者的无助感,尤其在病情不稳定的时期。与此同时,家庭成员要能够接受他们所爱的亲人无法继续扮演他们的角色的现实,以及他们之间关系的丧失。

罹患不治之症,对于家庭来说是最痛苦的挑战,死亡的念头会持续不断地折磨他们。在西方国家,不断上升的老年自杀率不仅与老年人希望对死亡有控制感有关系,也出于他们控制痛苦的需要以及不想给所爱的人带来负担和困扰。在中国,老年自杀率数据我没法获得,但是从人类心理角度来说,老人们的顾忌基本上也没有太大的差异。所以,心理学临床工作者需要帮助家庭减轻他们的痛苦,为病情严重的家庭成员作出最好的安排,在让他们感到舒适和安慰的同时,也能够平衡其他家庭成员的需要。

**【寡居】**

寡居是一个高压力的转变,在适应过程中人们会有多种多样的反应。女性寡居的可能性比男性高四倍,而且寡居的年龄更小所以有更长的路要走。对于在传统婚姻中更多依赖男性的妻子们来说,人到中年就不得不想到寡居的可能。研究发现5%的人在丧偶之后产生严重抑郁;10%—17%的人达到临床上抑郁诊断标准。失落、迷茫和孤独的感觉导致丧偶最初两年内有较高的死亡率和自杀率,男性则更为显著。这些情况有点令人担心。不过研究者还发现,尽管在最初的时段面临很多困难,大部分丧偶的老年人仍然可以恢复正常的生活,良好的应对甚至可能在沉痛的丧失之后带来一些正性的情感。大多数寡居的老人认为他们变得更加有能力、更加独立,只有少部分人把这种变化完全看成是负性的。

在中国的情况可能要比西方好一些,中国文化中有很好的应对死亡的部分,这一部分已经很早就在中国人生命情感中扎根。所以,老年时候面对死亡,中国人显得更为平静。

从社会心理学的层面上来说,居丧阶段的挑战包括对丧失的哀伤和对未来的重新调整。家庭系统中的关系需要重新组织。首要的任务是接受死亡的事实,分享体验并将它们保存在记忆中。鼓励家庭成员之间相互表达哀伤的情感,并且举行一些有意义的仪式对家庭来说最有帮助。同时,也要将注意力转向日常生活的正常功能以及自我支持之上。在一两年内,调整的方向开始转向新的活动和对他人的兴趣。

再婚已经成为越来越多老年人的选择,但经济和法律上的限制使很多老年夫妻选择同居而不正式结婚。再婚的成功与否取决于子女和寡居父母的关系以及对于这种结合的认同程度。如果子女将再婚看成是对死去父母的不忠,就会引发问题。子女可能会对老人的再婚表示震惊,他们会假设这个新的伴侣只是对钱感兴趣,尤其是当他们无法感觉到这个老人仍有吸引力的时候。

*中国的特殊性——*

*原本中国老人不惧寡居,大家庭居住一起,老人和子女共同生活就基本不存在这方面的问题。现在,随着城市化的进程,很多家庭已经分散居住,不要说四代同堂,三代同堂也在减少。寡居老人的现象逐渐增加,问题开始出现。在上海某近郊大型居住区,曾出现独居老人猝死家中无人知晓,直到尸体严重发臭,邻居报案后才被发现,住在中心城区的子女从官方得知亲人去世的消息。即便在遥远的山区农村,也因为青壮年常年外出打工而出现一大批留守老人加留守儿童的现象,其中还有很大一部分是单纯的留守老人。如果社会没有对此加以重视,类似老人猝死无人知晓的养老问题可能会不断增加。所以,在中国也已经出现如何处理好寡居老人养老的紧迫问题,这是摆在每个家庭面前的重要课题。*

**【代际影响】**

这是一个典型的西方的案例和西式观念的分析,中国的情形可能完全不同:

朱丽叶,25岁,刚刚开始她的社工生涯,同时正准备结婚。此时居住在离她 2 000 英里以外的 63 岁的母亲患了心血管疾病,面临着长期而痛苦的衰退过程。一向与母亲关系亲密的朱丽叶对此感到矛盾万分。她既感觉到自己肩上的义务,又不希望无限制地拖延她的新工作和婚姻。最近出现的分离和认同问题,使情况变得更加复杂——她一直以来与母亲联系紧密并且依靠母亲给予其指导和支持。地理上的距离使她逐渐建立起独立的能力。和她的同伴相似的是,她也受到文化的影响,混淆了自我分化与疏远及分离的区别。现在正当她的社会职业迫使她变得更加独立和自主的时候,她的母亲却最为需要她,而她也很害怕失去母亲。

电话联系变得越来越疲惫。母亲认为朱丽叶不回来,表明她的自私和对母亲的不关心。母亲觉得受到了伤害,反击道:"如果你连自己妈妈都不关心的话,怎么去当一名社工?"于是朱丽叶回家小住了一段时间,内疚和不安弥漫在她心间。慢性病程的不确定性使人无法得知母亲还有多少日子,因此也无法安排行程。

朱丽叶怀着忐忑心情离开母亲准备自己的婚姻,她给母亲寄去了礼物。她精心挑选了一本皮装封面的本子给母亲撰写回忆录。当她下次回家时,却发现它原封不动地被搁在一个橱柜里。她感到非常受伤,大声地让母亲作出解释。母亲回答说:"如果我写回忆录的话,一定会记下你曾经多么地让我失望!"朱丽叶立即结束了她的拜访回到自己的家。

回到自己家里,她和未婚夫的矛盾又爆发了,婚礼因此取消。朱丽叶对分手感到十分不安,于是打电话给父母试图寻求安慰。母亲却表达了她的失望,并且说自己现在已经没有什么可以指望的了。几个小时之后,她的病情发作。朱丽叶的治疗师认为这是她母亲的自恋和操纵。在强烈的情绪控制下,朱丽叶没有回到母亲家里,直到有一天夜晚父亲打来一个预料之中的电话,告知她的母亲去世了。

朱丽叶几乎没有感到伤心。几个星期之后,她和一个几乎不太认识的人结了婚。直到婚姻破裂,她对失去母亲的极度悲伤才显露出来,她对自己在最后那些日子的疏远以及再也无法改变的事实感到内疚和后悔。通过与家庭治疗师会面,她吸取了这个教训,决定在还来得及的时候修复她和父亲之间紧张的关系,自从母亲去世后,她还没有见过他。在治疗师的指导下,她开始与母亲的家庭联系,由此更多地了解她母亲的生活,并开始全面地了解母亲的为人。她同时也发现,她外婆曾经也对自己女儿失望而在临终前与女儿断绝了关系。因为这些新的感情联系和共情体验,朱丽叶在母亲去世一周年时为她举行了一个纪念仪式。

母亲临终前的需要对于女儿来说显得有些"不合时宜",处在这样一个发展阶段的她很难去满足这些需求。在患了不治之症后,母亲希望拉近整个家庭的关系,也希望感觉到自己成功地承担了母亲的角色。面对即将丧失,这种亲密和依赖使女儿感到有些手足无措,此时她的独立性尚没有完全建立,何况她还需要面对自己文化中对自主的要求。跨时代的效应将这个案例变得更加复杂,母亲和她母亲之间没有解决的问题重又出现,增大了矛盾的剧烈程度,也使得临终前的失望和疏离的感觉更加强烈。

##  三、成功地老化

在《落地的感觉》(上海社会科学院出版社,2013年5月)一书中,我提出了老年人被边缘化的问题,甚至在家庭里也有被边缘化的危机存在。那是因为,人们习以为常地认为老化就是衰退、就是失去能力、就是不再前进。几乎没有人相信,老化也是成长的一部分,我们把这个叫做成功的老化。和长期以来的观点不同的是,心理学研究发现老化的过程其实也比较多变和具有可塑性。

心理学研究老年人发展,提出成功的老化应该是"最优化补偿"的结果,即如何应对日渐衰退的各种功能。他们引用了一位钢琴家的例子,他自己曾描述如何面对年老所带来的衰弱。首先,他有选择地缩减了他的节目单,只演奏少部分曲目;其次,他增加了练习的时间(一种优化的策略);第三,在快节奏的音乐之前他会减慢速度以突出对比效果(一种补偿的策略)。通过这些途径,他在高龄的情况下仍能成功地举办音乐会。人生就像一场音乐会,你处于舞台的中心,老化不是把它搞得一团糟或者以为是离开舞台,而是像这位钢琴家一样,用适合老化的方式让舞台一样精彩,甚至可能更有韵味。

通向老化的过程是多样性的，这种多样性反映了家庭结构、个性风格、性别角色、种族、社会阶层以及更广泛的文化差异。成年早期传统的性别角色差异会发生转变，环境的变化以及对照顾和亲密感的需要，使得男性在老年后变得更加被动和顺从；相反，女性在满足她们自身的需要上会变得更加自信和主动。在早年有所限制的生活领域，发展出更具双性特征的反应模式能够使得老年人在角色上更为灵活，而这一点可能和长寿以及更大的生活满意度有所关联。与此同时，人们必须知道，鉴于家庭中老年人一些重要功能的丧失或者死亡，家庭其他成员必须适应新的角色，老年人自身也必须适应功能残缺的角色。

【无名的力量】

成功地老化，应当体验到老年时期那种被称为"无名的力量"的生命动力。对很多研究的分析表明：相比年轻人，老年人能够在更高的水平上分析问题，尤其是有关社会和伦理的问题。此外，他们的大脑敏锐度取决于环境：越是自主的老人，大脑越敏锐。

在从不同人群中发掘"无名的力量"的过程中，研究者发现那些经历了最为重大的转变和丧失的女性，在晚年往往具有更强的生命力；而那些感受到最多的挫折、愤怒和抑郁的女性往往最为僵化地保持了早期的性别角色，或者是被迫待在家里消磨时间，她们成长的机会被剥夺了。

女性是否更有活力并不被早年所担当的角色所影响，而是取决于她们是否具有做出决策所需要的目的性和结构性。男性则将事业和性能力始终看成决定其身份的主要因素。当老年男性这些展现自我的途径关闭时，那些仍然希望通过这两方面来确立自己男性身份的人，会体验到不确定性、衰退感和空虚感。他们会选择有意义的工作，并且尽量不退休。在我们身边时常可以看到不"屈服"于退休仍然想与在位时一样拥有资源和权力优势的倔老头。他们活得很不顺心，还经常惹后辈人生气。那是因为他们尚未体会和真正运用起自己身上的"无名的力量"，去过适合他们新状况的生活。执着地试图保持未老时候的一切，逆势而为，终将遭遇挫折。

那种无名的力量来自突破了成年早期性别角色行为模式，实现了适应老年的自我转变。有人这样描述他们的老年：这可能是我们生命中最好的时光，因为我们从来没有像现在这样只做我们自己。我们内心的矛盾更少、更加平和；我们知道如何恰到好处地运用我们的力量；我们更加确信什么是生命中最重要的东西，需要克服的自我怀疑也有所减少。这是一种活在真实自我中产生的力量感。

**【老年人的智慧】**

很少有人注意到晚年生活也有它的重要之处。在人类发展理论中，老年被看成是一个至关重要的阶段，那些生活开朗的个体会回顾他们早期的生活经历，思索生命的意义。在这个过程中，他们达到一种整合的状态，并且能够克服衰老过程所带来的绝望感。此时，他们会获得智慧的力量。

然而，因为老年人所面对的是"生命的有限"和"过去的不完美"，所以要达到整合的状态是一项具有挑战性的任务。研究者对一些80岁以上老人的访谈表明，通向整合早期经历的途径有很多。一些老人在他们的父母或祖父母中寻找榜样；其他一些人则在朋友甚至媒体形象中寻觅。大部分达到和谐状态的老人最终都会反省他们过去经受的创伤和犯过的错误，即使那些没有达到整合的老年人也在积极地尝试寻找某些答案。这个生命阶段最重要的是追寻生命的独特意义。

基于大量参与者的研究，给了我们一条有关老年人生活动态的线索——他们不是生活的牺牲品，而是有活力，有能力改变而且能够被其他人改变的人。成功的老化，意味着敢于承担风险，有勇气将老化看成是个人和精神上的发展，寻找学习、冒险和改变的新起点，而不是只关注于因老化而带来的限制。

**【精神支柱】**

对认同和意义的追寻贯穿于整个生命过程。个体和他们的家庭用很多不同的方式来组织、解释和联系这些经验。作为临床工作者，必须对个体所处的文化、时代以及意义的来源非常敏感；同时，也需要承认同样的背景会对人造成不同的影响。对于一些人来说，宗教是他们寻求意义最重要的来源；对另外一些人来说，民族传统或者教育使他们脱离贫瘠。很多老年人表现出不断自我更新的潜力，他们通过有效地解释和描述他们的经历、价值、力量和某些自身独特因素来创造意义。

精神上的虔诚，对宗教服务和活动的参与，以及教会的支持，对大部分老年人来说都是重要的力量来源。事实上,医学研究表明虔诚的信念、祈祷和宗教仪式,能够通过引发情绪来影响人体的免疫系统和心血管系统,从而促进人的健康和疾病的治愈。一项对做过心脏手术的老年人的研究表明,那些能够在他们的宗教活动中找到希望、安慰和舒适的患者,其存活的概率是其他人的三倍。这其中最关键的一点是,能够利用虔诚的力量来给不稳定的生活赋予意义。

*中国的特殊性——*

在中国,对更多的老年人来说,子女就是他们最大的精神支柱。所以,我们给这个有被边缘化危险的人群三条建议:

第一,老年人更适合回归家庭来创造社会价值。退出激烈竞争的社会功能领域,老年人要学会放下或调整很多成就动机、名利观乃至虚荣心。回归家庭生活的精神领域和活动空间来创造价值。老年人完全可以自主开辟第二功能领域:建设家庭——为家庭繁衍和中年子女提供支持,从中享受家庭带来的成就感和幸福感。

第二,老年人是家庭成长的高级顾问。家庭是有成长周期的,老年人在跨入中年晚期和老年时期的时候,应当不仅在形式上,而且在心理上完成家庭功能核心的转移。此后就是一个顾问的角色。但是,顾问的含义是支持别人成功,顾问不是总经理更不是老板。

第三,老年人有更大的学习空间。因为退出社会功能核心,随着生理变化和性别特征的退化,老年人拥有更大的自由空间和时间。无论什么时候,学习可以改变一个人的思维,学习可以改变一个人的心胸,学习可以改变一个人的气度,学习可以改变一个人的能力,学习可以改变一个人的命运。老年人不要停止学习。

心理工作者发现大多数来访者是女性,老年人群也是如此,一方面是因为女性活得更长,另一方面也是主要的原因是她们从来都没有放弃对关系的关注。对于老年男性来说,如果家庭关系出了问题,或是如果他们觉得自己没有在工作中获得成功的话,抑郁可能成为一个问题;随着年龄的增长,以及他们将自己带着竞争意味的斗争抛之脑后,男性会变得更为成熟。这种自然的进程可以让大多数好斗的男性成为一个更有同情心、更具关系导向的人。

更具关系导向的生活线索,比较容易让老年人获得精神支柱。原先不大注重宗教活动的人,进入老年时期,会比较容易接受宗教。在中国最普遍的是人们在步入老年期的时候开始接受和参与佛教活动。倘若佛图教育(佛徒教育)更具生活化,引导信徒们在世俗生活中领会佛土境界,将佛徒修为落实在日常生活中,可能对人们的帮助更大。这谈何容易?所以,我想对佛门弟子说"就这样吧,但是别那样"。

### 【就这样吧,但是别那样】

佛门并不清净,出于对佛教和佛门弟子的爱惜,我想说几句大部分人能听得懂的中国话。佛教用语是否算是中国话,我这里不做考证和辩论,但是,语言是一套符号系统,佛教用语来自并不成熟的翻译,很多古印度时期的词汇被音译而没有翻译成相同意思的中国词汇,对于这些不能直接明白其含义的词汇,人们陡升神秘之感,助长了佛教的神秘意味。把一些最直接明白的道理念念叨叨而没有在生活中落实为个人修行。这不是佛教的错,而是佛教教育的发展瓶颈。

俄国人舍尔巴茨基写的《佛教逻辑》把佛教背后的佛学的哲学含义说得明白,但是,这么复杂的佛学含义如何让普通民众在生活中明白从而引导他们的生活呢?这就是佛家子弟的使命了。千百年以来,佛家子弟学佛修行以引导众生寻找幸福之路,实际就是想告诉人们应当怎样做人、怎样与人相处、怎样与环境相处。可惜的是,光说是没用的,众生需要实证,他们需要看到生活中活生生的榜样,愿意跟着学跟着做。弘法利生就要从自己做起。可是佛家子弟出世在佛门,不可能让信众们也走出家门走进佛门啊,所以,榜样的力量不够,庙宇中的菩萨塑像就成了人们心中的神。尽管佛门子弟一再强调"修行靠自己",但迷信的人们还是期望靠神菩萨来保佑。这是为什么呢?

佛教是教育,它是智慧、觉悟宇宙人生的教育。

和尚是印度语,翻译作"亲教师"。就是亲自教导我的老师,若不是直接指导我的老师,就称为法师。

寺院是佛教教学与佛教艺术相结合的教育机构,就像现在的学校与博物馆相结合。和尚下面有三位纲领执事:掌管教务的叫"首座",掌管训导的叫"维那",掌管总务的叫"监院"。中国过去叫"丛林",丛林就是佛教大学。

信徒们迷信而不觉悟,我们不能责怪他们,只能说是我们还没有教育好他们。就像学校里总归有一批孩子尚未教育好,校长和老师不能责怪他们不长进,只能继续教育他们,而且还要做好他们未必能长进的准备。这本身也是对佛家弟子的一个很大挑战。有个很震撼人心的佛教典故:释迦牟尼在世说法的时候,魔王波旬对他说:"到你末法时期,我叫我的徒子徒孙混入你的僧宝内,穿上你的袈裟,破坏你的佛法。他们曲解你的经典,破坏你的戒律,以达到我今天武力不能达到的目的。"佛祖听了魔王的话,久久无语,不一会,两行热泪缓缓流了下来。佛对魔王说:"末法时期,我将率弟子脱掉袈裟走出庙宇,一世修成!"什么叫"一世修成"?有三层含义:第一,世上俗人都可以修成佛;第二,在一世内就可以修成佛;第三,要在当世修成,别等来世。

要在当世修成正果,别等来世,这就是佛祖的遗训。今天在庙宇内穿着袈裟的佛门弟子都当树立帮助人们一世修成的使命,来精进自己,教育引导相信他们的普通民众。这是一项光荣的事业。

佛教教育的目的是"阿耨多罗三藐三菩提",译为"无上正等正觉",又称为"究竟圆满智慧"。

基础的等级是"正觉"——意思是"贪嗔痴慢、人我是非、烦恼"都断尽,能学到这个份上,称为"阿罗汉"。

再往上一个等级叫"正等正觉","等"是"等于佛"的意思,跟佛用心一样,但还不是佛。修学得到正等正觉,此学位称为"菩萨"。

阿罗汉好比是学士,菩萨好比是硕士,佛好比是博士。任何人智慧达到究竟圆满,就是真心圆证,就称之为"佛"。佛得的是"无上正等正觉"。那是学位名称,他们都是人,不是神。

所以"阿罗汉""菩萨""佛"是三个修学等级。佛教之初,在那个真正"四海洪荒"的时代,普通民众哪里有文化?识字教学都难。所以,佛学选择了那个时代流行的教育方式——宗教。一路流传下来,现在寺庙里供奉的菩萨塑像,相当于是看得见的学业修为的"毕业证书样本",你不好好修学,天天向毕业证书样本叩头有什么用?但是普通老百姓有这个需求,佛家子弟也就只好迁就随喜了。我总觉得这可有点懈怠了。不过,从心理学来理解,普通民众心中有个念想、有个神往,对他们也是有好处的。就像学校里的后进生,他并不知道自己学不精,但他们觉得在这里读书天天有件事情做、有一帮人在一起,也很开心啊!这就是他们的生活,佛门子弟能维护好信众们心里那个神往,也真是功德一件。所以,就这样吧!但是,别那样哦——因为信众们的迷信,耗费他们的钱财乃至耗费社会资源,寺庙变成变相敛财场所,那是佛门不幸。历史上出现过灭佛事件,究其原因就是这个。中国哲学说"物极则衰",其道理在于不知驾驭变化而一味任由偏向发展。所以,还是要回到佛徒教育的本质上来才好。

佛教教学的方针是彻底破除迷信。佛门常讲:"破迷开悟,离苦得乐。"为达成此目的,佛教教学的方针是"破除迷信,启发真正智慧",让我们有能力在现实环境里辨明真妄邪正是非,乃至于善恶利害。然后再帮助一切众生建立理智、大觉、奋发、进取、乐观、向上的慈悲济世的宇宙人生观。老年人经历了人生大半的历程,确实应当回顾反省,以更深的人生智慧来理解自己和这个世界,觉悟了,人生变得灿烂起来;觉悟了,面容变得慈祥起来;觉悟了,态度变得欣赏起来。这样的老人可以成就他人,可以称为登临人生峰顶的家庭成长高级顾问和导师,这就是佛。

但是,哪有这么容易,人生最难过的那道坎就是你自己。佛是自性佛,就是指要跨越的是你自己,才能到觉悟的境界。佛教教育之入门为《地藏经》,为大乘佛法的启蒙经典。它不是用言语而说,而是用光来表示。说世尊在法会上,一开始就放大光明,放无量的光明。意思就是说,发出人生智慧的光芒。

先说一下"大圆满法",即大圆满的道理,法就是道理的意思。

1. 大圆满光明云:密宗讲的"大圆满"就是显宗讲的"真如自性",世尊四十九年所说,没有说别人,都是在说我们自己。真如自性的智慧——就这第一步就已经够难了,不是吗?世人有多少活在自我展示和自我装扮中,哪里还见得自性天然?

2. 大慈悲光明云:世人为什么而劳作?为名利?佛菩萨不为名利,在十法界辛苦努力,是什么力量在推动?这个力量就是"大慈悲光明云"。即所谓弘法利生。这就是榜样,教导世人活着劳作是为了啥?光为了挣钱名利以证明自己的成就,还是为了证明自己是值得的——值得被爱、被尊敬,值得拥有。难不成人生只是为了证明自己"不需要内疚地拥有"?

3. 大智慧光明云:慈悲需要建立在理性的基础上,不能感情用事。如果失掉理性,感情用事,慈悲就是祸害,方便就是下流(慈悲多祸害,方便出下流)。所以,就要有"智慧大圆满"。

4. 大般若光明云:般若智慧是智慧的一种,般若和智慧是两个相互关联的慧能概念。《大般若经》说"般若无知,无所不知"无知是般若,无所不知是智慧。也就是说:能说明宇宙现象的这种智慧,称为智慧;能断烦恼、破无明的智慧,叫做般若。般若智慧,就是"无上正等正觉",也就是"究竟圆满的智慧"。

5. 大三昧光明云:三昧,梵语,翻译为"正受",就是禅定的意思。自性本具的智慧没有丢失,只是我们自己迷失了。如何召回?觉悟!觉悟的方法是正受即禅定,通过三业行为的修行来征得。三昧是佛家修学的枢纽,戒定慧三学,因戒得定,因定开慧。所以,般若智慧是从禅定中生出来的,这是自性本定,称为大三昧光明云。

6. 大吉祥光明云:凡是我们本分应该得到的,获得了,就是吉祥;不该得到的,得到了,就是不吉祥。锲机锲理,众生受用,此之谓大吉祥。

7. 大福德光明云:修什么因,得什么果报。吉祥之后,便有福德。

8. 大功德光明云:功德和福德不一样,福德还只是因,是因也是果,是果也是因,仍然属于尽虚空遍法界。功德,是利他因,而度众生。功德才是真实的果。要修功德,先得有福德;你没有征得福德,则难度众生。慈悲心须得智慧根,在这里最能体现。

9. 大皈依光明云:修行总得有个标准,这个标准就是"皈依佛法僧自性三宝"。之所以叫"自性三宝",是因为这三个是我们自己本来就有的"觉、正、净"。皈者,回归的意思,依者,依靠的意思。"皈依佛、皈依法、皈依僧"其实是说"皈依觉、皈依正、皈依净"。

觉,是指觉悟,佛即觉,觉而不迷——无论对人、对事、对物,一定要有觉悟而不能迷惑。自性本来觉,所以皈依佛。净宗常说"自性弥陀,唯心净土",弥陀是自性变现的,释迦也是自性变现的,十方三世一切诸佛如来,都是自性所现之佛。所以,皈依佛是皈依自性佛,就是自性觉。没有外面的佛。

正,是指对宇宙人生的看法、想法完全与事实真相符合,就是正知正见,就是正确的思想、正确的见解。从错误的想法、错误的看法回转头来,依靠自性的正知正见,这叫皈依法,也叫皈依正。

净，是清净的意思，佛教所说的"僧"就是清净的意思，就是指六根清净。六根是眼耳鼻舌身意；接触外境有六尘：色声香味触法。凡夫六根与六尘相连，会被外境污染。接触到顺自己意思的，就起贪心，被贪所污染；接触到不顺自己意思的，就起嗔恚心，被嗔恚所污染。"何其自性，本自清净"，从一切污染回过头来，依自己的清净心，叫皈依僧，也叫皈依净。

从心理学来讲，觉正净就是一个纠正错误认知，重新构建正确认知，获得成长的过程。

10. 大赞叹光明云：就是指教化众生，赞叹自性圆满的功德，赞叹自性无量的功德。"何其自性，本自具足"，禅宗常说："父母未生前本来面目。"本来面目就是大圆满的自性。佛法所教，佛法所学，皆以此为目标、以此为方向。这就完全符合积极心理学的理论了——赋予目标以意义感。

再说一下"大乘圆满法"，即大乘佛法的修学道理。

大乘佛法的修学次第，是以四大菩萨作为代表的：地藏（九华山）、观音（普陀山）、文殊（五台山）、普贤（峨眉山）。

地藏：地之所藏，养育生命之摇篮。地藏就是修学入门，即孝亲尊师。

观音：将孝敬发扬光大，孝敬一切众生，没有分别、没有执着、一切平等。

文殊：孝、慈不能感情用事，一定要依止在理智的基础上，文殊代表智慧。

普贤：将孝敬、慈悲、智慧运用在日常生活中；能从心所欲而不违背原则。

从地藏学孝敬，进而学习观音的大慈悲、文殊的大智慧、普贤的大愿大行，这是一个修学进阶的过程。这与中国哲学之"格物致知诚意正其心，修身齐家治国平天下"异曲同工，几乎一脉相承。这说明，由孝心开始萌发的人类良知，最终得以发扬光大、惠及大众，又得以反哺自身、修得正果，这是大道。老年人站在人生峰顶，倘若能有此种收获，便是人生圆满。

但是，此种境界确实并非人人能做到，倘若你做不到，我想还是那句话——就这样吧，但是别那样。

第八章

# 爱 的 智 慧

> 第八项修炼\*：贯穿一生的修为
>
> 中国传统文化的学习和传播主阵地在家庭，同时也给家庭成长注入了更多正能量。我们从儒家"五伦"和"弟子规"可以看出，中国哲学不对结构中的个体进行分析研究，中国哲学研究的是结构中的相互关系。它给纷繁复杂的结构关系进行了符合天理的归纳梳理，形成一般规律，照此规律办事，堪称无忧。
>
> 中国哲学指引个体如何找到自己的使命感、目的和意义。在中国，传统文化理应成为家庭成长的精神护佑。

中国传统文化的教学不在家庭里，但是传统文化在中国人的家庭生活中潜移默化地被学习和传播，它是中国人生活的重要组成部分。前面多次提到家庭教育与传统文化的关系，家庭教育是家庭成长的一部分，传统文化的"有""无""多""少"都对家庭成长产生重要影响，所以我们用"融合"这个词汇来表达传统文化与家庭成长的紧密关系。中国传统文化学习和传播的主阵地在家庭，同时也给家庭成长注入了更多正能量。这一章可以称为第八项爱的修炼，我们从心理学角度来理解传统文化如何为家庭成长注入了正能量。

##  一、儒家"五伦"与家庭成长

儒家思想表达了中华民族文化精神的核心价值，它既是中国的学说，更

---

\* 第八项修炼是将一到七项修炼融会贯通。

是中国人的生活本身,我们生活在以此为核心的中国哲学熔炉里,身不由己地被历练和塑造。儒家学说枝繁叶茂,我们挑拣一支最"不离日用常行内"的枝桠来理解受其影响的家庭成长,那就是"五伦"。现代心理学认为家庭是一个对其个体发展最具影响力的结构,在这个结构里,人际互动方式一方面受个人特质和诉求的影响,另一方面也决定着个体的特质形成和诉求变化。可以说在家庭里这种人际互动性是一种家庭心理结构,结构真正起作用。

案例:儿子要房不要妈

当事人方女士是一位66岁的农村妇女,现住上海近郊某镇。享受小城镇养老保险,目前还在镇上某宾馆做临时清洁工。来到节目现场,方女士以富有表演性的肢体语言,迫不及待地讲述她的特殊经历。

方女士早年没有生育,领养了一个孩子。当年那日,方女士正在田里干农活,村妇女干部到田头找她。同公社有一户人家有了计划外生育,孩子就要出生。恰巧方女士结婚多年没有生育,为了不破坏计划生育指标,所以来问方女士是否领养那孩子?自己多年未能生育,方女士夫妇也曾考虑领养一个孩子。但是因为这个孩子亲生父母为本地同乡人,两家相距比较近,方女士担心"养不家"(方言,孩子长大以后会离弃养父母回到生父母那里),所以有所顾虑。经妇女干部和乡邻亲戚们的鼓励,方女士终于决定领养这个孩子;双方说好孩子不认亲生父母,两家不相来往。

孩子出生不满一周就被抱出医院,如期送到方女士手中。用方女士的话来说,抱来的是个"血囡"。那个时候是计划经济时期,这个孩子是计划外的人口,所以没有计划粮油。在这样的条件下,他们夫妻两个在众亲戚的帮衬下,含辛茹苦把这个孩子抚养大。

方女士细数孩子养育过程中的种种困难和他们夫妻二人的辛苦付出。孩子有生理疾病,差一点危及生命,都是在艰苦的日子中一路坎坷过来。一直到孩子进入学校读书,国家改革开放,经济条件也好转,一切才变得顺利起来。儿子小方也不负父母亲的期望,考上了大学,如今已经成家立业。方女士以为好日子到了,却不想,事情发生巨大变化。

变化的序曲要从儿子读中学时开始说起。那时候,儿子亲生父母和上一辈老人都挂念这个孩子,希望可以认亲。老人会悄悄去孩子读书的学校探望这个孙子。在迟迟疑疑中,两家终于有了来往。以孩子的曾祖父去世,方家前往吊唁为标志,孩子正式认了亲,两家有了来往。儿子小方也终于明白了自己的全部身世。但从此以后,方女士的心里就有了疙瘩,她害怕母子亲情会有什么变化。用她的话来说,毕竟人家是血缘关系,不一样的。如今儿子已经成年,他们家碰到了动迁,搬到了镇上居住。他们共有两套房子,在同一个楼梯里面。儿子结婚了,儿子媳妇婚房在三楼,二室一厅;老夫妻俩住底楼,一室一厅。

媳妇进门以后,家庭结构发生变化,生活起居也发生变化。小两口自己不开火做饭,到楼下父母那里吃饭。方女士陈述,儿媳妇嫌她做的不好吃,又不给伙食费。儿子自从结了婚,就只听老婆的,经常在丈母娘家里。后来方女士丈夫查出癌症,从治疗到去世,方女士觉得儿子媳妇没有真正关心过。在现场,方女士细数儿子媳妇的种种行为是如何的"不关心老人"。

最令方女士不能容忍的是,丈夫去世以后,按照本地丧葬风俗,有很多仪式性的规矩要媳妇做的。她发现媳妇根本就"不伤心,也不上心",毫无做媳妇的样子。儿子也是"只知道自己开心,不知道老人伤心"。丈夫去世以后,方女士说自己一个人住楼下害怕,要搬到楼上和儿子媳妇同住。媳妇不同意,但在舅舅等亲戚的劝说下,她还是不得不让婆婆住进了三楼的房子。方女士说把下面房子出租,租金给儿子补贴家用。此举始终没有获得媳妇和儿子的支持,相处一室,就在生活中发生很多冲撞。媳妇带着儿子回娘家居住了。

为此,方女士更加觉得这个儿子自从有了媳妇以后变了。她始终认为儿子本来是个很老实很听话的人,从小就内向听话,现在变得没良心了,全是这个媳妇出的主意。方女士认为儿子媳妇,只是要等她去世以后要她的房子。

方女士的诉求:

这两套房子是她和丈夫几十年辛苦积攒下来造的老房子拆迁所得。所以,方女士不愿意把这房子就这么便宜地留给儿子媳妇。

她的诉求是怎样把自己的房子抓在自己手中,要把房产证上儿子的名字删掉——既然儿子媳妇不想要老人,也就别想要这房子;哪怕自己将来住养老院,把这房子卖掉捐给别人,也都好!

方女士在现场描述事情和表达诉求的时候，显然是很气愤，带着很大的情绪。

来自方女士儿子和媳妇的信息：

现场分别电话连线了方女士儿子和媳妇，两人都说事情不是这样。儿子说其实他们也关心老人，也关心病中的父亲。只是因为都要上班，比较忙。一般都是休息时间搭手帮忙照顾父亲。儿子曾经多次提议母亲，不要再去上班了，就在家里做好家务，照顾病中的父亲。母亲不听，搞得什么事情都很紧张，一直埋怨儿子媳妇"不够关心，不够支持，只知道贪图自己享受，吃现成的用现成的……"

至于父亲去世以后母亲要和他们一起住这件事，儿子承认不赞成，认为不妥。媳妇坦诚表示这是不接受的。儿子曾经提出方案，交换地方来住，小两口暂时住下面。还曾经提出卖掉一套房子，他们再另外买一套。母亲都不同意。所以，他们只能暂时搬到女方居住。从言辞中听得出来，媳妇之所以不愿意和婆婆一起居住，一是因为她要过他们的两人世界；二是受不了婆婆的"指挥"和"小气"。笼统来说，生活习惯和性格脾气都相冲突，不敢住在一起。但是，方女士不肯接受儿子媳妇的解释和提议。所以媳妇夫妻俩干脆搬去娘家住了。儿子则认为，母亲太固执，不听别人建议的，又很冲动；说出来的话做出来的事，碰到谁都会生气。

这个案例中，方女士不相信儿子，她看见的"事实"教育了她不能够相信儿子，在她看来：儿子不关心父母，父亲生病乃至去世时，儿子都没有投入足够的甚至是起码的感情、时间和精力。儿子原本是个话语不多、听话内向的孩子，现在却成了一个难以理解、不肯承担、偷偷躲避的孩子。儿子只听妻子的，不听妈妈的；这个儿子不是亲生的，领养的就是靠不住。

我们相信，方女士的评判中不乏偏见。儿子曾经的内向听话未必是懂事，更有可能只是顺从一贯以来比较强势的方女士。同样，儿子现在的不沟通、不声不响，也未必是故意躲避，更可能是没法和母亲沟通又无力整合媳妇和妈妈的关系而只能偏安一隅、无所作为。

现在这个家庭的状况：一边是一贯以来强势作主的，心疼儿子如今能力显然不够的妈妈；一边是一贯以来顺从，又无力真正独立成长的成年早期儿子；还有一边是一贯以来受人照顾，不懂承担的新媳妇。这个家庭进入一个"青黄不接"的功能阻滞时期。眼下这个家庭又要面临新的生活考验——方女士已经身患癌症,需要继续接受治疗,并且前景不能肯定。原本需要迅速整合力量的家庭,由于儿子、媳妇的躲避,使得方女士处于孤立无援的境地。家庭的"转型危机"被妈妈和儿子儿媳之间"关于房子处理的矛盾"所掩盖。"亲情、信任"已经被"怀疑、指责"所取代,家庭成长步入一个难以自拔的漩涡。

生活的漩涡有时真能把一个人或者一个家庭卷入深渊。要想从中解脱出来,获得转机,很多人以为需要外力施以援助,其实更多时候需要的是从内部寻找突破。方女士一家要有所转机,关键在于三个家庭成员相互之间重新确认关系,建立新的人际互动方式,让这个家庭的功能核心顺利转移到儿子方先生手上。这对方先生是个极大的短期突破,生活没有给他太多的时间去慢慢成长。母亲寻求社会力量的援助,要解除母子间的领养关系,要维护自己的物质利益用以养老,其实也是无奈和偏激的举动。这是虚假的解决办法,如果真的那么做了,那么这个家庭已经消失,并且必然深刻影响它的新生家庭——小方夫妻两个人依然要面对家庭破裂带来的伤害。

这里我们要从另一个角度来看方女士一家。从我们中国传统文化的家庭人际关系角度来看待这个问题,我们会发现,方女士一家是中国目前很多丢失了传统文化熏陶的家庭的缩影。从中国传统文化来讲,家庭内部是有家庭礼仪的。按照传统文化家庭礼仪,小方夫妻俩是不会搬离家庭居住到女方家里的,方女士也不会对媳妇有那么大成见的,相反她还担负着一定的教导媳妇的责任。

儒家思想说"君仁臣忠、父慈子孝、夫敬妇爱、兄贤弟悌、朋信友恭",这叫"五伦"。与西方哲学的宗教反思不一样,中国哲学是人生论,是对人生的系统反思。中国古代思想家不研究心理学,研究"人和天地自然"、"人和人"以及"人和鬼神"的关系,他们研究人的思想情感,其实已经包含心理学。"五伦"关系,既可以说是家庭成员相处的行为准则,从心理学来理解,也可以说反映了家庭成员相互影响的心理机制。它和西方心理学研究家庭人际互动不一样的是:心理学更多研究负性影响,即个人发展问题的家庭根源,并试图在家庭结构中予以调整。"五伦"关系讲的是正性影响,它不回答问题是怎么产生的,而回答了怎么做才是正确的。

怎么做才是正确的呢？

"五论"中的"父慈子孝、夫敬妇爱、兄贤弟悌"三个讲了家庭内部的人际关系，另外头尾两个其实是家庭关系的延伸。这种人际关系是交互式的，每一对关系互为因果。父慈子孝是我们传统文化对于父子相处之道的精妙描述。父不慈爱则子不孝顺，这在佛教哲理中被叫做因果报应。心理学研究认为，行为会决定态度：如果父母对子女的监管足够严格，它已经是孩子遵守行为规范的充足理由，孩子会遵守，但是它必须在监管者在场的情况下才发生，这叫没有内化；相反，如果父母的要求是柔和的，看似理由不充分，孩子会产生这是我自己要这么做的态度，他也达到了行为规范要求，并且在没有监管者的情况下，此种自我规范依然有效，这叫内化了。这其中的差别，中国古代没有进行研究，但是中国古代的"五伦"关系已经要求"父慈子孝"，这是一种正能量管理，由此类推，君臣、夫妇、兄弟、朋友的关系都是一种正性互动，传递的是正能量。

但是，慈爱不等于溺爱，中国传统文化赋予父母教育孩子的天然责任，而且教育内容和方式都有标准范例——它被整理成《弟子规》。今天，父母孩子都要好好学习《弟子规》。《弟子规》从家庭入手，对生活起居中的人际互动、行为举止做了精细的描述。这些描述，放到今天来讲，就是"家庭组织机构的运行规则"，就是"怎样当一个家庭好员工的行为规范"，就是"保证家庭组织可持续发展的管理原则"，就是"家庭组织管理的绩效标准"。家庭是个人心理成长的第一个也是最重要的环境。一个人怎样做父母，也就怎样做领导；怎样做子女，也就怎样做员工。企业或者其部门中遇到的管理问题，与企业或者其部门的管理决策者自身特质有很大关系。

## 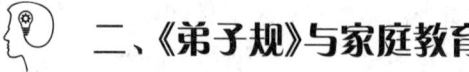 二、《弟子规》与家庭教育

《弟子规》内容以儒家经典《论语》中孔子的一段话作为体例——"子曰：弟子入则孝，出则弟，谨而信，泛爱众而亲仁，行有余力，则以学文。"内容分为五大段：一、总叙；二、入则孝，出则弟；三、谨而信；四、泛爱众而亲仁；五、行有余力则学文。我们不妨用现代心理学理论从这五个方面来理解《弟子规》对于家庭教育的非凡意义。

## 【总叙】

弟子规　圣人训　首孝弟　次谨信

泛爱众　而亲仁　有余力　则学文

这是总叙,即点出《弟子规》的大意,说明孩子成长应从哪里开始学、学什么。从中我们可以看见中国传统文化的教育观:先学做人。做人要学吗?当然要学,现代心理学研究发现,除了遗传基础,家庭生活基本上决定了一个孩子的人格塑造过程。什么样的家庭生活有利于塑造健康乃至相对完美的人格特质?心理学意义上的学习不仅仅是学习文化知识(这叫学文),更多是指人际互动中自我的发展,这种自我发展是不自觉地每时每刻在发生着。心理学研究发现很多人格问题源自早年生活的创伤性经历给个体留下的影响。《弟子规》强调的"首孝弟　次谨信"就是人际互动的基本原则,这个基本原则源自中国传统文化对人和天地万物关系的哲学思考。所以,《弟子规》强调的"在家庭生活中学会做人",与现代心理学强调的"人格塑造理论"相吻合。

"有余力则学文"句中的"则"解释为"就",《弟子规》所强调的"家庭教育"是成圣贤的基础教育,学会做人是每个人的本分,做好了本分的事情"有余力"就"学习文化(这里是指礼、乐、射、御、书、数六艺及其他有益的经典学问)"。一个"就"字,突出了学问的重要性,孔子曾说"质胜文则野",意思一个人本质虽好,若缺少礼仪才艺的熏习,就不免粗野鄙陋。这与心理学的"社会化理论"相吻合,家庭中的社会化是更大环境社会化的基础,成功的社会化,是指孩子的社会适应能力很强,成年以后可以有更好的社会行为能力。这里包含一个由家庭走向更大社会空间的生命发展过程,前者是基础,是"本分",继续学习是必经的过程,所以一"有余力"就要"学文"。

还需要理解的是"有余力"三个字,说明了要做到"首孝弟　次谨信　泛爱众　而亲仁"这些本分不是一件容易的事情,是要"花力气"的。怎么花这个力气呢?《弟子规》有具体的行为指导。

## 【入则孝】

父母呼　应勿缓　父母命　行勿懒

父母教　须敬听　父母责　须顺承

冬则温　夏则凊　晨则省　昏则定

| | | | |
|---|---|---|---|
| 出必告 | 反必面 | 居有常 | 业无变 |
| 事虽小 | 勿擅为 | 苟擅为 | 子道亏 |
| 物虽小 | 勿私藏 | 苟私藏 | 亲心伤 |
| 亲所好 | 力为具 | 亲所恶 | 谨为去 |
| 身有伤 | 贻亲忧 | 德有伤 | 贻亲羞 |
| 亲爱我 | 孝何难 | 亲憎我 | 孝方贤 |
| 亲有过 | 谏使更 | 怡吾色 | 柔吾声 |
| 谏不入 | 悦复谏 | 号泣随 | 挞无怨 |
| 亲有疾 | 药先尝 | 昼夜侍 | 不离床 |
| 丧三年 | 常悲咽 | 居处变 | 酒肉绝 |
| 丧尽礼 | 祭尽诚 | 事死者 | 如事生 |

"孝"是中国传统文化的价值观基础，它不是政治思想说教，而是人类生命情感的真相。古人有一段著名的语言——"鹁鸽呼雏，乌鸦反哺，仁也；鹿得草而鸣其群，蜂见花而聚其众，义也；羊羔跪乳，马不欺母，礼也；蜘蛛罗网以为食，蝼蚁塞穴以避水，智也；鸡非晓而不鸣，燕非社而不至，信也。禽兽尚有五常，人为万物之灵，岂无一得乎！以祖宗遗产之小争，而伤弟兄骨肉之大情。兄通万卷应具教弟之才，弟掌六科岂有伤兄之理？"

中国人很聪明地发现了家庭中父母孩子关系中的本质，认为这是作为大自然一部分的人类的本分所在，这个本分是每个人都自然学得会的。"父母呼　应勿缓　父母命　行勿懒　父母教　须敬听　父母责　须顺承"，小孩子对于父母的"呼、命、教、责"原本都是不会违背和反抗的，因为按照自然法则，父母的所有言行都是为了孩子好，再凶猛的虎狼猛兽对待孩子同样温柔付出。所以，正常情况下，父母不会"乱呼、乱命、瞎教、瞎责"，孩子理所当然要"勿缓勿懒　敬听顺承"，中国古人把这看作"孝行"的开始。

这一段的下文细说了在这个父母教孩子学的家庭生活过程中，哪些应该做，哪些不该做。这是一个潜移默化的行为塑造过程，孩子得益于父母的言传身教。今天的不少父母忘了这一茬，他们对孩子发号施令是出于"自身担忧和诉求"，而不是"人伦之常情"；有些还违背科学或者说伪科学地施行所谓的训练成才，还被某些媒体吹捧为"虎爸虎妈"，他们也不看看老虎到底是怎样做爹娘的。现代心理学研究发现很多成年人的人格障碍和行为问题以及领导能力缺陷，都与他们孩提时代被粗暴教育过程中的创伤性经历有关。按照行为主义和社会学习理论,孩子们发现凶狠能够让自己获得满足,他们采用这个办法取得满足,他们学会了凶狠;不讲道理可以活得更自由,他们不讲道理以突破限制,他们学会了不讲道理;压抑和欺骗可以躲避伤害,他们压抑和欺骗以避免受伤,他们学会了压抑和欺骗……凶狠、不讲道理、压抑和欺骗,进而还顺理成章地演化出惊恐;在压力条件下,会因为惊恐而攻击别人以求保全自己——这是谁呢?——希特勒,像吧?

中国文化里没有希特勒,中国文化追求的不是做魔鬼,而是做圣人君子。所以我们让孩子从小就懂得"事虽小,勿擅为;物虽小,勿私藏"的道理,懂得"身有伤,贻亲忧;德有伤,贻亲羞"——"贻"是遗留的意思,"贻亲"是指"牵挂着你的父母";如果你的身体受到损伤,牵挂着你的父母会很担忧;如果你的道德有损伤,牵挂着你的父母会很羞愧。这是一种来自内心深处的心理约束力,它在我们个体成长过程中起了一个航标灯的作用。"孝"就是一种内在心理约束力,它是来自人性本真的道德良知,有了"孝心"才会有"孝行","入则孝"是说这种道德良知是在家庭里面培养起来的;更确切的说,是在和父母相处中被培养起来的。从父母角度来说,是从养育孩子过程中培养孩子的道德良知的。

中国文字的魅力在于它的丰富内涵很多时候是表意的,我认为,一个"入"字,不能简单从"进入、里面"来理解为"在家里",从心理学来看是指"入自己",理解为"内心"更合适。那么,我们就能理解"入则孝"也是指"内心有孝",而"出则悌(弟)"是指"外在行为应该有悌"。用一句比较时髦的话来说"孝"是一种行为,更是一种心态。态度决定行为,一个人有了"孝",才可能做好悌,所以《弟子规》接下来讲的是"出则弟"。我们理解《弟子规》的"出则弟",还要领会他们对于塑造人生态度的意义。

【出则弟】

| 兄道友 | 弟道恭 | 兄弟睦 | 孝在中 |
| 财物轻 | 怨何生 | 言语忍 | 忿自泯 |
| 或饮食 | 或坐走 | 长者先 | 幼者后 |
| 长呼人 | 即代叫 | 人不在 | 己即到 |
| 称尊长 | 勿呼名 | 对尊长 | 勿见能 |
| 路遇长 | 疾趋揖 | 长无言 | 退恭立 |
| 骑下马 | 乘下车 | 过犹待 | 百步余 |

长者立　幼勿坐　长者坐　命乃坐
尊长前　声要低　低不闻　却非宜
进必趋　退必迟　问起对　视勿移
事诸父　如事父　事诸兄　如事兄

这一段第一句首先阐明了兄弟和睦与孝的关系。孝包含行为和心态两层内容,怎么看得见呢? 不仅在前面处理与父母的关系中看出来,在这里从兄弟关系中也看出来,进一步从更多长幼关系中看出来。这个"关系"用今天的话来说,就是指"人际互动",《弟子规》详细表述了应该怎样互动。

"财物轻　怨何生　言语忍　忿自泯":兄弟之间的矛盾往往来自利益和口实之争,《弟子规》教导孩子从小明白"把身外之物看轻了,怨恨就不会产生;忍住过激言语不要出口伤人,愤恨之火自然就会熄灭"的道理。佛教寻找帮助众生脱离苦海的办法,发现要从自己内心去寻找原因,人之"贪嗔心"是其苦难的根源之一;现代心理咨询寻找解决心理问题的办法,也是从来访者自身内在因素去实施调适。《弟子规》这一段首先明确了内心对利益(这里的利益不仅是物质利益,还有口实之争的精神利益)的态度是造成兄弟关系的根本原因,谁都想赢,最终导致谁都不赢,重利忘义也是中国哲学所不能接受的。

接着详细列举了与人相处的"礼仪规范",这些礼仪规范可以简单说是"长幼有序,谦恭有道"。父母言传身教,孩子做好了自然受到家庭成员的赞赏,做得不好则遭遇批评指正,逐渐养成为生活习惯,待人处事的态度在这种习惯的养成中被树立起来,变成人格的重要组成部分。这完全符合现代心理学社会学习理论。

"事诸父　如事父　事诸兄　如事兄":这一条是对"出则弟"的进一步要求,"轻利重义,长幼有序,谦恭有道"不仅仅是对自己家里人的,也是对社会上所有人的。所以,在这一段的最后一句,把"悌"的要求扩展到对社会上"一切的长辈、一切的父母、一切的兄弟"。在这里,我们需要明白:《弟子规》所说的"家里"是指一个家族(中国历来聚族而居),所以,扩展到家族之外已经是一种人与人社会交往的要求了。

【谨】

朝起早　夜眠迟　老易至　惜此时

晨必盥　兼漱口　便溺回　辄净手
冠必正　纽必结　袜与履　俱紧切
置冠服　有定位　勿乱顿　致污秽

　　这几句大意：为人子早上要尽早起来，晚上要晚点睡觉。因为人生的岁月有限，光阴易逝，少年人一转眼就是老人了！所以我们要珍惜现在宝贵的时光。每天早上起床必须先洗脸，顺次刷牙漱口。解完大小便，把手洗干净。帽子要戴得端正，衣服纽扣要结整齐，袜子和鞋子都要穿得贴切合适，步履轻健不拖沓，这样全身仪容才整齐。脱下来的帽子和衣服，应放置固定位置，不要随手乱丢乱放，以避免弄脏弄皱。

衣贵洁　不贵华　上循分　下称家
对饮食　勿拣择　食适可　勿过则
年方少　勿饮酒　饮酒醉　最为丑
步从容　立端正　揖深圆　拜恭敬
勿践阈　勿跛倚　勿箕踞　勿摇髀

　　穿衣服注重的是整齐清洁，不在衣服的昂贵华丽，而且要依照自己的身份穿着，也要配合自己的经济条件。对于吃食物，不要挑剔偏食；吃适当的数量，不要吃得过饱。年纪还小尚未成年，不应该饮酒；喝酒至醉，最容易表现出丑恶的言行。

　　走路脚步要从容，站立时身姿端正，作揖行礼，要把身子深深弓下，跪拜时要恭敬。进门时不要踩到门槛，站立时不要身子歪曲斜倚。坐着时，不要双脚展开像簸箕或是虎踞的样子，也不要抖腿或摇臀。

缓揭帘　勿有声　宽转弯　勿触棱
执虚器　如执盈　入虚室　如有人
事勿忙　忙多错　勿畏难　勿轻略
斗闹场　绝勿近　邪僻事　绝勿问

　　进门时缓缓揭开帘子，尽量不要发出声音；走路转弯时，与器物保持距离，离开器物棱角远一点，不要撞到棱角。拿空的器皿，要像拿盛满的一样小心；进入没有人的屋子，要像进到有人的屋子一样注意自身礼仪形象。

　　做事不要匆匆忙忙，匆忙就容易出错；不要怕困难而犹豫退缩，也不要轻率随意而敷衍了事。不要靠近发生斗闹的场所逗留凑热闹；对于邪恶怪僻的事情，不必好奇追问。

> 将入门　问孰存　将上堂　声必扬
> 人问谁　对以名　吾与我　不分明

将要进门时，先问一下有人在吗？将要走上厅堂，先放大声音让里面的人知道。如果有人问是谁来访，回答时要说出自己的名字，如果只说是我，对方就听不懂你到底是谁。

> 用人物　须明求　倘不问　即为偷
> 借人物　及时还　后有急　借不难

最后两句是说：使用别人东西必须事先对人明讲，如果没有得到允许就拿来用，就是偷的行为。借用别人东西用好后就要及时归还，以后遇到急用再借时就不会困难。

联系生活实际对照着理解，你会发现前面一段"出则悌"说的是"人和人怎么相处"，这一段则详细列举了"怎么做事"。"谨"强调了个人形象和行为礼仪，在这些洒扫应对、人情交往的生活小事中，学会"谨言慎行、端庄自重"。现代心理学重视"自我管理"在个人成长中的重要意义，自我管理也要从生活琐事中去实施和体验，并从中有所感悟和自我修正；《弟子规》让孩子从小在这种自我修正中陶冶情操，健康成长，"谨"就是自我管理的典范。

## 【信】

这一段讲了一个人在社会活动中应当取信于人，做一个诚信的人是在社会上安定立足并获得良好发展的基础。

> 凡出言　信为先　诈与妄　奚可焉

这一条是讲说话的关键是要有信用，不能有狡诈、虚伪、说大话骗人，"奚可焉"意思就是"怎么可以呢？"孔子说"人而无信，不知其可也"。

> 话说多　不如少　惟其是　勿佞巧
> 奸巧语　秽污词　市井气　切戒之

讲话不要太多，过多不如少，要实事求是，不要花言巧语来掩饰或欺瞒。所谓天花乱坠就是指那些话很多却都无用甚至祸从口出的人。孔子提醒我们"君子欲讷于言而敏于行",意思是说真正的君子,表面看他并不是一个能言善辩的人,他们说话不多,但句句有力量,这种人往往有大智慧,做事行动敏捷而可靠。而那些废话连篇的人,做事也不得力。言为心声,现代心理学研究表明,透过一个人的言行举止可以看见他的内在本质,巧言令色、粗话脏话、市井习气的背后隐藏着心理发展的失衡。从小就要戒除这些不良习气,前面"孝悌"做得好就容易发现并纠正自己的这些不良习气,反之不然。

见未真　勿轻言　知未的　勿轻传

这是讲我们说话要懂得谨慎,如果所见到的事情不是很可靠,就不要随便乱说;知道的事情不是很确定,也不能轻易传播。这就教导孩子从小就要养成说话经过脑子的习惯,不要靠言语来得到别人的重视,或是想用花言巧语煽动别人,炫耀自己的口才。

事非宜　勿轻诺　苟轻诺　进退错

这是说,凡事要留有余地,对于那些不适宜的事情,不要轻易承诺,一旦随意地承诺了,其实做不了或不能做,就进退两难了骑虎难下了。这一条中最为关键的是一个"宜"字,如何区分这件事情是"宜"还是"非宜"呢?《弟子规》在这里没有说明,但是前文已经有参考的"做人道理",除此之外,还有其他衡量的标准,那就需要一个人长见识、懂道理,所以后文还强调"余力学文"。现代心理学研究人们犯错误的行为,发现人们的价值观决定着他们的判断和选择,很多人不是有意犯错误,而是身不由己犯错误。其实这个身不由己还是"由己出"的,《弟子规》教导孩子怎样可以避免进退两难的道德困境,那就是"勿轻诺",这其实也是守信的一种表现,因为你一旦承诺了,是一定要做到的。

凡道字　重且舒　勿急疾　勿模糊

讲话要吐字清晰,但也不要每个字像重锤那样使劲,太响刺耳的声音听起来难受,要懂得舒缓放松,听的人会觉得舒服;不要说得太快,也不能说得模糊,太快和模糊都让人听不清楚。这一条是引导人们说话清清楚楚不急不躁、自然流利,古人说的"大凡富贵长者,说话必定是稳重而且持守不变"正是这个道理。

彼说长　此说短　不关己　莫闲管

这里的长短,是指是非,说长道短他人事,不管自己勿参与。哪怕是你看到了别人做的不对,不是适当的场合也不要讲。说是非事,即是是非人,为什么要把那些是非人都装到自己心里去呢?心理学告诉我们,爱说他人是非者,自己心中藏着不平事;不曾想,说了别人一大堆,露出来的全是自己,得不偿失啊!

见人善　即思齐　纵去远　以渐跻
见人恶　即内省　有则改　无加警

见贤思齐,看见别人好的地方,心中就要升起向他看齐的念头,哪怕是跟他差距很远,也要努力去慢慢赶上,向他看齐。看见他人不好的地方、恶的地方,就要反省我们自己有没有同样的过错,反省自己有没有值得借鉴防范的地方;如果有,就改正,如果没有,就要勉励自己不可犯同样的错误。古人说的"择其善者而从之,其不善者而改之"就是这个道理。

唯德学　唯才艺　不如人　当自砺
若衣服　若饮食　不如人　勿生戚

当道德学问和才艺不如他人的时候,就应该自我砥砺,努力赶上。至于穿的衣服和吃的饮食不如他人时,不要悲哀难过。"戚"这里是指为自己难过,有些人从小注重自己的物质化能力,这是一种肤浅而危险的人生。孔子在《论语》里讲"士志于道,而耻恶衣恶食者,未足与议也"。意思是,想要学习圣贤之道的人,他立志求道,却还在为自己的衣服饮食不好而自感羞耻和埋怨,这样的人就不要跟他讲话了。

闻过怒　闻誉乐　损友来　益友却
闻誉恐　闻过欣　直谅士　渐相亲

听到别人指出我们的过错,就发怒;听到别人对自己的赞美,就很高兴。这样的人,那些阿谀奉承有损于你的朋友就会聚集在你身边,而那些忠言逆耳有益于你的朋友却渐渐远离了你。相反,听到别人的赞誉觉得恐慌受宠若惊,生怕自己做得不够好,担不起这样的赞誉;听到别人的指正,反而觉得欣慰。这样的人,那些真挚诚心的朋友就会聚集在他的身边,渐渐亲近他。

无心非　名为错　有心非　名为恶
过能改　归于无　倘掩饰　增一辜

无心做的不正当事情,叫错误,有心做的不正当事情,叫罪恶;有了过失能够改正,就没有了,如果加以掩饰,就增加了一层过失。这一条告诉我们应该如何对待过失,人非圣贤孰能无过,何况圣贤也难免会有过失,关键是对待过失的态度,很多时候我们原本是无心过失,因为自我辩解和掩饰,"无心非"就变成"有心非"了。从心理学角度来说,不坦诚面对自己的过失,是一种不负责任的态度,也是一种自我保护的逃避行为,它让我们停止前进。

### 【泛爱众】

凡是人　皆须爱　天同覆　地同载

"泛爱众"由对父母兄弟朋友的爱,扩展到对所有人的态度。天地对众生无欺,我们对于大众的关爱之心,如同天地的博大包容之心。源出老子的"人法地,地法天,天法道,道法自然。"这一段开首这一句预示着下文都是人合乎天地自然的正确做法。汉字"王"的本义是指通天地人者,中国文化没有神话英雄,只有人民英雄,尧、舜、禹、汤、文、武都不是神话传说,而是有血有肉内圣外王的人民英雄。"泛爱众"是进一步提高自身修为走向内圣外王的基本要求。

行高者　名自高　人所重　非貌高
才大者　望自大　人所服　非言大

真正品行高的人,他就会逐渐为人所知,为人所恭敬、爱戴,那么他的威望自然就高了,这叫实至名归。人们所看中的不是长相高大,而是人品威望的高大。同样的道理,才华学问令人信服而高大,不是靠话说得高大。这里讲了真正高大受人敬仰与虚荣的区别。现代心理学认为虚荣是自卑者的外衣。

己有能　勿自私　人所能　勿轻訾
勿谄富　勿骄贫　勿厌故　勿喜新

这两句通俗地说是指"自己有才能,不要自私自利,要乐意为大众服务;别人有才能,不可以嫉妒而贬低对方。对富有的人,不要巴结奉承;对贫穷的人,也不要骄傲自大。对任何事物不应该喜新厌旧。""訾"意思是刻意批评贬低,这种行为背后是自己的嫉妒心在作怪;同样"谄富骄贫"的背后也隐藏着阴暗龌龊的心理,这是最要不得的。在中国,"谄富骄贫"自古以来就被唾弃。《朱子治家格言》上说"见富贵而生谄容者,最可耻。见贫穷而作骄态者,贱莫甚。"从心理学角度来看,"谄富骄贫"是人格发展扭曲的行为表征,形成容易,修正困难。所以,从小就要加以正确引导和防范。

人不闲　勿事搅　人不安　勿话扰
人有短　切莫揭　人有私　切莫说
道人善　即是善　人知之　愈思勉
扬人恶　即是恶　疾之甚　祸且作
善相劝　德皆建　过不规　道两亏

这几句讲了对别人的态度。从心理学来说,对别人的态度其实是对自己的态度,如《弟子规》所讲"道人善　即是善　扬人恶　即是恶",你在别人背后说他的好,你就是一个好的人;你在别人背后说他的不好,你就是一个不好的人。"道人善、扬人恶"是对别人的态度,实际上是在表达你对那人的看法,这态度是你的为人处世态度。别人就能从中感受到你是一个怎样的人。"人知之　愈思勉"别人(包括听你说话的这个第三人)知道了你说他的好,就会更加自我勉励要做好;"疾之甚　祸且作"别人被你说得受了刺激,坏事情就从这里开始发生了。从心理学来说,"恶人"最怕别人揭他的短,你偏要到处说,岂不是自找麻烦、制造事端?孔子在《论语·泰伯篇》里说:一个失去仁心而作恶的人,如果过分厌恶他,使他受不了,他的情绪就会被激怒而变本加厉,造成更严重的后果。

因为人有长短善恶,所以,我们要做到"善相劝　德皆建"否则是"过不规　道两亏"。朋友犯了过错,要给予诚意规劝,避免朋友受到伤害;如果朋友一时不听劝,就先暂停规劝,勿伤感情留住友谊,待适当时机再来挽回。否则,眼看朋友掉入火坑而不加以规劝,不仅朋友损失,你也损失。

凡取与　贵分晓　与宜多　取宜少
将加人　先问己　己不欲　即速已
恩欲报　怨欲忘　报怨短　报恩长

这几句讲了"予之愈多,己之愈有"的道理和"己之不欲,勿施于人"的道理,也讲了对待人际恩怨的态度。无论物质还是精神,你给出去的越多,自己得到的也更多;自己不希望的东西,就不该强加于别人。在这个恩怨是非的环境中,报恩则长,报怨则短。孔子教导我们"以直报怨"。现代心理学主张"原谅自己所受之伤害和不公正世界,才会放下心中的纠结和压抑,释放心灵空间去接受新的阳光"。佛教主张的"布施",也是这个道理。

> 待婢仆　身贵端　虽贵端　慈而宽
> 势服人　心不然　理服人　方无言

婢女仆人引申为所有普通劳动者,地位相对低下者。对待家中的婢女和仆人,自身行为要端正庄重;端庄不等于拒人于千里之外,而是要保持慈爱与宽容。身处高位,一家之主,一国之君,领导别人不能以势服人。权势可以迫使人服从,但别人虽然表面上不反抗,心中却不以为然;只有以理服人,才能让人心悦诚服没有怨言。这里已经由里及外,由小见大,涉及领导艺术,现代心理学关于组织管理学的理论,同样强调"势服人　心不然　理服人　方无言"。

### 【亲仁】

> 同是人　类不齐　流俗众　仁者希
> 果仁者　人多畏　言不讳　色不媚
> 能亲仁　无限好　德日进　过日少
> 不亲仁　无限害　小人进　百事坏

"亲仁"大意是说:同样都是人,类别却不一定整齐。通常跟着潮流走的俗人占了大部分,而有仁德的人显得稀少。一位真正的仁者,别人自然敬畏他。仁者说话不会故意扭曲事实,脸色态度也不会故意向人谄媚讨好。

能够亲近仁者,向他学习,就会得到无限的好处;自己的品德自然进步,过错也不断减少。如果不肯亲近仁者,无形中就会产生很多害处,小人会乘虚而入,围绕身旁,事情就会弄得一败涂地。

我们在讲到年轻人成长时曾经讲过"人生导师"的重要性,在跨入青年时期,人生导师注定会出现并影响深远。这个人生导师起到了怎样的作用,关键在于年轻人生命历程中遇到的是怎样的人会成为这个"人生导师"。中国古代就很重视"亲仁"对于个人成长的重要性。有一句很通俗的话:你和什么样的人在一起,决定了你会成为怎样的人。所以《弟子规》劝诫年轻人要和"仁者"在一起,向他们看齐,以他们为榜样培养自己的品行。"仁"是中国儒家思想对于个人品行的最高境界。

【余力学文】

| 不力行 | 但学文 | 长浮华 | 成何人 |
| 但力行 | 不学文 | 任己见 | 昧理真 |
| 读书法 | 有三到 | 心眼口 | 信皆要 |
| 方读此 | 勿慕彼 | 此未终 | 彼勿起 |
| 宽为限 | 紧用功 | 工夫到 | 滞塞通 |
| 心有疑 | 随札记 | 就人问 | 求确义 |
| 房室清 | 墙壁净 | 几案洁 | 笔砚正 |
| 墨磨偏 | 心不端 | 字不敬 | 心先病 |
| 列典籍 | 有定处 | 读看毕 | 还原处 |
| 虽有急 | 卷束齐 | 有缺坏 | 就补之 |
| 非圣书 | 屏勿视 | 蔽聪明 | 坏心志 |
| 勿自暴 | 勿自弃 | 圣与贤 | 可驯致 |

"余力学文"前两条是说：对于孝、悌、谨、信、泛爱众、亲仁，这些应该努力实行的本分。不肯力行，只在学问上研究、探求，这样最容易养成虚幻浮华的习性，怎能成为一个真正有用的人呢？相对的，如果只重力行，对于学问却不肯研究，就容易执着于自己的看法，而无法契合真理，这也不是我们所应有的态度。

下文几条分别讲了怎样读书，包括读书的方式、方法、场所、环境等，直到今天，这些依然是十分有效的科学读书方法。

最后两条则强调了有选择地读书和读书人的心志：如果不是传述圣贤道理的书，一概摒弃一旁不要读，因为书里面不正当的事理，会蒙蔽我们的聪明智慧、败坏我们的纯正志向。不要自以为是而狂妄自大，也不要自甘堕落而放弃自己；圣贤的境界虽然高，但是"可驯至"的——只要按部就班，循序渐进，人人都可以达到。

【小结】

用现代语言来回顾一下《弟子规》，我们会发现《弟子规》从父母孩子相处之道开始，阐述了如何进行"亲子教育"；接着阐述了家庭（包括整个小孩子生活基本环境的家族）中为人处事的基本礼仪，即基本的社会化"家庭教育"；接着进一步扩展到社会交往中的礼仪规范，并由此树立起"诚信""泛爱众"的思想,即进一步的社会化教育;在此基础上,又进一步提出了向圣贤榜样看齐和努力学文的要求。这个过程既是孩提教育的过程,又是文化延续和熏修的整个家庭成长过程。纵观历史,全世界没有第二部如此精炼的与现代心理学个体成长规律高度吻合的家庭教育指导手册。作为中国人当视之国宝,加以珍惜使用。

##  三、积极心理学与中国哲学

有一段时期,社会上流行积极心理学,网络上也有哈佛的幸福公开课。说明很多人在寻找幸福之道。积极心理学与个人幸福之间存在紧密关联,积极心理学的课程也被称作幸福课程。但是在普通人生活层面,很少有脱离家庭的个人幸福存在,幸福肯定不是一个人的事情,家庭不幸福就不存在个人幸福。所以,从心理学角度来理解家庭成长,必然也包含积极心理学。

积极心理学是20世纪末西方(美国)心理学界兴起的一股研究思潮。区别于传统心理学更多关注心理创伤和矫正治疗而称为"积极心理学",积极心理学关注心理更健康发展和潜在能力的开发。所以,积极心理学领域研究者们把传统心理学叫做"消极心理学",这个说法有点过分,那只是为了凸显出他们自己的"积极"特性,也不足为怪。积极心理学传入我国,被广大"消费者"接受,也是近几年的事情,内地把它翻译成"积极心理学",台湾地区把它翻译成"正向心理学",香港把它翻译成"正面心理学"。

**【积极心理学的理论主张】**

积极心理学主张心理学应该对普通人如何在良好的条件下更好地发展、生活,具有天赋的人如何使其潜能得到充分发挥等方面进行大量的研究。它认为心理学的三项使命:治疗精神疾病、使人们的生活更加丰富充实、发现并培养有天赋的人,在二战之前均得到研究者同等程度的关注。而二战之后,心理学成了一门大力致力于治疗的科学,它的研究焦点集中于测评并治愈个人心理疾病,出现了大量对于心理障碍的研究以及对离婚、死亡、性虐待等环境压力对个体造成的负面影响的研究。在对人类情绪的研究中,就有约95%的研究是关于抑郁、焦虑、偏见等负性情绪的研究。在对

精神疾病的了解和疗法取得巨大进步的同时，心理学却忘记了它的另外两项使命，逐渐成为一门受害者科学。注意到这种现象，积极心理学认为：心理学不仅仅应对损伤、缺陷和伤害进行研究，它也应对力量和优秀品质进行研究；治疗不仅仅是对损伤、缺陷的修复和弥补，也是对人类自身所拥有的潜能、力量的发掘；心理学不仅仅是关于疾病或健康的科学，它也是关于工作、教育、爱、成长和娱乐的科学。

具体就研究对象而言，积极心理学的研究分为三个层面：

1. 在主观的层面上，是研究积极的主观体验：幸福感和满足（对过去）、希望和乐观主义（对未来），以及快乐和幸福流（对现在），包括它们的生理机制以及获得的途径。

2. 在个人的层面上，是研究积极的个人特质：爱的能力、工作的能力、勇气、人际交往技巧、对美的感受力、毅力、宽容、创造性、关注未来、灵性、天赋和智慧，目前这方面的研究集中于这些品质的根源和效果上。

3. 在群体的层面上，研究公民美德和使个体成为具有责任感、利他主义、有礼貌、宽容和有职业道德的公民的社会组织，包括健康的家庭、关系良好的社区、有效能的学校、有社会责任感的媒体等。主张心理学的研究应从只重视对个体缺陷的弥补、伤害的修复转移到加大对人类自身存在的诸多正向品质的研究和培养，这是积极心理学思想的核心所在。

**【积极心理学的发展背景】**

从很多方面来说，积极心理学是人本主义心理学的产物和衍生。如今大多数教育都只是传达信息。什么是信息？比如，我们有一个容器，也就是我们的思想，信息就是接收数据，接收科学，接收信息，储存到容器里，这就是信息。等容器填满了，我们就毕业了。但信息无法决定我们的幸福感，我们的成功、自尊、动机水平、两性关系及其质量。所以光有信息还不够，还需要把信息进行加工组织，即变形，就是把容器的形状改变。比如：你去参加运动会，目标是进入前三，获得奖牌，但是只获得第八名。你会如何分析，如何解读？——"太糟糕了，我彻底失败了。"你灰心丧气，感到无力。但从另一角度看，同样的比赛，你期望获得前三，但只得到第八，你可以解读为"我学到了什么？我还需要更努力地训练"，你会更有动力，从经验中学习。也就是说，同样的客观信息会有截然不同的解读，一个认为是灾难，另一个则当成机遇；一个让人失去动力，另一个增加动力。我们常说"以人为本"，这就是人本主义心理学所关注的人的差异客观存在，而我们要做的是如何让每个人成为更好的自己。

世界各地很多人似乎有用了一切，人生顺利，生活富庶，但仍旧不快乐。而另一些人拥有的不多，但从未中断，从未停止享受人生；还有相反的情况，拥有一切的人，充满感恩，享受生活，生活窘迫的人觉得自己是受害者。也就是说，重要的不仅仅是获得了什么信息，还有"几何形状、如何解读、如何理解、关注的重点"。通常解读比信息更重要——表面上看，你可能拥有了一切，体育运动，学术，社交都很成功；但是你对生命的理解，关注和解读并不正面，你不快乐。这是由容器的形状所决定的，

快乐由我们的精神状态而定，而不是社会地位或银行存款，所以需要变形，这对建立幸福感来说很重要。积极心理学的幸福课程不会传达过多信息方面的东西，而是挖掘更多东西。也就是说，我们要挖掘自身潜能，这种潜能一直存在，只是我们没有发现，或者被其他东西掩盖了。比如：米开朗基罗，曾经有个记者问他，您是如何创造出《大卫》这件巨作的？米开朗基罗回答，很简单，我去了趟采石场，看见一块巨大的大理石，我在它身上看到了大卫，我只要凿去多余的石头，只留下有用的，凿去多余的石头之后，大卫就诞生了。虽然说的比做的容易，但是这个故事抓住了精髓，即凿除多余石块，也就是摆脱限制、阻碍，或者对失败的恐惧。这些东西在并不是与生俱来的，但如今却出现在了大多数人身上，要凿除削弱甚至伤害我们的这些我们自身的东西。

就像俗话说的那样，"做减法比做加法让灵魂成长得更快"，减法包括除去那些阻碍我们发挥潜能的限制。因为我们的潜能是天生的，我们关注人类本性，这是与生俱来的，无论是上帝赐予的，还是进化产生的。但是它渐渐地受到外部文化压力，像多余石料一样，把我们禁锢起来了。西方积极心理学界引用中国古代老子说的"为学日益，为道日损"，"学"即信息，"道"即变形。

没有经过转变，快速见效的幸福说法都是皇帝的新衣，是不存在的，是过高的承诺和过低的兑现。生活，令人满意的生活，丰富的生活包括了起起落落，包括了痛苦和再次振作，包括了失败和再次奋斗。而不是关乎一个秘密，一个能让人过上幸福生活的令人惊奇的诀窍。所以，可以这样来理解：

积极心理学是一门关于自我修为的生活的学问。而这种相类似的甚至几乎具有理论一致性的学问,中国古已有之。

**【积极心理学和中国哲学的幸福观】**

积极心理学的幸福理论,关键词之一是"主观幸福感",即幸福来自我们自身对生活事件的解释。研究者发现幸福指数是一个基本恒定的值,它会随着个人生活中的遭遇发生波动变化,但始终趋于恒定。也就是说,倘若你今天中了福利彩票大奖,你非常幸福,一段时间(一般最长也不过一年半载)以后,你的幸福感和中以前基本一样,除非这件事情引发了你人格特质的变化。幸福感基本取决于内在的你而不是外在的条件。

人生幸福有三重境界——寻找、发现和创造。很多人一直在寻寻觅觅,却找不到;幸福需要一双慧眼去发现,不少人没有慧眼;幸福更来自你的创造,也有很多人已经知道怎么去创造。

积极心理学认为有能力创造幸福的人生,其核心在于个人"使命感、目的和意义"。没有使命感目的和意义,一切方法都是枉然。中国哲学"反者,道之动也。"任何事物的发展都走向它的反面,心理学再怎么研究,任何生命个体的发展最终都是走向死亡,你所有的情感得失幸福悲哀都随之消亡殆尽。倘若具备了人生使命感目的和意义,走向死亡的过程也是充满幸福体验的。

退一步,尚未明白人生使命感目标和意义,未到创造幸福之境界,那就去发现身边的幸福。发现幸福的障碍在于你自己,这就是积极心理学所提倡的消除自我障碍,就是老子所讲的"为道日损"。发现还不行,那就去寻找,只是寻找是一件很辛苦的事情,倘若离开自身去外面寻寻觅觅,找回一大堆物质利益,未必能够找到幸福感,甚至可能会增加不幸福的体验。积极心理学说幸福是"主观幸福感",那是要从自己内心去调整来实现感受的。比如说:你从外面寻觅了很多年,越加感受辛苦,却不知道身边人很多年以来对你的支持、为你的牺牲,你不为所动,当然感受不到被爱的幸福,只留下欲望膨胀带来的人际压力,然后你告诉身边人"我压力好大呀"——你不幸福。那你就要去心里面找,咨询师可能会引导你认识到,你之所以要"找",是因为你弄丢了。要明白,我们要找的东西是原本就存在而你没有发现或弄丢了的。寻找幸福感,要到内心去找,你才能发现它一直在那里,是你忘了。你需要内省而不是外寻。

中国哲学具有明显的内省性,我们在讲中国哲学的幸福观之前,先来看一个当代中国年轻人的案例:

> 小曹家庭背景个人条件良好,就职于城管大队,多次经人介绍女朋友都不成功,最终自己谈了一个大四学妹。原想等女友毕业落实好了工作再结婚,因为女友怀孕而突然决定提前结婚。眼下离结婚日期还有一个月,刚领取结婚证。小曹来寻求心理咨询,主诉:最近以来他经常感到胸口闷,有时候甚至好像缓不过气来。他怀疑自己心脏出了什么问题,就去医院就诊,医生检查下来没有问题。对照网上资讯,小曹觉得自己可能心理有问题,很焦虑,出现"失眠"现象;甚至怀疑自己得了抑郁症。

积极心理学是这样帮助小曹的:

首先对小曹的困局现状进行分析诊断。第一,小曹生活中发生计划之外的事情,女朋友大学即将毕业却怀孕了。事情挤作一堆,屋漏偏逢连夜雨,自己患上失眠和心律失常了。第二,从小曹的"群体美德"来说,也陷入迷惑:关于恋爱婚姻和婚前性行为以及未婚先孕,社会主流思想是怎样的态度,小曹不确定。第三,从小曹个性特质来说,小曹完美主义性格特质起到了令自己受伤害的作用,兼之缺乏爱的能力和人际交往技巧,使得状况更加糟糕。第四,个性特质和事件性质,让小曹感觉自己犯错,对过去不认可,担心顾虑未来但对现在又无奈。

接着,从小曹的性格特质入手,引导小曹重新看待自己和自己身上发生的事情,小曹开始把目光投向现在和未来,而不是胶着于过去。显而易见,小曹起初是被突然出现的状况冲击了一下:某一天女友说"我好像怀孕了"。小曹一下子觉得,不知该怎么办了。对于一个完美主义者来说,计划外的事情发生,是一种压力,他们根本没想好这个时候要孩子呀。之后是:小曹开始模糊地意识到生活被套牢了,接下来的生活变成一大堆与原本的浪漫和生机完全不一样的情景——生孩子,带孩子,教孩子……但他又不能拒绝这些到来。它已经到来,一下子没收了小曹和女友的恋爱时期。在小曹心里,世界就此突然变了样儿。这令他突然胸口闷痛,他没有理解自己的闷痛,却走向了另一条路——害怕和担心自己是否身体有毛病。

　　小曹的这种害怕和担心，是一种面对计划外事情时候的逃避心态，本能地选择"它最好不要出现"，这显示出小曹对于接手突然而至的生活安排自信心不够。自信的缺失，令他肢体症状更加明显表现出来。而小曹接下来的举动更加剧了肢体的症状：到处求医，自己找病因。与其说在积极治疗，不如说是在"试图证明自己对身体的担忧是多余的"。他由焦虑于自己所面对的人生事件，转向了焦虑于自己的焦虑，这才是小曹真正的焦虑。越焦虑越寻找，越寻找越焦虑；焦虑加剧了肢体反应，肢体反应进一步加剧焦虑。小曹步入一个恶性循环的漩涡。

　　咨询的过程其实相当简单，引导小曹跳出漩涡，看明白这个过程。然后跳过一层去追寻这个循环背后的心理机制，让小曹对自己放心，就OK了。这不是靠任何药物可以解决的，这需要靠咨询师的个人能力，这个能力包括爱、智慧、技术和知识储备，以及放下了自我的自信。我们深入到了小曹那份令很多人羡慕的工作背后的心理情结，小曹觉得工作看起来蛮好，其实就是了无生趣的站站马路，看看摊贩，收收东西。而他大学本科学的专业是经济管理。我们探讨了如何不要丢弃专业，如何让自己的职业生涯更丰满，如何看待眼前的工作，如何理解做好自己和做好工作的关系等。很幸运，小曹很聪明，很快找到了逃出漩涡的路径。而当他找到路径的那一刻，在现场长舒一口气。在现场肢体已经放松很多。

　　小曹的"病根"在于，他虽然已经大学毕业走上公务员岗位，但还没有形成自己人生的"使命感、目的和意义"。所以，他高度关注自我和负面的人生信息，没有关注身边人和正面的人生信息。他没有机会发现已经在自己生活中的生命情感之阳光，还试图在别处寻找，更不要说意识到自己可以创造的幸福。咨询师的工作完成了带领他走到人生"使命感、目的和意义"的路口，小曹还要继续走下去才好。

　　中国文化是哲学的而不是宗教的，它对于人生的"使命感目的和意义"有准确的生活化描述：格物致知诚意正其心，修身齐家治国平天下。

　　欲平天下，先治其国——放到今天，"治国"是指"做好工作，做好事业"。

　　欲治其国，先齐其家——"齐家"是指"关心、建设好你的家庭"。

　　欲齐其家，先修其身——"修其身"，从家庭成长来说要"言传身教，身正令行"。

欲修其身,先正其心——自己是最大的敌人。所以,"正心"首先是要"从小熏修(弟子规)",其次是指要努力"消除自我障碍"。

欲正其心,先诚其意——坦诚面对自己,心正而身正。

欲诚其意,先致其知——正确认知,明白道理。

致知在格物——学习,区分真伪,学得真知。

"大学"中的这一段话集中反映了中国文化对人的天然"使命感目的和意义"做出了逐层解释,学习时为了正心修身,修身是第一级。每个人修为造化不同,其人生使命可以有所不同,平天下,次而治其国;治国或许也不能,那么齐家应该人人都可以。

从小曹的案例,我们用中国哲学来思考其人生价值,积极心理学可以进行更富有中国文化意蕴的解释:积极心理学就是指积极的心、积极的理和积极的学。

积极的"心"——依次为"孝心"、"悲悯心"、"天下心"。

积极的"理"——知道并遵守"伦理",具有"同理"心、追求"真理"。

积极的"学"——学人(圣人之道)、学做(工作技能)、学事(处事之道)。

联系前一节所讲的"儒家伦理与家庭成长"和"弟子规与家庭教育",我们可以欣喜地发现,西方心理学界孜孜以求的积极心理学(幸福心理学)之根本内涵,在精湛生动的中国哲学里、在博大精深的中国文化里,在这里我们只是掀一角而窥一斑。

##  四、与传统文化融合的家庭成长

家庭成长包含在家庭中的成长,但不是仅仅指孩子在家庭中的成长,而是指"家庭"这个对象自身的成长,它也包括了成年人在家庭中的成长。没有这些家庭成员个体的成长,也就无所谓家庭的成长。

用我自身体会来对照:我父母都是农民,文化程度比较低,在我还小的时候,他们用最大的努力和付出支持我上学读书,而我只知道完成有限的作业,并不喜欢广为阅读。现在回想起来,在我父亲如我现在这个年龄的时候,我已经走上工作岗位,但那时的我比起现在我的儿子来,在认知水平和思维成熟上要差好多。这并不是说我父母对我教育引导不够,而是说他们已经付出了他们最大的努力,那时的我依然还缺乏很多为人处世的认知,而我的儿子在他成长的过程中所涉及的历史文化知识和见识,足以让他超过当初的我很多。对我们这个家庭来说,两代之间的巨大变化是一种成长。

从上一辈手里接过生命情感的接力棒,更好地传递下去,让下一代更优秀,是一种家庭成长。改变家庭困境,改善家庭人际关系,让家庭发生可喜的变化,创造家庭成员幸福的空间,这也是家庭的成长。在前面方女士案例中,如果方女士和她的儿子、媳妇能够建立起新的互动关系,逐渐走向和谐稳定的未来,他们的家庭就有了可喜的成长,也为他们家庭第三代的出现奠定了良好的基础。

人的生命有期限,所以家庭成长有周期。人的生命要从出生开始算起,家庭生命周期不能从你出生开始算起,而要从一代人的家庭形成开始算起。所以,比较合理的计算方法是从年轻人独立成家作为周期的开始。

我在《落地的感觉》一书中有这样一张中国式家庭生命周期表:

| 家庭生命周期 | 转型和发展的重心 | 因发展所带来的二级变化 |
| --- | --- | --- |
| 承家继业:<br>独立的年轻人 | 接受自我在情感上和经济上应负的责任 | 1. 相对原生家庭而言进行自我的独立。<br>2. 发展同龄人之间的亲密关系。<br>3. 在工作和经济独立方面确立自我。<br>4. 开始共同承担家庭责任。 |
| 成家立业:<br>结成新夫妇的年轻人 | 家庭系统的融入 | 1. 因婚姻带来的家庭系统重构。<br>2. 处理姻亲关系问题。<br>3. 建立与配偶父母的亲情关系。 |
| 持家敬业:<br>为人父母的新夫妇 | 接受新的成员进入系统 | 1. 调整夫妻互动模式,为孩子的诞生留出空间。<br>2. 处理家庭代际关系,调适家庭养育的功能。<br>3. 开始在功能上成为家庭核心的转变。<br>4. 真正成年的自我角色转型。 |

续　表

| 家庭生命周期 | 转型和发展的重心 | 因发展所带来的二级变化 |
| --- | --- | --- |
| 养家持业：<br>养老扶幼的中年夫妇 | 增加家庭边际的灵活程度，以容许孩子的独立，接纳祖父母的衰老 | 1. 完成自我角色转型，成为家庭的功能核心。<br>2. 调整亲子关系，使得青春期的孩子能够健康发展。<br>3. 重新聚焦在中年的婚姻和职业问题上。<br>4. 开始转向照料家中的老一代人。 |
| 安家乐业：<br>抚孩子成家，继续向前发展的中年后夫妇 | 接受家庭系统的多重进出 | 1. 从社会活动回归家庭生活。<br>2. 在成年子女和父母之间发展成年人对成年人的关系。<br>3. 重组关系系统，使其包含孙辈与婚姻的角色。<br>4. 处理父母（祖父母）的衰老和死亡。 |
| 护家守业：<br>生命晚期的夫妇 | 接受发生迁移的代际角色 | 1. 面对生理上的衰老，维持自己以及伴侣的功能和兴趣。<br>2. 为扮演更为核心角色的中年一代提供支持。<br>3. 在系统中为年长一代的智慧和经验留出空间，支持年长的一代，但仍让他们行使力所能及的功能。<br>4. 应对丧失伴侣、同胞和同龄人的情况，为自己的死亡做准备。 |

　　这是参照美国人的家庭成长周期表来设计的，它以一代人为基准，基本上反映了不同生命时期在家庭中的作用和需要面对的成长挑战。实际情形是在每个家庭中，各个阶段的诉求和挑战同时存在于不同代际间的个体身上。由此可见家庭中的心理结构有多复杂。现代心理学已经有很多研究这个结构的理论和技巧，用来进行家庭治疗以促进家庭和它的成员的成长。

　　我们从儒家"五伦"和"弟子规"可以看出，中国哲学不对结构中的个体进行分析研究，中国哲学研究的是结构中的相互关系。它给纷繁复杂的结构关系进行了符合天理的归纳梳理，形成一般规律，照此规律办事，堪称无忧。

孩提时代，按照"弟子规"来教育成长，长大以后也不会出现太大的"青年期困惑"。家庭人伦关系又给出了人与人之间相互交往的基本规则，有了规则就不会由着性子生乱。至于更广阔的社会行为，中国哲学指引个体如何找到自己的使命感、目的和意义。在中国，传统文化理应成为家庭成长的精神护佑。

# 参考书目

1. 成长中的家庭/家庭治疗师眼中的个人、家庭与社会/[美] 卡特(Carter, B.)编,高隽等译,北京:世界图书出版公司北京公司,2007.4.
2. 人格心理学/第7版/[美] 伯格(Burger, J. M.)著,陈会昌等译,北京:中国轻工业出版社,2010.3(2012.5重印).
3. 社会心理学/第8版/[美] 迈尔斯(Myers, D.G.)著,侯玉波、乐国安、张智勇等译,北京:人民邮电出版社,2009.11.
4. 九型人格/[美] 帕尔默著,徐扬译,北京:华夏出版社,2006.10(2008.11重印).
5. 落地的感觉:家庭成长心理咨询手记/相旭东著,上海:上海社会科学院出版社,2013.
6. 佛教逻辑/[俄] 舍尔巴茨基著,宋立道、舒晓炜翻译,北京:商务印书馆,1997.
7. 爱的序位:家庭系统排列个案集/[德] 海灵格著,霍宝莲译,北京:世界图书出版公司北京公司,2005.10.
8. 谁在我家:海灵格家庭系统排列/[德] 海灵格著,张虹桥译,北京:世界图书出版公司北京公司,2003.9.
9. 在爱中升华/[德] 伯特·海灵格(Bert Hellinger)著,林逸芳、曾立芳、廖文玉译,北京:世界图书出版公司北京公司,2011.1.
10. 心灵活泉:海灵格家族系统排列精华读本/[德] 海灵格著,霍宝莲译,广州:广东经济出版社,2011.10.
11. 光有爱还不够:帮助孩子构建自我/[法] 阿尔莫著,王文新、李美平译,上海:上海社会科学院出版社,2009.